Instalación y actualización de sistemas operativos
UF0852

Francisco Javier Muñoz López

© 2024 Ediciones Paraninfo, S. A.
© 2024 Francisco Javier Muñoz López

Diseño y maquetación: Ediciones Nobel, S. A.

ISBN: 978-84-283-6385-3
Depósito legal: M-16058-2024
Impresión: Liberdigital (Casarrubuelos, Madrid)

Impreso en España

... Títulos relacionados

IFCT0209 SISTEMAS MICROINFORMÁTICOS
[DISPONIBLE CERTIFICADO COMPLETO]

IFCT0309 MONTAJE Y REPARACIÓN DE SISTEMAS MICROINFORMÁTICOS
[OTROS TÍTULOS DISPONIBLES]

Solicítalos en:
- Librería
- www.paraninfo.es
- Solicitudes nacionales +34 914 463 350
- Solicitudes fuera de España +34 913 308 907, +34 913 308 919

Autor

Francisco Javier Muñoz López es técnico especialista en Informática de Gestión y licenciado en Ciencias Empresariales.

Cuenta con una dilatada experiencia como docente en ciclos formativos en las especialidades de informática de gestión, administración de sistemas informáticos, desarrollo de aplicaciones informáticas y desarrollo de aplicaciones web.

Actualmente desempeña su labor profesional como docente en el IES Doménico Scarlatti de Aranjuez y como coordinador de nuevas tecnologías (TIC) en el IES Juan de la Cierva. Compagina su labor docente con la autoría de más de una docena de publicaciones y con la impartición constante de cursos de formación.

Índice

7. Actualización del sistema operativo informático 227

Introducción normativa

La Ley Orgánica 3/2022, de 31 de marzo, de ordenación e integración de la Formación Profesional, contiene una disposición derogatoria única que afecta a la regulación de los certificados de profesionalidad, ahora denominados **Certificados Profesionales.** La referida normativa deroga la Ley Orgánica 5/2002, de 19 de junio, de las Cualificaciones y de la Formación Profesional, y abre un escenario de cambios que se irán implementando progresivamente.

La Ley Orgánica 3/2022, de 31 de marzo, de ordenación e integración de la Formación Profesional implica que toda la formación es acumulable. La oferta formativa se estructura de forma escalonada, siendo los Certificados Profesionales un nivel intermedio (Grado C) de una escala que va desde el Grado A hasta el E.

En los artículos 35 a 38 de la Ley 3/2022 se describe en qué consisten estos Certificados Profesionales: su oferta, formación asociada, estructura, duración, acceso, titulación y validez. Posteriormente, esta normativa se completa con lo dispuesto en el Real Decreto 659/2023, de 18 de julio, que desarrolla la ordenación del sistema de Formación Profesional. Concretamente en los artículos 67 a 81 es donde se hace referencia a la oferta formativa de Grado C, correspondiente a los Certificados Profesionales.

Están agrupados en 26 familias profesionales con características comunes del sector. En la actualidad hay más de medio millar de Certificados Profesionales incluidos en el Repertorio Nacional. Esta cifra no deja de crecer. Además, cada certificado está específicamente regulado por un real decreto.

Un Certificado Profesional corresponde al Grado C de la oferta del Sistema de Formación Profesional. Es un documento oficial, con validez en todo el territorio nacional y debe constar en el Catálogo Nacional de Ofertas de Formación Profesional, que certifica la capacitación para el desarrollo de una actividad profesional.

Debe detallar los módulos profesionales superados y los estándares de competencia profesional asociados a él e incluidos en el **Catálogo Nacional de Estándares de Competencias Profesionales**, así como su correspondencia con el Marco Español de Cualificaciones.

Despliegan su validez en un doble ámbito, laboral y académico:

- En el contexto laboral tienen validez profesional, porque acreditan las competencias en una determinada profesión. Para poder trabajar en algunas profesiones, se exigen determinadas cualificaciones, y los certificados sirven para acreditarlas.

- Asimismo, tienen validez académica, puesto que permiten continuar un itinerario formativo siempre que se cumplan los requisitos de acceso para cursar la titulación deseada. De tal modo que, los Certificados Profesionales que sean parte de un Grado D permitirán la matrícula modular para completar los módulos establecidos en el currículo y obtener el correspondiente título de técnico básico, técnico o técnico superior con validez en todo el territorio nacional.

Para obtener un Certificado Profesional (Grado C) es preciso cumplir con los requisitos de acceso para realizar la formación.

Estructura de los Certificados Profesionales

I. Identificación: denominación, familia y área profesional a la que pertenecen; nivel de cualificación profesional (1, 2 o 3); cualificación profesional de referencia; entorno profesional y módulos formativos que esté previsto cursar junto con la duración de cada uno de ellos.

II. Perfil profesional: incluye las competencias profesionales requeridas en el mercado laboral. En todas ellas se concretan las realizaciones profesionales y los criterios de realización.

III. Formación: describe los módulos formativos que esté previsto cursar para adquirir las competencias requeridas. En cada uno de ellos se indican las capacidades que se pretende alcanzar y la duración del módulo de prácticas no laborales —PNL—, para el que cabe solicitar exención si se cumplen determinados requisitos.

IV. Prescripciones de las personas formadoras.

V. Requisitos mínimos de espacios, instalaciones y equipamiento.

Los Certificados Profesionales se identifican con una denominación concreta y un código alfanumérico propio, y sirven para acreditar una determinada cualificación profesional. Cada certificado está asociado a una relación de unidades de competencia que, a su vez, se vinculan con una serie de módulos formativos específicos. Algunos módulos están integrados por unidades formativas y tanto unos como otras son, en ocasiones, transversales, lo que significa que se trata de contenidos incluidos en más de un Certificado Profesional.

Los Certificados Profesionales se articulan en tres niveles de competencia profesional (1, 2 y 3) conforme a lo dispuesto en el que será el Catálogo Nacional de Estándares de Competencias Profesionales, anteriormente Catálogo Nacional de Cualificaciones Profesionales (CNCP), según los criterios establecidos de conocimientos, iniciativa, autonomía y complejidad de las tareas, en cada una de las ofertas de Formación Profesional.

La oferta formativa dirigida a la obtención de los Certificados Profesionales tiene carácter modular para favorecer la acreditación parcial acumulable de la formación recibida y posibilitar así el avance en el itinerario de Formación Profesional para cualquiera que sea la situación laboral de cada persona en cada momento.

En definitiva, el Grado C constituye la oferta, parcial y acumulable, del sistema de Formación Profesional, de varios módulos profesionales del catálogo modular de Formación Profesional por razón de su significado en el mercado laboral y conducente a la obtención de un Certificado Profesional.

Las ofertas de Grado C de Formación Profesional tendrán por objeto módulos profesionales incluidos previamente en el catálogo modular de formación profesional y asociados al Catálogo Nacional de Estándares de Competencias Profesionales.

Finalidad de los Certificados Profesionales

- Contribuir a la ordenación de un Sistema de Formación Profesional al servicio de un régimen de formación y acompañamiento profesionales que sea capaz de responder con flexibilidad a los intereses, expectativas y aspiraciones de cualificación profesional de las personas a lo largo de su vida.

- Combinar escuela y empresa situando a la persona en el centro del sistema.

- Facilitar el aprendizaje permanente de toda la ciudadanía mediante una formación abierta, flexible y accesible, estructurada de forma modular, a través de la oferta formativa asociada al certificado.

- Acreditar las cualificaciones profesionales o las unidades de competencia recogidas en estas, independientemente de su vía de adquisición, bien sea través de la vía formativa, o mediante la experiencia laboral o vías no formales de formación.

- Favorecer, tanto a nivel nacional como europeo, la transparencia del mercado de trabajo.

- Contribuir a la calidad de la oferta de Formación Profesional.

Este libro

El presente libro desarrolla la unidad formativa denominada *Instalación y actualización de sistemas operativos*, UF0852.

Dicha unidad formativa está asociada a la Unidad de Competencia UC0219_2, forma parte del Módulo Formativo MF0219_2 *Instalación y configuración de sistemas operativos* perteneciente a las Cualificaciones Profesionales de referencia: IFC298_2, de nivel 2, incluida en el Certificado Profesional denominado *Montaje y reparación de sistemas microinformáticos*; IFC078_2, de nivel 2, incluida en el Certificado Profesional *Sistemas microinformáticos*, y IFC300_2, de nivel 2, incluida en el Certificado Profesional denominado *Operación de sistemas informáticos*. Todas ellas se encuentran dentro de la familia profesional Informática y comunicaciones.

Según el Real Decreto 1531/2011, de 31 de octubre, modificado por el RD 628/2013, de 2 de agosto, y RD 686/2011, de 13 de mayo, modificado por el RD 628/2013, de 2 de agosto, los contenidos que en esta obra se recogen se corresponden con una duración de 80 horas.

Tanto la estructura como el desarrollo del libro se ajustan a los citados reales decretos y más concretamente a los contenidos de la unidad formativa que le da título *Instalación y actualización de sistemas operativos*, UF0852.

Contenidos

1. **Arquitecturas de un sistema microinformático**
   - Esquema funcional de un ordenador
     - Subsistemas
   - La unidad central de proceso y sus elementos
     - Memoria interna, tipos y características
     - Unidades de entrada y salida
     - Dispositivos de almacenamiento, tipos y características
   - Buses
     - Tipos
     - Características
   - Correspondencia entre los subsistemas físicos y lógicos

2. **Funciones del sistema operativo informático**
   - Conceptos básicos
     - Los procesos

- Configuración del sistema operativo y de los dispositivos
- Instalación y configuración de utilidades y aplicaciones
  - Tipos de instalación
    - Instalaciones mínimas
    - Instalaciones estándares
    - Instalaciones personalizadas
    - Instalaciones atendidas o desatendidas
    - Instalaciones en red
    - Restauración de una imagen
  - Verificación de la instalación. Pruebas de arranque y parada
  - Documentación de la instalación y configuración

6. Replicación física de particiones y discos duros
- Programas de copia de seguridad
- Clonación
- Funcionalidad y objetivos del proceso de replicación
- Seguridad y prevención en el proceso de replicación
- Particiones de discos
  - Tipos de particiones
  - Herramientas de gestión
- Herramientas de creación e implantación de imágenes y réplicas de sistemas
  - Orígenes de información
  - Procedimientos de implantación de imágenes y réplicas de sistemas

7. Actualización del sistema operativo informático
- Clasificación de las fuentes de actualización
- Actualización automática
- Los centros de soporte y ayuda
- Procedimientos de actualización
- Actualización de sistemas operativos
- Actualización de componentes *software*
  - Componentes críticos
  - Componentes de seguridad
  - Controladores
  - Otros componentes
- Verificación de la actualización
- Documentación de la actualización

■ Nota del Editor

En Ediciones Paraninfo estamos comprometidos con la calidad de la formación e intentamos que nuestros materiales respondan fielmente y con rigor a las necesidades de todos cuantos confían en nuestro sello editorial.

Tratamos de dar respuesta a los currículos de las unidades formativas y de los módulos que integran los distintos Certificados Profesionales, equilibrando la parte teórica con la práctica para que los procesos de aprendizaje se conviertan en experiencias gratificantes, tanto para docentes como para las personas inmersas en los procesos formativos.

Nuestros objetivos son contribuir de forma decisiva a afianzar aprendizajes, ayudar a adquirir destrezas que tengan significado para el empleo y conseguir potenciar el desarrollo personal.

Para lograrlo contamos con excelentes autores, expertos en las materias que abordan, en la mayoría de los casos docentes de dichas especialidades con dilatada experiencia tanto profesional como académica, porque buscamos perfiles familiarizados con los contextos laborales concretos a los que se refieren nuestros manuales.

Confiamos en poder serte de ayuda y esperamos tus impresiones acerca de nuestro trabajo. Sean positivas o negativas, serán muy bien recibidas y, sin duda, nos ayudarán a seguir mejorando y trabajando con ilusión para continuar siendo un referente en formación para el empleo.

Agradecemos tu confianza en nuestros manuales. Todo nuestro equipo queda a tu total disposición. Puedes contactar con nosotros en esta dirección de correo electrónico:

info@paraninfo.es

1. Arquitecturas de un sistema microinformático

Contenido

1.1. Esquema funcional de un ordenador. Subsistemas

Actualmente, se entiende por **ordenador** la herramienta que nos permite el tratamiento automático de la información, facilitándonos su organización, proceso, transmisión y almacenamiento.

El término **informática** ha ido evolucionando a lo largo del tiempo. Hoy día se define como la ciencia que estudia el tratamiento automático de la información: *información* y *automática*.

El ordenador es una máquina compuesta de elementos físicos o tangibles llamados *hardware*, en su mayoría de origen eléctrico-electrónico.

Estos elementos electrónicos no son capaces por sí mismos o de forma autónoma de realizar demasiadas funciones, y es por lo que necesitan de otros componentes no físicos o no tangibles, que los pongan en funcionamiento. Estos elementos están compuestos por el *software*.

Para que los componentes electrónicos de un ordenador sean capaces de funcionar, comunicarse, sincronizarse y, en definitiva, ejecutar funciones propias del sistema informático, es necesario ejecutar programas o procesos que los pongan en funcionamiento.

Los programas o procesos que se ejecutan en un sistema informático son básicamente de dos tipos:

- *Software* **de aplicaciones,** programas o aplicaciones, como Word o similares, que permiten al usuario ejecutarlos para realizar determinadas tareas.

- *Software* básico o sistema operativo. Una aplicación informática, programa o similar, como, por ejemplo, Word no funciona por sí solo. Aun teniendo los componentes electrónicos, las aplicaciones informáticas y los datos que queremos procesar con ellas, sigue faltando el **sistema operativo.** El sistema operativo es el componente *software* de un sistema informático capaz de hacer que los programas o aplicaciones informáticas propias del sistema operativo o aplicaciones de terceros (*software*) procesen información (datos) con los componentes electrónicos de un sistema informático (*hardware*).

Por lo general, un sistema informático es el conjunto de elementos físicos o *hardware* que son necesarios para la explotación de las aplicaciones informáticas o *software*.

El sistema informático o *hardware* es tangible, es decir, se puede ver y tocar (monitor, ratón, microprocesador, memoria). Los programas o aplicaciones informáticas, así como el propio sistema operativo, al ser *software*, son intangibles.

Si nos centrarnos en los componentes tangibles o el *hardware* del equipo, podremos realizar una clasificación de los componentes fundamentales que lo componen. Estos componentes denominados *unidades funcionales* de un sistema informático responden a un diseño desarrollado por **John von Neumann** (https://es.wikipedia.org/wiki/Arquitectura_de_von_Neumann).

En el diseño original, la **arquitectura de John von Neumann** de un sistema informático se compone de los siguientes elementos o unidades funcionales:

1. Unidad central de proceso (UCP). Consta de:

    - Unidad aritmético-lógica (UAL).

    - Unidad de control (UC).

2. Memoria central (MC) o RAM.

3. Controladores.

4. Unidad de entrada/salida (E/S).

5. Buses.

6. Unidades periféricas o periféricos de entrada/salida.

En la Figura 1.1 se pueden observar estos componentes, la relación que hay entre ellos y cómo están interconectados.

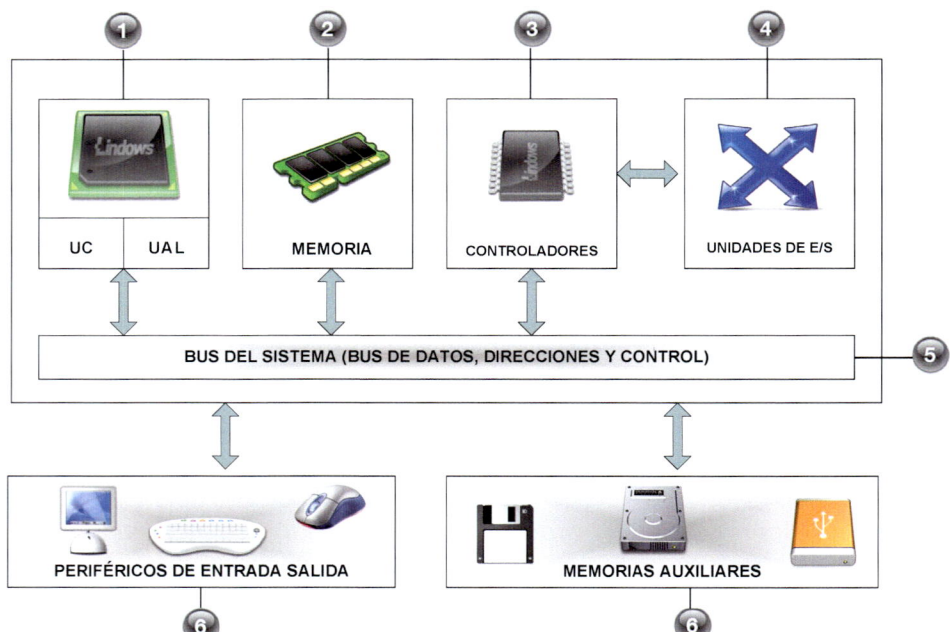

Figura 1.1. Componentes de un ordenador.

1.2. La unidad central de proceso y sus elementos

La unidad central de proceso o UCP, también denominada *procesador* o *microprocesador*, es el elemento encargado del control y ejecución de las operaciones y/o órdenes que se realizan en el ordenador o sistema informático con el fin de realizar el procesamiento o tratamiento de la información.

Es la parte fundamental del ordenador, ya que se encarga de controlar todas las tareas y procesos que se realizan dentro de él.

Está formado por la unidad de control (**UC**), la unidad aritmético-lógica (**UAL**). Además cuenta con su propia memoria, que no es la RAM (*Random Access Memory*). El procesador/microprocesador es la parte que piensa en el sistema informático, ya se encarga de todo: controla el resto de subsistemas, la memoria, la información que se va a procesar, la información procesada, periféricos de entrada y/o salida, etcétera.

Como ya hemos anticipado, el procesador consta de dos partes fundamentales:

- Unidad de control (UC).
- Unidad aritmético-lógica (UAL).

Es totalmente necesario que para que el procesador pueda trabajar cuente con otros elementos o unidades funcionales del equipo tales como la memoria principal o central del ordenador (RAM), la unidad o controlador de entrada/salida, los periféricos de entrada/salida, los buses y el resto de controladores que componen el sistema informático.

Veamos con más detalle los elementos de la UCP:

UNIDAD DE CONTROL (UC)

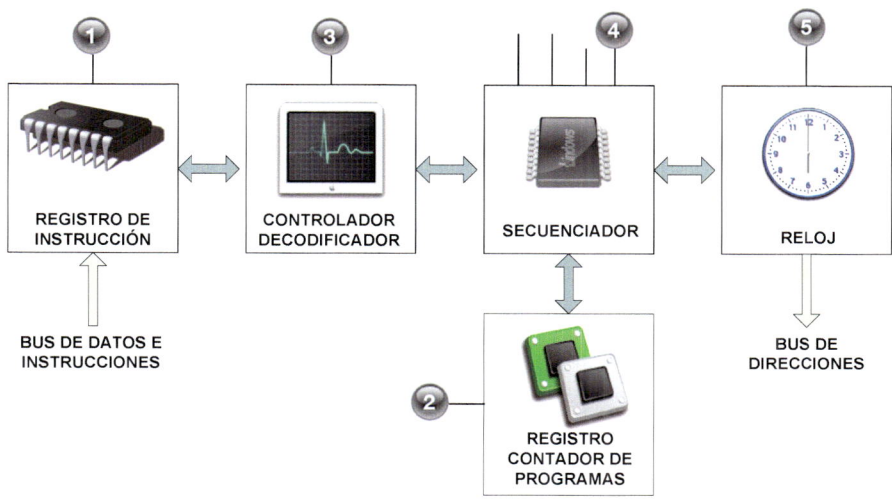

Figura 1.2. La unidad de control o UC.

La **unidad de control** o **UC** es la parte pensante del ordenador; es como el director de una orquesta, ya que se encarga del gobierno y funcionamiento de los elementos y componentes que la forman.

La tarea fundamental de la unidad de control es recibir información de los procesos y/o programas que se ejecutan en el ordenador para interpretarla y procesarla después mediante las órdenes que envía a los otros componentes del ordenador. Los elementos de la UC podemos verlos en la Figura 1.2.

La función principal de la unidad de control, como cerebro pensante del sistema informático, es traer a la memoria principal, interna o central del ordenador (RAM) las instrucciones necesarias para la ejecución de los programas (bien sean programas que trae el propio sistema operativo, bien sean aplicaciones informáticas de terceros) y el procesamiento de los datos.

Todo lo que se lleva a la memoria, tanto las instrucciones de programas como los datos que se van a procesar, normalmente están almacenados en soportes de almacenamiento externo como discos duros, discos externos, *pendrives*, etc. En la mayoría de los casos, parte de los datos son introducidos por el usuario desde periféricos de entrada como teclado, ratón, escáner, etcétera.

Para realizar todas estas operaciones, es decir, para procesar la información, la UC dispone pequeños espacios de almacenamiento denominados *registros* y que son imprescindibles para que instrucciones y datos se puedan procesar adecuadamente.

Además de los registros, tiene otros componentes. Todos ellos, que podemos ver en la Figura 1.2 se detallan a continuación:

1. **Registro de instrucción.** Almacena la instrucción que se está ejecutando. Código de operación (CO) y en su caso los operandos o las direcciones de memoria de los mismos.

2. **Registro contador de programas.** Almacena la dirección de memoria de la siguiente instrucción a procesar o ejecutar.

3. **Controlador y decodificador.** Extrae el código de operación de la instrucción en curso que está en el registro de instrucción, lo analiza, lo interpreta, emitiendo las señales necesarias para su ejecución a través del secuenciador.

4. **Secuenciador.** Genera órdenes muy elementales (microórdenes) que, sincronizadas por los impulsos del reloj, hacen que se vaya ejecutando poco a poco la instrucción que está cargada en el registro de instrucción.

5. **Reloj.** Proporciona una sucesión de impulsos eléctricos a intervalos constantes marcando los instantes en que han de comenzar los distintos pasos de que consta cada instrucción.

UNIDAD ARITMÉTICO-LÓGICA (UAL)

La **unidad aritmético-lógica** o **UAL** es la parte de la UCP encargada de realizar operaciones aritméticas (sumas, restas, productos y divisiones) lógico y lógicas (comparaciones) sobre la información que se está procesando.

Las operaciones aritméticas pueden ser suma, resta, multiplicación, división, potenciación, etc. Las lógicas son normalmente de comparación, para las que se emplean los operadores del álgebra de Boole. Las operaciones básicas de esta álgebra podemos verlas en la Tabla 1.1.

OPERACIÓN	OPERADOR
Mayor que	>
Menor que	<
Mayor o igual	>=
No mayor	NOT > (<=)
Y lógico	AND
O lógico	OR

Tabla 1.1. Álgebra de Boole.

Los elementos más importantes que componen la UAL, que podemos ver en la Figura 1.3, son los siguientes:

1. **Operacional o circuito operacional.** Realiza las operaciones con los datos de los registros de entrada. Contiene los circuitos necesarios para la realización de las operaciones. Tiene unas entradas de órdenes para seleccionar la clase de operación.

2. **Registros de entrada.** En estos registros se almacenan los datos u operandos que intervienen en una instrucción.

3. **Acumulador.** Sirve para almacenar los resultados de las operaciones efectuadas por el circuito operacional.

4. **Registro de estado.** Registra las condiciones de la operación anterior. Es un conjunto de biestables (elementos que pueden tener dos estados 0/1 sí/no) en los que se deja constancia de algunas condiciones que se dieron en la última operación.

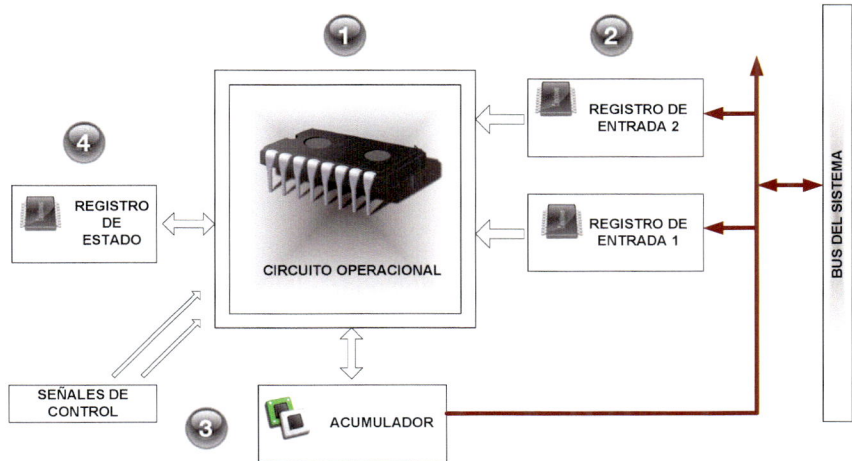

Figura 1.3. La unidad aritmético-lógica.

1.2.1. Memoria interna, tipos y características

Toda la información que será procesada en un sistema informático, o al menos la gran mayoría de ella, tendrá que pasar tarde o temprano por la memoria principal del equipo.

Esta memoria, conocida como memoria RAM (*Random Access Memory*), memoria interna o principal, almacena todos los programas y datos con los que se va a trabajar y que van a ser procesados.

La memoria principal es la unidad donde están almacenados las instrucciones y los datos necesarios para poder realizar un determinado proceso. Está construida por infinidad de celdas o posiciones de memoria (biestables), numeradas de forma consecutiva. Al número asignado a cada una de estas celdas, se le conoce como *dirección de memoria* y mediante esta dirección se puede acceder de forma directa o aleatoria a cada posición.

En un primer momento, respecto de la memoria interna, podemos hacer una clasificación atendiendo a la función de la misma dentro del sistema informático:

- **RAM** (*Random Access Memory*). O memoria de acceso directo o aleatorio, permite almacenar información (datos y programas) que será susceptible de ser procesada. Se denomina memoria principal, memoria central o memoria de acceso directo o aleatorio.

- **ROM** (*Read Only Memory*). Es un tipo de memoria de solo lectura, cuya información no puede ser modificada fácilmente y que sirve básicamente para poder inicializar el sistema informático, entre otras muchas cosas.

- **Memoria caché.** Suelen ser memorias intermedias colocadas entre la RAM y el procesador, que almacenan temporalmente la información que se procesa. Este tipo de memorias no son RAM propiamente dicha, sino otro tipo de memoria interna mucho más rápida que almacena la información que se utiliza con más frecuencia.

MEMORIA RAM

La **memoria RAM** es un componente imprescindible para que se pueda procesar la información y el sistema informático pueda funcionar adecuadamente. Casi todo, por no decir todo, lo que se tiene que procesar dentro del ordenador debe pasar tarde o temprano por la memoria central.

Los elementos que componen la memoria central o principal podemos verlos en la Figura 1.4.

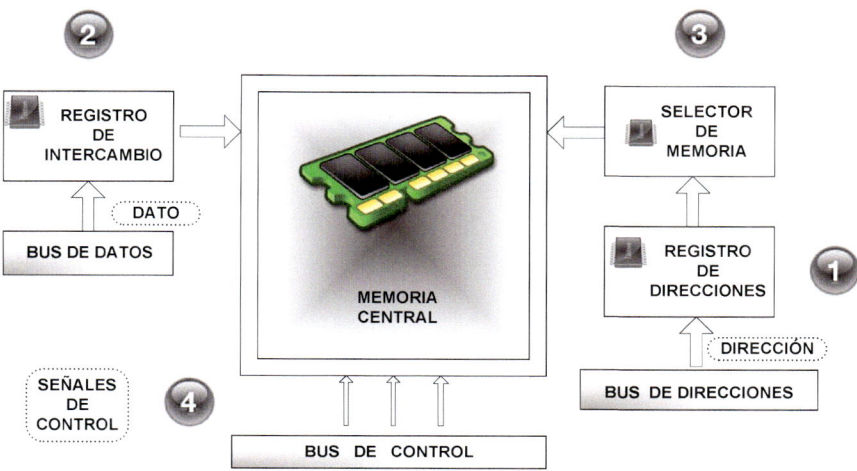

Figura 1.4. La memoria central.

1. **Registro de direcciones.** Contiene la dirección de la celda o posición de memoria a la que se va a acceder. Para que el microprocesador pueda guardar o leer datos de la memoria RAM, debe tener la dirección de memoria de la información que se va a leer o escribir.

2. **Registro de intercambio.** Recibe los datos en operaciones de lectura y almacena los datos en las operaciones de escritura.

3. **Selector de memoria.** Dispositivo que se activa cada vez que se produce una orden de lectura o escritura, conectando la celda de memoria, cuya dirección figura en el registro de dirección, con el registro de intercambio y posibilitando la transferencia de los datos en un sentido o en otro.

4. **Señal de control.** Indica si una operación es de lectura o escritura.

Por lo general, la memoria central está formada por componentes electrónicos (biestables) capaces de almacenar información en forma de ceros y unos (binario). Cada información de este tipo recibe el nombre de **bit.** Veamos un esquema de la arquitectura de la memoria en la Figura 1.5.

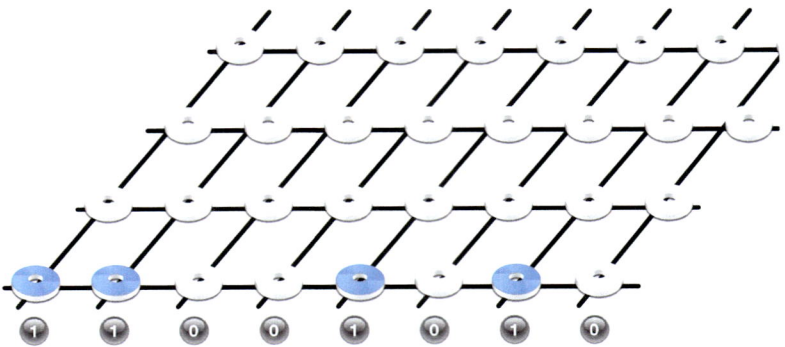

Figura 1.5. Esquema de las celdillas de memoria.

Las **celdillas** o **biestables** actúan como pequeños condensadores, de tal forma que la presencia de energía dentro de ellas puede traducirse como un uno (1) lógico y la ausencia de energía como un cero (0) lógico (Figura 1.6).

Una vez magnetizadas o no las posiciones de memoria, se accederá a ellas en bloques. Estos bloques suelen ser de ocho en ocho celdillas, de tal forma que un bloque equivale a 8 bits (ocho ceros y unos). Cada bloque, se denomina **byte** y representa un carácter o palabra, es decir, cualquier letra o número como combinación de 8 bits.

Estas equivalencias electrónicas con las palabras o números que nosotros entendemos están referenciadas mediante tablas de códigos externos como ASCII o UNICODE.

La memoria RAM actual puede clasificarse en dos grandes bloques entendiendo:

- **SRAM** (*Static Random Access Memory*). Es un tipo de memoria estática de acceso aleatorio (RAM estática). Electrónicamente hablando están compuestas por semiconductores, pudiendo mantener los datos mientras se mantenga el suministro de corriente eléctrica sin necesidad de circuito de refresco.

- **DRAM** (*Dynamic Random Access Memory*). Igual que la anterior, pero electrónicamente está compuesta por condensadores. En este tipo de memoria, los condensadores pierden su carga progresivamente, necesitando de un circuito dinámico de refresco que, cada cierto periodo, permita mantener la carga del condensador. Dentro de este tipo de memorias encontramos las siguientes:

  — **DRAM asincrónica** (*Asynchronous Dynamic Random Access Memory*).

  — **SDRAM** (*Synchronous Dynamic Random-Access Memory*) que es la que normalmente se monta en los sistemas informáticos actuales. Esta se puede encontrar bajo las denominaciones: DDR SDRAM, DDR2, DDR3, hasta DDR8 en la actualidad, y evolucionando a modelos aún más rápidos, con menor consumo de energía y que generan menos calor.

La memoria RAM se vende o suministra en módulos, similares a los que podemos ver en el centro de la Figura 1.6. Los módulos de RAM son tarjetas o placas de circuito impreso *que tienen soldados* chips *de memoria* DRAM, por una o ambas caras.

Cada módulo de memoria se conecta con el sistema informático a través de un área de conectores o pines en uno de los filos del circuito impreso, que permiten que el módulo sea instalado en un zócalo o ranura apropiada de la placa base.

En la Figura 1.5 podemos ver varios módulos de memoria de última generación.

Según la tecnología, año de fabricación, etc., los módulos de memoria actuales se pueden clasificar en:

a. **SIMM** (**S**ingle **I**n-line **M**emory **M**odule). Módulos de memoria usados en ordenadores antiguos con arquitecturas de 8,16 o 32 bits.

b. **DIMM** (**D**ual **I**n-line **M**emory **M**odule). Módulos de memoria más actuales usados en ordenadores o sistemas informáticos de 32 o 64 bits.

c. **RIMM** (**R**ambus **I**n line **M**emory **M**odule). Este nombre es debido a que incorpora su propio bus de datos, direcciones y control de gran velocidad en la propia tarjeta de memoria.

d. **SO-DIMM** (**S**mall **O**utline **D**ual **I**n-line **M**emory **M**odule). Módulos usados en ordenadores portátiles.

e. **FB-DIMM** (**F**ully-**B**uffered **D**ual **I**nline **M**emory **M**odule). Módulos especiales utilizados en servidores de mejores prestaciones y ciclos de refresco muy pequeños.

Figura 1.6. Memoria RAM.

MEMORIA ROM

La **memoria ROM** o memoria de solo lectura contiene programas especiales que sirven para cargar e iniciar el arranque del ordenador. En ella se encuentra almacenada toda la información referente a los componentes *hardware* de los que consta nuestro equipo. En la Figura 1.7 podemos ver un módulo de memoria ROM.

Las memorias ROM permiten solo la lectura de la información y no su escritura, independientemente de la presencia o no de una fuente de energía. La información almacenada en la ROM no se pueden modificar o, al menos, no de manera rápida o fácil.

Figura 1.7. Módulo de memoria ROM.

Un ejemplo claro de memoria ROM es el **BIOS** del ordenador (*Basic Input Output System*) o sistema básico de entrada/salida. La información contenida en esta ROM especial permite inicializar el sistema informático, suministrándole información como la fecha, hora, disco en el que está el sistema operativo, etcétera.

Inicialmente, los BIOS se programaban sobre memorias de tipo ROM, lo que implicaba que cualquier modificación en el sistema no podía realizarse a menos que lo hiciese el fabricante. Había que sustituir el componente electrónico para modificar la configuración del BIOS. Por eso, posteriormente, el BIOS se montó en memorias de tipo **PROM** (*Programmable Read Only Memory*), que son programables una sola vez y después de haber sido montadas en la placa.

En la actualidad, se utilizan las memorias de tipo **EPROM** (*Erasable Programmable Read Only Memory*), que permiten cambiar la configuración asignada. Este proceso es complejo, pero no implica realizar operaciones físicas sobre los componentes que están montados.

Las memorias ROM son no volátiles, y la información que contienen no desaparece nunca debido a que están programadas de fábrica. No necesitan ningún suministro de energía para mantener su configuración.

1.2.2. Unidades de entrada y salida

Para que un ordenador pueda ejecutar programas y procesar la información que el usuario quiere, tanto el programa como los datos tienen que estar siempre ubicados o almacenados en la memoria interna del equipo.

Para realizar esta operación, tiene que existir una unidad funcional de **entrada de información** capaz de almacenar los datos y programas en la memoria interna.

Análogamente, para conocer los resultados del procedimiento de los datos por los programas deseados, los usuarios deberán poder leer el contenido de la memoria a través de otra unidad **de salida de datos**.

La unidad de entrada/salida que podemos ver en la Figura 1.1 soporta estas funciones, haciendo que el ordenador (memoria), pueda comunicarse con el usuario y con lo que hay fuera del propio ordenador (los periféricos).

Los **periféricos** son dispositivos *hardware* con los cuales el usuario puede interactuar con el ordenador (teclado, ratón, monitor), almacenar o leer datos y/o programas (dispositivos de almacenamiento o memorias auxiliares), imprimir resultados (impresoras), etcétera.

Se denominan periféricos, por ejemplo, a los dispositivos que sirven para introducir datos y programas en el ordenador desde el exterior hacia su memoria central para que puedan ser utilizados. Son los llamados *periféricos de entrada*: teclados, ratones…

También hay periféricos que sirven para extraer información desde el ordenador hacia el exterior, como impresoras o monitores. Son los *periféricos de salida*.

Los hay que sirven para ambas cosas, como discos duros, CD-ROM regrabables, disquetes, etc., llamándose entonces *periféricos de entrada/salida.*

Los periféricos se conectan con el ordenador, es decir, con la UPC y sus componentes a través de los denominados puertos o conectores externos. Esta gestión la lleva a cabo otra parte esencial del ordenador: *la unidad de entrada/salida*, componente *hardware* usado para la gestión de periféricos.

En una primera aproximación podemos hacer una clasificación de los periféricos teniendo en cuenta desde o hacia dónde envían información. Es decir, la clasificación se hace atendiendo a que la información que circula a través del bus de datos lo haga desde el periférico a la memoria central o interna (periférico de entrada) o viceversa (periférico de salida).

Para diferenciar si un periférico es de entrada, salida o de entrada/salida, solamente hay que fijarse si el periférico envía información a la memoria del ordenador, en cuyo caso es de entrada. Si es la memoria la que envía información al periférico, es de salida. Si se envía o recibe información simultáneamente desde la memoria, el periférico es de entrada/salida.

Muchos de los periféricos de entrada/salida necesitan un tipo de *software* especial para ser configurados y poderse utilizar sin problemas; es decir, una impresora ha de ser instalada. Esto significa que es necesario introducir dentro de la configuración del ordenador y acorde con nuestro *software* básico unos programas específicos que permitan al sistema operativo reconocer el periférico y utilizarlo de forma correcta. Estos programas se denominan *drivers* o *controladores*.

En general, los periféricos pueden clasificarse en tres grandes grupos:

a. **Dispositivos de presentación de datos**. Son dispositivos con los que el usuario interactúa para comunicarse con el sistema informático. Se utilizan para introducir o ver datos en el sistema informático. Son periféricos de este tipo el ratón, el teclado, la pantalla, la impresora, etcétera.

b. **Dispositivos de almacenamiento de datos**. Son dispositivos que no necesitan directamente la interacción del usuario para funcionar o almacenar información. Permiten el almacenamiento de datos y programas para su posterior proceso. Son de este tipo dispositivos tales como los discos duros, los *pendrive,* los discos sólidos, etcétera.

c. **Dispositivos de comunicación con otros procesadores**. Permiten a nuestro equipo o sistema informático comunicarse con otros equipos o sistemas informáticos de forma remota. Son dispositivos tales como las tarjetas de red o los dispositivos inalámbricos para wifi o *bluetooth.*

d. **Dispositivos de adquisición de datos**. Sensores de teclado, indicadores de temperatura, indicadores de velocidad y ventiladores, etcétera.

En este punto nos quedaría adjuntar una lista más o menos larga de dispositivos de entrada, de salida y de entrada/salida, pudiendo ser interminable. Por eso, simplemente pondremos una pequeña relación de periféricos de entrada/salida clasificada por grupos:

• **Periféricos de entrada**. Los periféricos o dispositivos de entrada son los componentes del sistema encargados de suministrar o proveer de información al sistema informático. Algunos de los dispositivos típicos de entrada son: teclado, *mouse* o ratón, escáner, sistema de reconocimiento vocal, lector de CD-ROM, micrófono, etcétera.

• **Periféricos de salida**. Un periférico de salida es un dispositivo capaz de imprimir o mostrar información al usuario. Algunos de los periféricos de salida más comunes son el monitor, la impresora convencional, las impresoras 3D, los altavoces, las tarjetas de sonido, etcétera.

- **Periféricos de entrada/salida**. Son periféricos que permiten introducir o extraer información del sistema informático. Estos periféricos se utilizan básicamente para comunicar el equipo con el mundo exterior. En esta clasificación podemos hablar de monitores táctiles, tarjetas de red, dispositivos inalámbricos, DVD regrababables, discos duros externos, discos duros internos, discos sólidos, *pendrives*, rúteres, impresoras multifunción, cascos de realidad virtual, etcétera.

En este punto recomendamos a los usuarios analizar y actualizar la información de los periféricos en internet, de tal forma que se pueda tener más referencia de la evolución de estos componentes, así como características de los mismos.

1.2.3. Dispositivos de almacenamiento, tipos y características

Los dispositivos de almacenamiento informáticos han cambiado y evolucionado significativamente en los últimos 50 o 60 años.

Estamos acostumbrados a utilizar de forma habitual dispositivos de almacenamiento rápidos de gran capacidad que además puedan intercambiarse fácilmente entre ordenadores que disponen incluso de sistemas operativos diferentes.

La portabilidad, rapidez y capacidad que tienen hoy por hoy los dispositivos de almacenamiento no la han tenido siempre.

Inicialmente, en la década de los años cincuenta o sesenta, se utilizaban tarjetas perforadas, cintas magnéticas o tambores magnéticos. Estos dispositivos eran lentos, muy complicados de grabar y leer y, sobre todo, almacenaban poquísima información.

Posteriormente, en la década de los setenta se empezaron a utilizar **disquetes** flexibles, de 5,25 pulgadas, y a mediados de los ochenta los de 3,5 pulgadas, más seguros y de mayor capacidad. Hoy en día están en desuso por completo.

Ya a mediados de los años ochenta, aparecieron los primeros discos duros y las primeras unidades lectoras (que no grabadoras) de **CD-ROM.** Los primeros discos duros podían almacenar hasta 20 MB de información y los primeros CD-ROM, que aparecieron en el mercado en torno a 1985, podían almacenar en torno a los 700 MB de información. En esta misma década se llegaron ya a fabricar **discos duros** en torno a 2 GB de espacio de almacenamiento. En la actualidad se manejan DVD-ROM y DVD-RW, en los que se pueden leer y grabar unidades de DVD alcanzando capacidades de 8 GB en algunos casos, gracias a la tecnología *Blu-ray* de algunos de los dispositivos de lectura de estos soportes de almacenamiento. En la Figura 1.8 podemos ver un disco duro de tres pulgadas y media de tipo SATA y con una capacidad de 1 TB.

① brazo de
lectura/escritura
② platos
③ eje
④ chasis
⑤ conector
⑥ actuador

Figura 1.8. Disco duro de varios platos.

En los años noventa, aparecen los discos **ZIP** que pueden almacenar entre 100 y 750 MB. Lentos, pero fiables y de elevada capacidad para las cifras que se manejaban entonces.

A finales del siglo XX aparece un nuevo sistema de almacenamiento, de pequeño tamaño, relativamente rápido y con capacidad suficiente para la mayor parte de los usuarios y profesionales del ramo. Son los *pendrives*, también llamadas *unidades flash* o vulgarmente **pinchos.** Véase la Figura 1.9.

Figura 1.9. *Pendrive* de 1 TB.

Estos dispositivos, que pueden almacenar entre 8 MB y 2 TB, en la actualidad, suponen un paso de gigante en el avance de la tecnología de almacenamiento del usuario final, ya que son intercambiables, se pueden utilizar en diferentes arquitecturas e incluso con diferentes sistemas operativos. Además, la internacionalización y estandarización de los puertos USB 1.0 hasta el 4.0 han supuesto que este tipo de almacenamiento sea utilizado prácticamente por todos los usuarios.

Con estas mismas características, pero de mayor capacidad y rapidez de transferencia de datos, están los *discos duros portátiles*, que pueden almacenar entre 25 GB y 4 TB. Normalmente se conectan al ordenador mediante conectores USB, otorgándoles unas características de portabilidad sin precedentes.

Por último, actualmente, más o menos desde el año 2005, podemos empezar a utilizar de forma normal el *almacenamiento en cloud*, que, sin ser dispositivo de almacenamiento en sí mismo, es una tecnología a nuestra disposición que revoluciona el almacenamiento de la información. El acceso a internet universal y las nuevas tecnologías hacen que el almacenamiento en la nube sea cada vez algo más utilizado.

Veamos de forma más pormenorizada algunas de las características y tipos de dispositivos de almacenamiento más utilizados actualmente.

- **Discos duros internos HD**. Las características que se deben tener en cuenta en un disco duro son:

  — **Tiempo medio de búsqueda**: tiempo medio que tarda la aguja en situarse en la pista deseada.

  — **Tiempo de lectura/escritura**: tiempo medio que tarda el disco en leer información existente o en escribir nueva información.

  — **Latencia media**: tiempo medio que tarda la aguja en situarse en el sector deseado; es la mitad del tiempo empleado en una rotación completa del disco.

  — **Tiempo medio de acceso**: tiempo medio que tarda la aguja en situarse en la pista y sector deseado.

  — **Velocidad de rotación**: es la velocidad a la que giran los platos del disco, si es que tiene más de uno.

  — **Tasa de transferencia**: velocidad a la que puede transferir la información desde o hacia el ordenador.

  Las unidades de discos duros tienen distintos tipos de conexión o interfaces de datos con los que se conectan la placa base. Pueden ser de estos tipos:

  — **IDE**. *Integrated Device Electronics o Integrated Drive Electronics*. Es la interfaz más antigua y lenta de todas las existentes, pero la que se ha utilizado hasta principios del siglo XXI.

— **SATA**. *Serial ATA* o *SATA.* Es el más novedoso de los estándares de conexión. La interfaz de conexión utiliza buses en serie para la transmisión de datos. Mucho más eficaz y seguro que IDE, y con un precio no demasiado elevado. Hay varios estándares desde SATA1 a SATA4 y cada uno de ellos mejora a su antecesor en prestaciones.

— **SCSI**. *Small Computer System Interface.* En este tipo de tecnología, se utilizan interfaces preparadas para discos duros de gran capacidad de almacenamiento y velocidad de rotación, pudiendo en casi todos los modelos pinchar por la misma interfaz hasta siete dispositivos, cuestión que no es posible ni en IDE ni en SATA, en los que cada interfaz de conexión solo admite uno o dos discos como máximo.

— **SAS**. *Serial Attached SCSI.* Es el sucesor de interfaz SCSI, utilizando un sistema de transferencia de datos en serie. Se utiliza poco ya que, con la aparición de SATA, los precios se han reducido mucho y las prestaciones se han mejorado también muchísimo.

- *Pendrive.* En este caso, la clasificación se hace por el año en el que aparece la tecnología, y por las características técnicas del dispositivo.

  Existen varios tipos de tecnologías USB, las cuales se clasifican en cuatro tipos **dependiendo de la velocidad a la que transfieren sus datos**.

  — **USB 1.0**: son los más antiguos, y el estándar USB de menor velocidad. Su tasa de transferencia es de **hasta 1,5 Mbit/s (188 kB/s)**, y es utilizado sobre todo en teclados, ratones o *webcams.*

  — **USB 1.1**: es la mejora del 1.0 conocida como de velocidad completa o *plug and play.* Su tasa de transferencia sube **hasta 12 Mbit/s (1,5 MB/s)**.

  — **USB 2.0**: o USB de alta velocidad. Alcanza tasas de transferencia de **hasta 480 Mbit/s (60 MB/s)**, aunque en la práctica suele quedarse en 280 Mbit/s (35 MB/s). Cuenta con dos líneas para datos y dos de alimentación de alta velocidad. También puede cargar dispositivos a 2,5 W de potencia.

  — **USB 3.0**: o de velocidad superalta, y tiene una tasa de transferencia de **hasta 4,8 Gbit/s (600 MB/s)**, diez veces superior a la velocidad del USB 2.0 gracias a sus cinco contactos adicionales.

  — **USB 3.1**: se le denomina de velocidad superalta+ o *SuperSpeed*, y duplica la velocidad de su predecesor, con una tasa de transferencia de **hasta 10 Gbit/s (1,25 GB/s)**. Es el que suele ser utilizado por los conectores de Tipo C.

  — **USB 3.2**: se estandariza en https://www.xataka.com/componentes/nuevo-estandar-usb-3-2-esta-listo-velocidades-20-gbps-veremos-este-ano, febrero del 2019 y es capaz de ofrecer tasas de transferencia de **hasta 20 Gbit/s (2,5 GB/s)**.

— **USB 4.0:** presentado también https://www.xataka.com/perifericos/ estandar-usb-4-llega-como-adaptacion-thunderbolt-3-no-veremos-mercado-2021 en 2019, es el estándar más reciente hasta la fecha. El https://www.xataka.com/basics/usb4-usb-4-0-que-cuales-sus-diferencias-respecto-a-usb-3-0 USB4 será capaz de ofrecer tasas de transferencia de **hasta 40 Gbit/s (5 GB/s)**.

Otros dispositivos de almacenamiento merecedores de nuestra atención son los siguientes:

- **SSD.** Es un dispositivo de almacenamiento, similar en cuanto características a las memorias *flash* o *pendrives*. Se denomina *Solid-State Drive* o unidad de estado sólido, siendo un tipo de almacenamiento o memoria no volátil.

  Como características principales hay que indicar que un disco duro SSD ofrece mayores prestaciones que un disco duro tradicional. Son de mayor velocidad y mayor rendimiento, hacen mucho menos ruido y se calientan muy poco o casi nada. Además, ante golpes, estos discos son mucho más fiables que los tradicionales, aunque siguen siendo algo más caros. Se puede ver como son internamente estos discos en la Figura 1.10.

Figura 1.10. Disco sólido.

- **Tarjeta SD.** Es una pequeña **tarjeta de memoria** utilizada normalmente en dispositivos móviles tales como cámaras fotográficas digitales, teléfonos móviles, ordenadores, entre otros. Las hay de varios tipos: **miniSD, microSD** o las **SDHC**, variando la cantidad de información que pueden almacenar y el tamaño de las mismas. La más utilizada por su rapidez y capacidad de almacenamiento es la tarjeta **SD** (*Secure Digital*) pudiendo alcanzar capacidades de 512 GB en algunos casos.

- **Sistemas RAID.** Los RAID (*Redundant Array of Inexpensive Disks*) son sistemas de almacenamiento de datos que utilizan varias unidades de almacenamiento de forma simultánea (normalmente discos duros). Con estos sistemas se consigue mucha mayor capacidad, ya que se pueden añadir discos sin mayor problema y, sobre todo, confieren al sistema una gran fiabilidad de datos, puesto que la forma de grabar la información es redundante, es decir, se duplica o triplica todo lo almacenado. Con esto se consigue una gran *tolerancia a fallos* del sistema.

- **NAS** o almacenamiento en red (*Network Attached Storage*). Es una tecnología de almacenamiento basada en compartir la capacidad de almacenamiento de un sistema de discos autónomo o de un servidor con ordenadores personales u otros servidores a través de una red. Es una tecnología en donde el sistema de almacenamiento es accedido por los ordenadores del entorno a través de la red y, normalmente, a través del protocolo de comunicaciones TCP/IP. Es por ello por lo que estos sistemas están disponibles para cualquier usuario que los requiera, simplemente estando identificado y conectado en la misma red física y lógica. Son sistemas de almacenamiento en los que la capacidad en TB o PB es normal. En la Figura 1.11 se puede observar un modelo básico de NAS de 8 TB de capacidad.

Figura 1.11. Sistema NAS de almacenamiento.

No podemos terminar de hablar de los dispositivos de almacenamiento sin hacer un repaso a las medidas de la información, es decir, a la forma en que se cuantifican los datos almacenamos en los dispositivos de almacenamiento. Para ello, podemos ver la Tabla 1.2.

MEDIDAS DE LA INFORMACIÓN
Bit = unidad mínima de información.
4 bits = *nibble* o cuarteto.
8 bits = 1 byte.
1024 bytes = 1 kilobyte (KB)
1024 kilobytes = 1 megabyte (MB).

MEDIDAS DE LA INFORMACIÓN
1024 megabytes = 1 gigabyte (GB).
1024 gigabytes = 1 terabyte (TB).
1024 terabytes = 1 petabyte (PB).
1024 petabytes = 1 exabyte (EB).
1024 exabytes = 1 zettabyte (ZB).
1024 zettabytes = 1 yottabyte (YB).
1024 yottabytes = 1 brontobyte (BB).
1024 brontobytes = 1 geopbyte (GeB).

Tabla 1.2. Medidas de información.

El **bit** es la unidad mínima de información, y dentro de un sistema informático queda representado por un 0 o un 1.

En este sentido, se puede establecer una equivalencia de medidas de la información que se almacena o procesa en un sistema en múltiplos de bits utilizados para designar cada medida.

En la Tabla 1.3 se pueden analizar algunas de las equivalencias de las que hablamos.

El uso de 1024, como potencia de 2, se justifica, ya que el ordenador utiliza internamente el sistema de codificación binario para todas sus operaciones.

El **byte** se suele emplear para representar un carácter alfanumérico (números, letras o cualquier otro carácter especial). Según el código utilizado un *byte* estará formado por 8 bits (ASCII) o por 16 (UNICODE).

Es habitual encontrar escrito kb o kB de forma indistinta, pero tenemos que diferenciar entre ambas escrituras.

La B mayúsculas referencia *bytes* y la b minúscula representa bits. Es por ello, por lo que solamente se utilizará la b minúscula para representar medidas de transferencia de información como kbps (kilobits por segundo).

Cuando hablamos de capacidad de los dispositivos de almacenamiento, siempre utilizaremos la representación de las unidades de medida de la información con la letra B mayúscula.

UNIDAD	SÍMBOLO	SE HABLA DE	REPRESENTA
1 kilobyte	kB	*kas*	1024 bytes
1 megabyte	MB	*megas*	1024 kB (1 048 576 bytes)
1 gigabyte	GB	*gigas*	1024 MB (1 073 741 824 bytes)
1 terabyte	TB	*teras*	1024 GB (1 billón de bytes)

Tabla 1.3. Equivalencias de medidas de información.

1.3. Buses

Hay otro componente importante dentro del ordenador que está relacionado directamente con el procesador y en general con el sistema informático: el **bus.**

El bus es el elemento responsable de establecer una correcta interacción entre los diferentes componentes del ordenador. Es, por lo tanto, el dispositivo principal de comunicación. En un sentido físico, se define como un conjunto de líneas de *hardware* (metálicas o físicas) utilizadas para la transmisión de datos entre los componentes de un sistema informático. Está formado por cables o pistas en un circuito impreso.

En lo referente a la forma de enviar la información, los buses de clasifican en: bus en paralelo o bus en serie.

1.3.1. Tipos de bus

BUS EN PARALELO

Es un bus en el cual los datos son enviados por *bytes* (de 8 en 8 bits o de 16 en 16) al mismo tiempo, con la ayuda de varias líneas. La cantidad de datos que se envía es lo suficientemente grande para hacer que este tipo de buses sea rápido. El número de líneas en paralelo de un bus se denomina *ancho del bus,* y es igual al ancho de los datos por la frecuencia de funcionamiento. Su utilización ha sido grande, especialmente a la hora de conectar el sistema informático con elementos tales como el procesador con los discos duros, tarjetas de ampliación, tarjetas de vídeo, etc. En la Figura 1.12 podemos ver un bus paralelo de datos de disco y un bus paralelo de impresora.

Este tipo de buses consta de varios tipos de líneas por las que circula información y direcciones de memoria, entre otras cosas. Veamos esta clasificación:

- Las **líneas de dirección** son las encargadas de indicar la posición de memoria o el dispositivo con el que se desea establecer comunicación. Es independiente del bus de datos y solo transmite direcciones.

- Las **líneas de control** son las encargadas de enviar señales de arbitraje entre los dispositivos. Organiza y controla el uso y acceso a las líneas por las que circulan datos y por las que circulan direcciones. Las señales de control transmiten tanto órdenes como información y permiten que no haya colisión de información en el sistema.

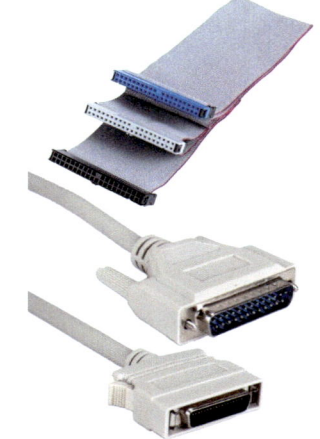

Figura 1.12. Buses en paralelo.

- Las **líneas de datos** permiten el intercambio de datos entre la unidad central de proceso y el resto de unidades funcionales del sistema informático.

BUS EN SERIE

En este los datos son enviados bit a bit y se reconstruyen por medio de registros o rutinas. Está formado por pocos conductores y su ancho de banda depende de la frecuencia. Es usado desde hace menos de diez años en buses para discos duros, unidades de estado sólido, tarjetas de expansión y para el bus del procesador. Podemos ver alguno de estos buses en la Figura 1.13.

Respecto de los componentes sobre los que los buses pueden actuar, y parte de la funcionalidad sobre la memoria que cada uno de ellos tiene, podemos hacer otra clasificación:

- **Bus único**. Considera a la memoria y a los periféricos como posiciones de memoria, y hace un símil de las operaciones E/S con las de escritura/lectura en memoria. Estas equivalencias consideradas por este bus hacen que no permita controladores DMA (*Direct Access Memory*) de acceso directo a memoria.

- **Bus dedicado**. Este, en cambio, al considerar la memoria y periféricos como dos componentes diferentes, permite controladores DMA (véanse Figs. 1.2, 1.3, 1.4 y 1.5). Este tipo de bus contiene varias subcategorías más que son las siguientes:

  — *Bus de datos*. Transmite información entre la CPU y los periféricos.

  — *Bus de direcciones*. Identifica el dispositivo al que va destinada la información que se transmite por el bus de datos.

  — *Bus de control o de sistema*. Organiza y redirige hacia el bus pertinente la información que se tiene que transmitir.

Figura 1.13. Buses en serie.

Las características de los buses son las que determinan parámetros tales como rapidez, velocidad, anchura, etc. A continuación, nos detenemos en este punto.

La capacidad operativa del bus depende del propio sistema, de la velocidad de este, y la *anchura* del bus (número de conductos de datos que operan en paralelo) dependiendo de los bits que se pueden transmitir simultáneamente, según el tipo de procesador que incorpore el equipo.

El bus es como una autopista con varios carriles por la que circulan bits. Cada carril de la autopista es como una línea del bus. Concretamente, en los primeros ordenadores personales el ancho del bus era de 8 bits; es decir, solo contaban con ocho líneas de datos. En la actualidad, los más extendidos son los de 16, 32, 64, 128 bits o superiores.

La Figura 1.14 ilustra cómo podría representarse físicamente el bus del sistema, relacionando el procesador y la memoria.

La estructura es la siguiente:

1. **Procesador.**

2. **Buses.**

3. **Memoria RAM.**

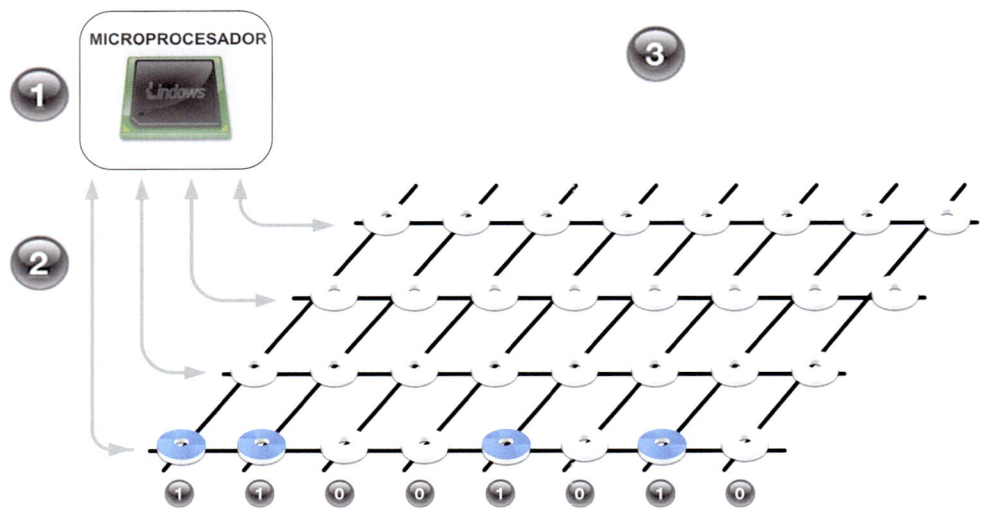

Figura 1.14. Esquema del bus del sistema.

En un bus, una característica muy importante es la velocidad con la que los bits circulan por el bus. Esta velocidad se mide en megahercios (MHz), y de ello depende en gran medida el rendimiento global del equipo. Hay buses a 66 MHz, pasando por toda una gama que va hasta más de 2600 MHz en los ordenadores que montan procesadores de última generación.

Comparémoslo con una autopista o carretera: no es lo mismo que exista una limitación de 50 km/h que otra de 120 km/h. Si un bus tiene muchas líneas y son muy rápidas, mejor para el rendimiento del ordenador.

Finalmente, la frecuencia o velocidad del bus queda determinada por los impulsos del reloj. El reloj es, por tanto, el componente que determina la velocidad, ya que a mayor frecuencia en megahercios (Mhz), más rápida es la circulación de bits por las líneas del bus.

Y no solo eso. El bus determina la arquitectura y, por tanto, su tamaño establece el del registro de instrucción. Así, el código de operación puede ser mayor, siendo posible ejecutar un mayor número de operaciones. Esto produce un aumento de potencia, no por mayor rapidez, sino por mayor complejidad de las instrucciones que se pueden procesar.

1.4. Correspondencia entre los subsistemas físicos y lógicos

Los sistemas informáticos normalmente se estructuran en dos subsistemas, de los que estamos hablando en toda la unidad. Estos subsistemas son:

- **Subsistema físico:** asociado al *hardware* y está formado por las unidades funcionales de un sistema informático y el resto de elementos *hardware*. Por ello este subsistema lo componen la CPU, la memoria principal, la placa base, periféricos de entrada y salida, etc. Los subsistemas físicos más importantes son los siguientes:

  — *El procesador* o UCP, que realiza todo el trabajo de tratamiento de la información.

  — *El subsistema de E/S,* que es el encargado de gestionar todos los elementos y dispositivos de entrada y salida. Lo forman los procesadores de entrada y salida (*chipset*), los controladores de los periféricos y los propios periféricos.

  — *El subsistema de comunicaciones:* encargado de las conexiones entre sistemas informáticos. Está formado por los procesadores de comunicaciones (*chipset*), que realizan estas operaciones en lugar del procesador, y los componentes propios del sistema de comunicaciones, como tarjetas de red, rúteres, puntos de acceso wifi, etcétera.

- **Subsistema lógico:** asociado al *software* y a la arquitectura; incluye, sistema operativo, *firmware* (*software* del *hardware*), aplicaciones, datos, bases de datos, etc. El subsistema lógico está compuesto por:

  — *Los programas de control:* permiten realizar las operaciones internas de forma transparente al usuario.

  — *Los programas de servicio:* proporcionan un entorno adecuado para la ejecución de aplicaciones del usuario.

La interrelación entre estos subsistemas es lo que hace útil y práctico un sistema informático, ya que la realidad es que cuando nos sentamos delante de un ordenador para hacer algo, estamos utilizando *software* (aplicaciones y datos) que se está ejecutando sobre *hardware* (unidades funcionales) que a su vez está controlado por otro tipo de *software* (sistema operativo).

SUBSISTEMA FÍSICO

El subsistema físico hace referencia a lo que es la parte física del equipo, contemplando el *hardware* no solo en sus partes fijas, sino también los periféricos (dispositivos de entrada y salida) y su relación con el usuario. Sin embargo, el subsistema lógico, analiza cómo funcionan los componentes físicos del equipo, se encarga de gestionar aplicaciones, programas y el propio sistema operativo.

Ya sabemos que el *hardware* de un ordenador está formado por sus componentes eléctricos, electromecánicos y mecánicos, cables, periféricos de todo tipo y cualquier otro elemento físico.

El *hardware* del subsistema físico de un sistema informático se puede clasificar en dos categorías:

- **Básico.** Son el conjunto de componentes indispensables necesarios para otorgar la funcionalidad mínima al sistema informático u ordenador.

- ***Hardware* complementario o subsidiario.** Como su nombre indica, es el utilizado para realizar funciones específicas no estrictamente necesarias para el funcionamiento de un ordenador.

Los medios de entrada y salida de datos estrictamente indispensables dependen de la aplicación: desde un punto de vista de un usuario común, se debería disponer, al menos, de un teclado y un monitor para entrada y salida de información, respectivamente; pero ello no implica que no pueda haber una computadora (por ejemplo, controlando un proceso) en la que no sea necesario teclado ni monitor, bien puede ingresar información y sacar sus datos procesados, por ejemplo, a través de una placa de adquisición/salida de datos.

Las computadoras son aparatos electrónicos capaces de interpretar y ejecutar instrucciones programadas y almacenadas en su memoria, ellas consisten básicamente en operaciones aritmético-lógicas y de entrada/salida. Se reciben las entradas (datos), se las procesa y almacena (procesamiento), y finalmente se producen las salidas (resultados del procesamiento). Por ende, todo sistema informático tiene, al menos, componentes y dispositivos *hardware* dedicados a alguna de las funciones ante dichas; a saber:

De todos estos componentes hemos hablado con anterioridad, y solamente faltaría por hablar de los periféricos de entrada/salida y del controlador que hace que estos componentes se interrelacionen con el resto de elementos el sistema informático.

Los periféricos son dispositivos *hardware* con los cuales el usuario puede interactuar con el ordenador (teclado, ratón, monitor), almacenar o leer datos y/o programas (dispositivos de almacenamiento o memorias auxiliares), imprimir resultados (impresoras), etcétera.

Se denominan periféricos, por ejemplo, los dispositivos que sirven para introducir datos y programas en el ordenador desde el exterior hacia la memoria del ordenador para que puedan ser procesados. Son los llamados *periféricos de entrada*: teclados, ratones, monitores táctiles, escáneres, etcétera.

También hay periféricos que sirven para extraer información desde el ordenador (normalmente desde la memoria) hacia el exterior, como impresoras o monitores, altavoces,

Los hay que sirven para ambas cosas, como discos duros, CD-ROM regrabables, *pendrives*, etcétera.

Los periféricos se conectan con el ordenador, es decir, con la UPC y sus componentes, a través de los denominados puertos o conectores externos. Esta gestión la lleva a cabo otra parte esencial del ordenador: la unidad de entrada/salida, componente *hardware* usado para la gestión de periféricos.

Podemos hacer una clasificación de los periféricos teniendo en cuenta desde o hacia dónde envían información. Es decir, la clasificación se hace atendiendo a que la información que circula a través del bus de datos lo haga desde el periférico a la memoria central (periférico de entrada) o viceversa (periférico de salida).

Muchos de los periféricos de entrada/salida necesitan un tipo de *software* especial para ser configurados; en otras palabras, para utilizar una impresora, por ejemplo, primero hay que instalarla. Esto significa que es necesario introducir dentro de la configuración del ordenador y acorde con nuestro *software* básico unos programas específicos que permitan al sistema operativo reconocer el periférico y utilizarlo de forma correcta. Estos programas se denominan *drivers* o *controladores*.

SUBSISTEMA LÓGICO

Veamos detalladamente los elementos del subsistema lógico:

- **Programa**. En informática, un **programa** es un conjunto de instrucciones u órdenes que indican al ordenador o sistema informático qué operaciones debe realizar con unos datos determinados. En general, todo programa indica al ordenador cómo obtener unos datos de salida, a partir de unos datos de entrada que serán procesados como datos intermedios. Veamos la Figura 1.15.

- **Aplicaciones informáticas**. Las aplicaciones son parte del *software* de un or-denador, y suelen ejecutarse sobre el sistema operativo. Una aplicación de *software* suele tener un único objetivo: navegar, explorar el disco duro, editar textos, grabar datos, etc., incluso jugar.

  Hay aplicaciones informáticas que solo constan de un programa (**notepad**) y otras aplicaciones que constan de más programas (**OFFICE**). A las aplicaciones informáticas que constan de un solo programa se les llama simplemente pro-grama y a las segundas se les denomina paquete de oficina o paquete ofimáti-co, *suite* de oficina o *suite* ofimática, ya que normalmente está compuesta por un conjunto de aplicaciones informáticas.

- **Sistema operativo**. Es el elemento fundamental del propio subsistema lógico, puesto que es el encargado de controlar al resto de elementos del subsistema lógico, como a los elementos del subsistema físico.

  En las siguientes unidades ampliaremos información sobre este componente fundamental.

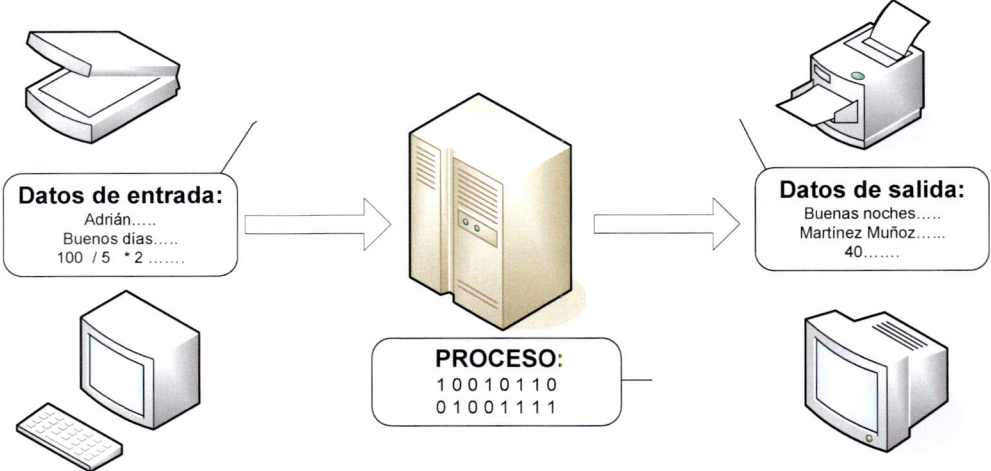

Figura 1.15. Tratamiento de la información.

Respecto de las aplicaciones informáticas, es importante indicar que son programas. Estos programas se construyen con herramientas o con otros programas. Los progra-mas o aplicaciones que sirven para construir otros programas pueden ser compilado-res o intérpretes.

- **Compilador**. Programa que analiza el programa fuente que estamos construyen-do y *lo traduce* a otro equivalente escrito en otro lenguaje que pueda ser ejecu-tado por el ordenador. Un compilador suele generar programas más rápidos y eficientes, ya que el análisis del lenguaje fuente se hace una sola vez, durante la generación del programa equivalente. En cambio, un intérprete se ve obligado generalmente a analizar cada instrucción tantas veces como se ejecute.

- **Intérprete**. Programa que analiza el programa fuente y *lo ejecuta directamente*, sin generar ningún código equivalente. Un intérprete facilita la búsqueda de errores, pues la ejecución de un programa puede interrumpirse en cualquier momento para estudiar el entorno. Además, el programa puede modificarse sobre la marcha, sin necesidad de volver a comenzar la ejecución.

Algunas características más de las aplicaciones informáticas, como parte esencial del subsistema lógico son:

- **Licencias.** Las aplicaciones pueden tener distintas licencias de distribución como ser *freeware*, *shareware*, con periodo de prueba, etcétera.

- **Interfaz.** Las aplicaciones tienen algún tipo de interfaz para que el usuario se comunique con ellas. Esta interfaz puede ser una interfaz de texto o una interfaz gráfica (o ambas).

Respecto de este último elemento, **la Interfaz de usuario**, según como el usuario interactúe con un sistema informático, la interfaz será de uno u otro tipo. Si bien es cierto que hoy por hoy casi todos los sistemas operativos cuentan con varios tipos de interfaces, aún siguen existiendo versiones que solamente cuentan con versiones antiguas, ya que estas le confieren mayor eficacia al sistema. Existen varios tipos de interfaces de usuario, que podemos ver en la Figura 2.5, que son las siguientes:

- **Interfaz de línea de comandos** (*Command-Line Interface*, CLI) o interfaz de texto.

- **Interfaces gráficas de usuario** (*Graphic User Interface*, GUI): interfaz de escritorio o entorno gráfico.

- **Interfaz natural de usuario** (*Natural User Interface*, NUI): normalmente de tipo táctil.

- **Interfaz orgánica de usuario** (*Organic User Interface*, OUI): interfaces de usuario que manejan dispositivos ergonómicos.

En la siguiente unidad las veremos con más detalle.

ACTIVIDADES

1.1. Los programas o procesos que se ejecutan en un sistema informático son:

a) *Software* de aplicaciones y ofimático.

b) *Software* básico y *software* de aplicaciones.

c) Programas de gestión de escritorio.

d) Todas las respuestas anteriores son falsas.

1.2. ¿Cuál de las siguientes no es una unidad funcional del sistema informático?

a) Memoria.

b) Unidad central de proceso.

c) Registro de instrucción.

d) Unidad de entrada salida.

1.3. El registro de instrucción almacena...

a) La instrucción que se está ejecutando.

b) La instrucción que se va a ejecutar.

c) La instrucción que se ha ejecutado.

d) No almacena nada.

1.4. ¿Que significa SDRAM?

a) Synchronous Dynamic Random-Access Memory.

b) Syntetic Dynamic Random-Access Memory.

c) Synchronous Dynamic Read-Access Memory.

d) Todas las respuestas anteriores son incorrectas.

1.5. ¿La memoria que es de acceso aleatorio se conoce cómo?

a) ROM de aplicaciones y ofimático.

b) CACHÉ *software* básico y *software* de aplicaciones.

c) BIOS.

d) RAM.

1.6. ¿Qué significa EPROM?

a) Extender Primergy ROM.

b) Extended Progamable ROM.

c) Extended Parameter ROM.

d) Todas las respuestas anteriores son falsas.

1.7. Una de las características más importantes para que un disco pueda transferir información de forma más rápida es...

a) La capacidad del disco.

b) Velocidad de rotación.

c) El tamaño en pulgadas.

d) Si es externo o interno.

1.8. ¿Qué característica/s determina que un BUS sea más eficiente que otros?

a) La anchura del BUS.

b) La frecuencia del BUS.

c) La velocidad de transferencia del BUS.

d) Todas las respuestas anteriores son ciertas.

COMPRUEBA TUS CONOCIMIENTOS

1.1. Analiza el número de bits que son capaces de gestionar los diferentes buses según el sistema operativo utilizado (8, 16, 32 o 64 bits). Buscaremos sistemas operativos desde el año 1980 hasta la actualidad.

1.2. Realiza las transformaciones entre las diferentes medidas de la información. Sacar solo dos decimales

BITS	BYTES	MB	GB	TB
10 000 000				
	300 000			
		2048		
			3000	
				8

1.3. Haz un resumen de al menos diez de los lenguajes de programación más utilizados en la actualizad, indicando sin son intérpretes, compiladores o tienen otra clasificación.

2. Funciones del sistema operativo informático

Contenido

2.1. Conceptos básicos

El sistema operativo (SO) es el *software* básico o principal del ordenador. Este *software*, sin el cual el sistema informático no podría funcionar, se encarga de gestionar, por un lado, todos los recursos *hardware* del sistema informático y, por otro lado, el resto de *software* y/o aplicaciones informáticas con las que poder gestionar y procesar la información o datos que el usuario necesite.

El **sistema operativo** se puede definir como un conjunto de programas, servicios y funciones que gestionan y coordinan el *hardware* y el *software* en un sistema informático. Es evidente que el *hardware* por sí solo no es capaz de producir, en casi ningún caso, utilidad para ningún usuario. Este *hardware* se tiene que poner en funcionamiento a través de programas o conjuntos de instrucciones que lo hagan funcionar.

Es por ello, por lo que los sistemas operativos son capaces de reconocer e identificar el *hardware* con el que cuenta el sistema informático y de esta forma ponerlo en marcha. Una vez que el *hardware* ha cobrado vida, podremos ejecutar los programas y aplicaciones para que el usuario pueda realizar las funciones que desea. Este *software* puede ser propio del sistema operativo, o bien *softwares* proporcionados por terceros, susceptible de instalarse e integrarse con el sistema operativo, aumentando la funcionalidad de este.

El sistema operativo ofrece al usuario la forma de comunicarse con el ordenador, bien mediante el teclado (**interfaz de texto**), bien mediante otros dispositivos como ratón, pantalla táctil (**interfaz gráfica**), etcétera.

El sistema operativo realiza todo el trabajo dentro del equipo, haciendo que el empleo del *hardware* para el usuario no sea un problema. El usuario utiliza el *hardware* o sistema informático, pero se desentiende de gestionarlo o administrarlo.

Teniendo en cuenta estas características, los sistemas operativos actuales se pueden clasificar en dos grandes bloques:

- **Sistemas operativos monousuario**. Los recursos *hardware* y el *software* que se está utilizando están a disposición de un solo usuario. Un solo usuario sentado delante de un solo ordenador. Normalmente equipos domésticos para uso individual.

- **Sistemas operativos multiusuario**. Varios usuarios pueden utilizar potencialmente los recursos *software* y *hardware* de un mismo ordenador. Normalmente servidores, sistemas en red o sistemas en *cloud computing*.

Se puede ver claramente que un sistema operativo no tiene una labor sencilla dentro del sistema informático. Es el motor de todo, hace de intermediario y controlador entre la parte física del ordenador, el *software* que se utiliza y el usuario para gestionar y administrar sus recursos.

El fin fundamental de un sistema operativo es coordinar la utilización que se hace del *hardware* dependiendo de los programas o aplicaciones que se estén utilizando. Los programas que se utilizan en la mayoría de los casos los decide el usuario, pero en otras muchas ocasiones son programas propios del sistema operativo los que tienen que estar funcionando para poder hacer que los programas de usuario cumplan con su objetivo.

En general, *hardware*, *software* y usuario se estructuran, en cuanto a la utilización de un ordenador o sistema informático, de forma jerárquica. Veamos el esquema de la Figura 2.1.

Figura 2.1. Jerarquía de los sistemas operativos (tres niveles).

Este tipo de estructura es la que permite que el usuario interactúe con el *hardware*, función principal de cualquier sistema operativo.

Para realizar todas las funciones necesarias, el sistema operativo cuenta con los denominados servicios. Un **servicio** es un tipo de aplicación que normalmente se ejecuta en segundo plano y que proporciona a los usuarios las herramientas y aplicaciones necesarias para poder utilizar los recursos del sistema operativo. Estos servicios pueden utilizarse para:

- **Creación y depuración de programas** (editores, compiladores, depuradores, etcétera).

- **La ejecución de programas,** proveyendo al sistema de los recursos *hardware* y *software* necesarios.

- **Acceder** de forma controlada **a los dispositivos de entrada/salida.**

- **Gestionar** de forma fiable, segura y controlada los **archivos e información.**

- **Supervisar** y solucionar **errores** provocados por el *hardware* o el *software*.

- **Suministrar información** estadística, de seguridad y registro de lo que se hace en el sistema.

La mayoría de los servicios que se instalan en un sistema informático lo hacen al instalar el propio sistema operativo, pero también se instalan en algunas ocasiones cuando instalamos en el ordenador algún otro programa o aplicación. Estos servicios son necesarios para el funcionamiento de muchas de las aplicaciones propias del sistema operativo y de otro tipo de *software*. Sin los servicios, podemos decir, que no funcionaría nada o casi nada en el sistema.

2.1.1. Los procesos

Un proceso, o tarea, se puede definir como programa en ejecución. El origen de un proceso normalmente se encuentra en un programa que se puede ejecutar y que se denomina **programa ejecutable**. Este programa está formado por un conjunto de instrucciones y datos almacenados en un archivo o fichero, que cuando es ejecutado, es decir, cuando se carga en la memoria interna del ordenador, el programa se convierte en proceso.

Los procesos en un sistema operativo se caracterizan por:

- Un proceso ha de residir completamente en memoria y tener asignados todos los recursos *hardware* y *software* que necesite para poder ejecutarse.

- Cada proceso está protegido del resto de procesos por lo que, en ningún caso, otro proceso podrá escribir en las zonas de memoria pertenecientes a ese proceso.

- Los procesos pueden pertenecer al usuario o ser propios del sistema operativo. Estos procesos pertenecientes a los usuarios se ejecutan en el modo denominado *modo usuario* del procesador (con restricciones de acceso a los recursos *hardware*). Los procesos que pertenecen al sistema se ejecutan en el modo *kernel* o **modo privilegiado** del procesador (podrán acceder a cualquier recurso).

Cuando un proceso se crea, este tendrá una estructura de datos llamada *Bloque de Control de Procesos* (BCP), donde se almacenará información acerca del mismo. De este elemento, hablaremos más detalladamente en la siguiente unidad.

Es importante saber que, por lo general, a cada proceso se le asigna un espacio de direcciones de memoria en las que permanecerá, normalmente, mientras esté en ejecución. Este espacio de memoria no puede ser invadido por otros procesos, ya que provocaría el colapso del sistema informático o lo que normalmente se conoce por *colgarse el equipo*.

Para gestionar los procesos de forma adecuada, el sistema operativo normalmente los divide en trozos de igual o diferente tamaño, llamados *páginas, frames,* etc. Cuando se carga un proceso, lo que se hace es llevarlo a la memoria asignándole el número máximo de bloques de memoria que puede emplear. En cada uno de estos bloques de memoria se irá almacenando cada uno de los trozos del proceso, utilizando para ello las técnicas de gestión de memoria como son la memoria virtual, *swapping,* paginación, segmentación u otras.

Una vez terminado el proceso, es decir, cuando finaliza la ejecución del mismo, el sistema operativo recupera los recursos que le había asignado, especialmente los bloques de memoria asignados al proceso y las referencias al *hardware* utilizado por el mismo.

Asimismo, el sistema operativo es el encargado de realizar todas las tareas necesarias con los procesos y que se pueden resumir en las siguientes:

- Crear y eliminar procesos.

- Suspender y reanudar procesos.

- Proveer mecanismos para la sincronización de procesos.

- Proveer mecanismos para la comunicación de procesos.

- Proveer mecanismos para manejar bloqueos entre procesos.

Para finalizar el punto, hay que indicar que los procesos pueden encontrarse en diferentes estados en el sistema: en ejecución, bloqueado o en espera. Esto lo veremos más adelante en otra unidad.

2.1.2. Los archivos

Se puede definir un **archivo** como el conjunto de información relacionada, generalmente programas y/o datos.

Un archivo, también denominado *fichero*, es una unidad de datos o información almacenada en algún medio externo o interno del sistema informático, y que puede ser utilizado por el propio sistema operativo o por alguna aplicación que el usuario decida. Técnicamente hablando, un archivo es un flujo unidimensional de *bytes* que es tratado por el sistema operativo como una única entidad. Es un conjunto de bits (0 y 1) que referencian algún tipo de información específica como un texto, un gráfico, un sonido, etcétera.

Por lo general, los archivos son el conjunto organizado de informaciones de un mismo tipo y que pueden utilizarse en un mismo tratamiento.

CARACTERÍSTICAS DE LOS ARCHIVOS

Todo archivo o fichero, para poder ser utilizado, debe tener un formato y ser de un tipo en particular para poder realizar sobre él las operaciones adecuadas, ya que, según sea el tipo de archivo, las operaciones que realizar en el mismo pueden variar.

Las características generales de un archivo son:

- **Nombre y extensión:** cada archivo queda identificado por un nombre y una extensión. El nombre es obligatorio, pero la extensión es opcional y suele identificar el tipo de archivo de que se trata.

  Los nombres de archivos originalmente respondían a la regla 8.3, es decir, un límite de ocho caracteres para el nombre y tres caracteres como máximo y como mínimo para la extensión. En la actualidad, el nombre puede ser mucho mayor, dependiendo del sistema de archivos, pero la extensión sigue determinando el tipo de archivo y puede ser de tres o más caracteres.

- **Información sobre el archivo:** según el sistema de archivos que se utilice, además del nombre y extensión se almacenará la fecha de creación, modificación y de último acceso.

- **Atributos y permisos:** también poseen determinadas propiedades llamadas *atributos* y *permisos* que determinan el ámbito de visibilidad del archivo, así como lo que se puede hacer o no con él y quiénes pueden hacerlo.

- **Tamaño:** los archivos tienen también un tamaño que se mide en *bytes*, **k**ilo**b**ytes (kB), **m**ega**b**ytes (MB), **g**iga**b**ytes (GB), etcétera.

- **Ubicación:** todo archivo tiene que estar almacenado necesariamente dentro del sistema principal de archivos en un lugar concreto. Este lugar se denomina ruta o *path* y será un directorio o subdirectorio (carpeta en Windows).

Además de las características anteriores, podemos decir que:

- Los archivos son independientes unos de otros, aunque puedan estar interrelacionados.

- La información que almacenan en ellos es permanente.

- Los archivos pueden ser utilizados por varios programas o por uno solo dependiendo del tipo de archivo.

- La información que pueden almacenar no tiene límite, teniendo en cuenta el sistema de archivos en el que se encuentre.

Por último, se debe indicar que los archivos pueden separarse en dos grandes grupos: ejecutables y no ejecutables. Aquellos que tienen la extensión .com o .exe (sistemas Windows) que son programas ejecutables, y el resto de archivos que tienen una extensión diferente a estas dos y que normalmente representan información, datos o cualquier otra cosa.

OPERACIONES QUE REALIZAR SOBRE LOS ARCHIVOS

Las operaciones que realizar sobre los archivos son independientes del sistema de archivos y del sistema operativo con el que este nos trabajando, pero es cierto que, según los casos, podremos realizar alguna operación más o menos. De forma general, las operaciones que se van a realizar sobre archivos son las de creación, consulta, actualización, borrado y renombrado, entre otras.

IDENTIFICACIÓN Y ORGANIZACIÓN DE ARCHIVOS

En los sistemas informáticos modernos gestionados por sistemas operativos actuales como Windows o Linux, los archivos siempre tienen un nombre y siempre se almacenan dentro de la estructura jerárquica ce directorios del sistema principal de archivos. En la Figura 2.2 podemos ver la estructura jerárquica de un sistema de archivos genérico (Windows) en el que hay directorios, subdirectorios y archivos almacenados.

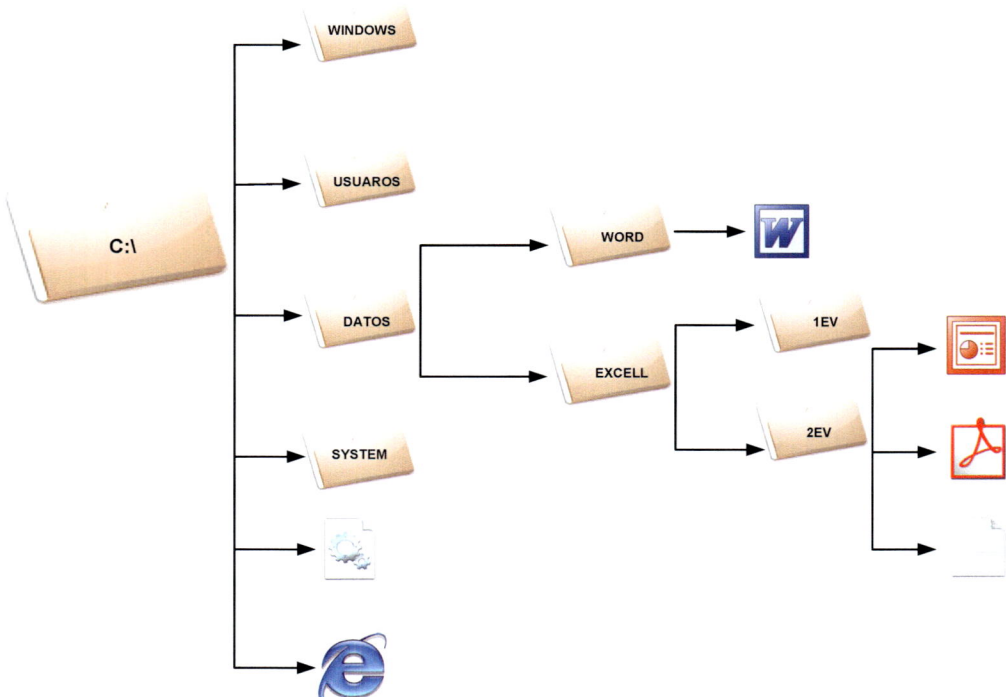

Figura 2.2. Estructura jerárquica de un sistema de archivos.

El nombre de un archivo debe ser único dentro de cada directorio, aunque se puede repetir en otro directorio diferente. En definitiva, no pueden existir dos archivos con el mismo nombre en la misma trayectoria o ruta, entendiendo por ruta el camino que hay que seguir desde la raíz de la estructura jerárquica (en nuestro caso c:\) hasta donde se encuentra el archivo. Por ejemplo, la ruta **C:\DATOS\WORD\Examen.doc** indica dónde está el archivo Examen.doc. En este mismo lugar no puede existir otro archivo con ese mismo nombre.

Respecto de los nombres de archivo, cabe indicar que la regla o norma 8.3 quedó obsoleta hace años y, por lo general, los nuevos sistemas de archivos de los sistemas operativos actuales permiten nombres de archivo que contengan espacios en blanco o caracteres especiales.

Por otro lado, la distinción entre mayúsculas y minúsculas en los nombres de archivo está determinada por el sistema de archivos. Los sistemas de archivos UNIX/LINUX distinguen normalmente entre mayúsculas y minúsculas, y permiten a las aplicaciones de usuario crear archivos cuyos nombres difieran solamente en si los caracteres están en mayúsculas o minúsculas. En Windows, dependiendo de la versión del sistema operativo, no se diferencia entre minúsculas y mayúsculas, por lo que será igual, por ejemplo **log.txt** que **LOG.TXT**. Actualmente, la norma en versiones de Windows 10 ha cambiado y ha evolucionado con algunos matices.

ATRIBUTOS Y PERMISOS DE LOS ARCHIVOS

Todos los sistemas de archivos proporcionan métodos para proteger los archivos frente a daños accidentales o intencionados. Los sistemas operativos asignan a los archivos los denominados atributos o permisos.

Con estos atributos y permisos se indica qué se puede o no hacer sobre un archivo y la visibilidad del mismo dentro de la estructura del sistema de archivos y qué usuarios o usuarios pueden hacer qué cosas en el archivo o incluso en el directorio.

Los atributos que se pueden asignar a un archivo dependerán del sistema operativo y del sistema de archivos utilizado. Como norma general, los atributos y permisos pueden ser del tipo:

- *Read only*. O solo lectura, indicando que el archivo solamente puede ser leído, pero no escrito o modificado.

- *Hidden*. U oculto, indicando que el archivo existe, pero, de forma predeterminada, no se podrá ver.

- *System*. O atributo de sistema para indicar que el archivo en cuestión es un archivo de tipo especial de uso exclusivo para el sistema. Este tipo de archivos suele estar oculto.

- ***Archive***. O atributo de archivo. Es exclusivo del sistemas Windows y, si lo tiene un archivo, es porque ha sido creado o modificado. Si este atributo se elimina y el archivo posteriormente vuelve a tenerlo, se debe a que alguna aplicación lo ha modificado.

2.1.3. Llamadas al sistema

Cuando los programas pasan a ser procesos, están en ejecución o finalizan, en todos los casos, realizan llamadas al sistema operativo para solicitar algún servicio que les sea necesario.

En entornos Windows, las llamadas al sistema se denominan **API** (*Windows **A**pplication **P**rogramming **I**nterface*). Es un conjunto de comandos, funciones y protocolos residentes en bibliotecas generalmente dinámicas, también llamadas DLL (***D**ynamic-**L**ink **L**ibrary*) que permiten que una aplicación se ejecute en un sistema operativo concreto.

En otras palabras, las API permiten a los desarrolladores del sistema operativo crear programas específicos que puedan ser utilizados por otros programas para iniciarse, ejecutarse, terminarse y, sobre todo y lo más importante, para comunicarse entre ellos.

Por ejemplo, cuando el usuario lee su correo electrónico a través de la página web, este introducirá su nombre de usuario y contraseña para poder iniciar sesión. Pues bien, la aplicación web que está utilizando para leer su correo electrónico usa una API para enviar el nombre de usuario y contraseña a un servidor en el que estos datos se validarán mediante otra aplicación. El servidor responderá de forma satisfactoria o no a la petición. En caso de ser correctos los datos, el servidor responderá enviando por la red los correos electrónicos al equipo del usuario a través del navegador.

Lo que el usuario ve no es lo que se ejecuta, ya que cuando se ejecuta cualquier aplicación, detrás de ella, hay un montón de instrucciones, código y otros programas encargados de hacer que la aplicación del usuario que se está ejecutando tenga acceso a la tarjeta de red, al sistema de sonido, a la impresora, etc. Todas las aplicaciones o servicios que se ejecutan al utilizar una o varias aplicaciones se comunican entre ellos gracias a las API.

Por ejemplo, una API muy conocida por todos es la barra de tarea de Windows, que nos permite interactuar entre aplicaciones, pasándolas de primer a segundo plano, o realizando otro tipo de operaciones.

Las funciones API son muchas, pero entre las más importantes podemos encontrar las siguientes:

- Depuración y manejo de errores.

- Control de dispositivos de entrada/salida.

- Comunicación entre procesos.

- Manejo de la memoria.

- Manejo de energía.

- Almacenamiento.

- Información del sistema.

- GDI (*Graphics Device Interface*) o interfaz gráfica de Windows.

En la Figura 2.3 podemos ver de qué forma realizan las llamadas al sistema de aplicaciones en entornos Linux o Windows.

Linux

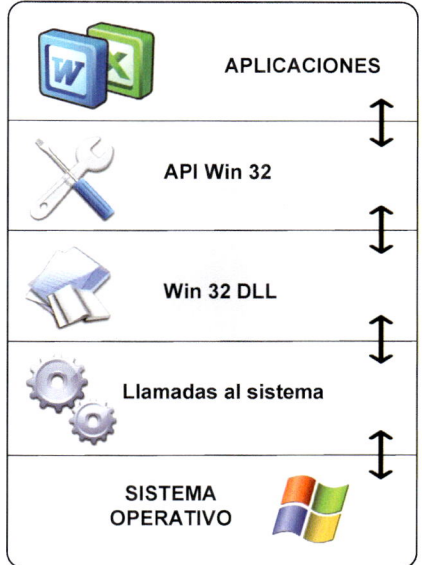

Windows

Figura 2.3. Llamadas al sistema en Linux y Windows.

En los primeros sistemas operativos como el DOS, cuando se creaban programas ejecutables, se incluían dentro de los mismos programas ejecutables las denominadas *librerías de enlace estático*, es decir, cada programa ejecutable, cuando era compilado (**compilación**: conversión del lenguaje en el que el programador crea un programa con un código que el ordenador entiende) incluía, junto con el código recién creado, todas las librerías necesarias. De esta forma, cuando se ejecutaba un tipo de programas de este tipo, se cargaba en memoria la aplicación en sí misma y todo el conjunto de librerías necesarias para que este programa se ejecute. Estas librerías se añadían a cada programa que se creaba, haciendo que diferentes programas utilizaran e incluyeran en su código exactamente las mismas librerías.

Hoy por hoy con el uso de DLL, cuando se crea y ejecuta una aplicación actual, la aplicación solamente incluye el código propio de la aplicación y mediante las llamadas al sistema lo que hace es cargar aquellas DLL o librerías que necesita y que con seguridad también serán utilizadas por otras aplicaciones. De esta forma, los programas ejecutables actuales, es decir, las aplicaciones que ejecutamos son más ligeras y rápidas que las antiguas aplicaciones que utilizaban librerías de enlace estático.

Existen diferentes tipos de API (Figura 2.3) clasificadas según el uso que se hace de ellas:

- **API privada:** es de uso interno dentro de negocios o empresas. Se utiliza normalmente para conectar sistemas y datos dentro de la infraestructura empresarial. Ningún usuario puede hacer uso de este tipo de API. Es de uso privado empresarial.

- **API pública:** este tipo de API sí puede ser usada por el público. Usuarios y/o programadores o desarrolladores pueden hacer uso de ella con casi ninguna restricción.

- **API de socios o aliados comerciales:** no es una API que esté accesible para todos, ya que se necesita una autorización o unos permisos para poder utilizarla, normalmente por grupos de empresas.

- **API compuesta:** usadas para cubrir diferentes requisitos que no pueden ser gestionados por una sola de ellas.

Existe otra clasificación en función de su uso. En este caso se clasificarían como:

- **API de datos:** cuando se establece un enlace entre una aplicación y una base de datos.

- **API de sistemas operativos:** usada por aplicaciones y servicios del propio sistema operativo.

- **API remota:** sirve para acceder a recursos que estén en otro dispositivo.

- **API web:** que proporciona datos legibles para los dispositivos y los transfiere entre sistemas basados en la web.

Finalmente, las llamadas al sistema constituyen un interfaz (medio de comunicación) entre el programa que se está ejecutando y el sistema operativo. Estas llamadas están implementadas generalmente por instrucciones en lenguajes de bajo nivel (ensamblador) y se pueden clasificar en cuatro clases:

- **Control de procesos:** sirven para cargar, pausar o detener un programa normal o anormalmente (procesos).

- **Manipulación de archivos:** crean, abren, borran, cierran, leen, escriben y mueven archivos o ficheros. También obtienen, modifican y asignan atributos y permisos a archivos o ficheros.

- **Manipulación de dispositivos:** demandar el uso de un dispositivo o liberarlo también es una de las funciones de las llamadas al sistema.

- **Mantenimiento de la información:** obtener y establecer datos del sistema como fecha, hora, información del BIOS, atributos de procesos, etcétera.

2.1.4. El núcleo del sistema operativo

El núcleo de un sistema operativo se puede definir como el corazón del propio sistema operativo. Es el encargado de que el *software* y el *hardware* del sistema informático puedan trabajar juntos de forma ordenada.

Al núcleo del sistema operativo también se le llama *kernel* ('núcleo' en alemán). Es la parte de un sistema operativo que interactúa de forma directa con el *hardware* del sistema informático de tal forma que, cuando un usuario ejecuta aplicaciones o imprime o hace cualquier otra cosa, el núcleo es el que hace que el *hardware* esté a disposición de las aplicaciones que el usuario está utilizando. Es por lo que se puede decir que el núcleo del sistema operativo permite al usuario utilizar el sistema informático en su conjunto.

Ya hemos visto en el punto anterior que el *software* se comunica con el sistema operativo, o el sistema operativo con el *software* a través de las llamadas al sistema. Las llamadas al sistema indican al núcleo del sistema operativo que realice tareas como abrir y escribir un archivo, ejecutar un programa, finalizar un proceso, etcétera.

También hemos visto que el núcleo del sistema operativo accede al *hardware* a través de los *drives* o controladores, que son un tipo de archivos especiales que permiten precisamente eso, comunicar el sistema operativo con el *hardware*.

Las funciones más importantes del núcleo de un sistema operativo, sea de tipo Windows o Linux, son:

- **Administración de la memoria** para todos los programas, procesos o servicios que están en ejecución.

- **Administración del tiempo del procesador** que los programas y procesos en ejecución utilizan.

- **Acceso a los dispositivos de entrada y salida.**

Hablando de forma un poco más técnica, el núcleo es una colección de programas (módulos) de *software* que se ejecutan en forma privilegiada (**modo privilegiado** o **supervisor**), cuestión que ya hemos visto en puntos anteriores. Gracias a este modo de ejecución, los módulos —por lo tanto, el núcleo— tienen acceso a todos los recursos del sistema.

Los módulos que componen el núcleo o *kernel* se ejecutan de forma permanente mientras el sistema está en ejecución, por lo que es normal que los módulos o programas que lo componen residan en memoria. Cuando encendemos el ordenador, vemos que se carga el sistema operativo y, pasado un rato, podemos decir que el sistema operativo se ha cargado. Esto es la carga del núcleo en memoria. Pero no todo el núcleo se carga en memoria, ya que hay partes que, por utilizarse de forma esporádica o solamente de vez en cuando, siguen almacenadas en el disco duro y sin cargarse en memoria hasta que son necesarias.

Por ello observaremos que cuando se inicia un sistema operativo, normalmente, va mejor que después de llevar encendido varias horas o días, ya que, cuando esto ocurre, observaremos que el equipo puede volverse algo más lento al disponer de menos memoria principal libre de la que disponía inmediatamente después de haber iniciado el sistema.

Hoy por hoy, los núcleos de los sistemas operativos de entornos de 64 o 128 bits se diseñan para realizar el mínimo trabajo, dejando a cada proceso que realice el resto de operaciones necesarias para su ejecución.

El núcleo de un sistema operativo normalmente contiene el código necesario para realizar las siguientes funciones:

- Manejo de interrupciones.

- Manejo de procesos: creación y destrucción, cambio de estado, suspensión y reanudación, sincronización de procesos, comunicación entre procesos, etcétera.

- Gestión y manipulación del BCP o bloque de control de procesos.

- Ayuda a la gestión de entrada/salida, memoria, archivos, etcétera.

2.1.5. El intérprete de comandos

El intérprete de comandos permite la comunicación entre el sistema informático y el usuario a través de las denominadas interfaces, de las que hablaremos un poco más adelante en esta unidad.

Actualmente se suele utilizar interfaz gráfica para la gran mayoría de los trabajos, aunque se siguen usando, especialmente por los administradores de sistemas, interfaces de texto sobre todo cuando se trabaja en Linux o Unix.

Aunque hoy en día las interfaces gráficas de usuario (**GUI:** *Graphical User Interface*) facilitan el trabajo cotidiano, todavía existen funciones, como la automatización de tareas, que se resuelven mejor desde la línea de comandos utilizando los llamados *intérpretes de comandos*.

La funcionalidad del intérprete de comandos de Windows y Linux viene a ser la misma. Son similares en aspecto, se pueden utilizar teclas especiales, etc., pero el de Linux es más potente que el de entorno Windows de sobremesa.

En la Figura 2.4, podemos ver tres intérpretes de comandos actuales, en entornos:

- Windows. Maneja intérpretes de comandos, según versiones, como son el **co-mand.com** (versiones antiguas de Windows y DOS) y el **cmd.exe** en versiones actuales. Desde XP también se puede utilizar el **PowerShell** como intérprete de comandos, con una potencia muy superior en cuanto a semántica y confección de instrucciones.

- Linux (**shell** o **terminal**). Algunos de los intérpretes de comandos más conocidos en Linux son: KornShell (**ksh**), C Shell (**csh**), Bourne Shell (**sh**), Bourne-again shell (**bash**), Tcsh, Z Shell (**zsh**), etcétera.

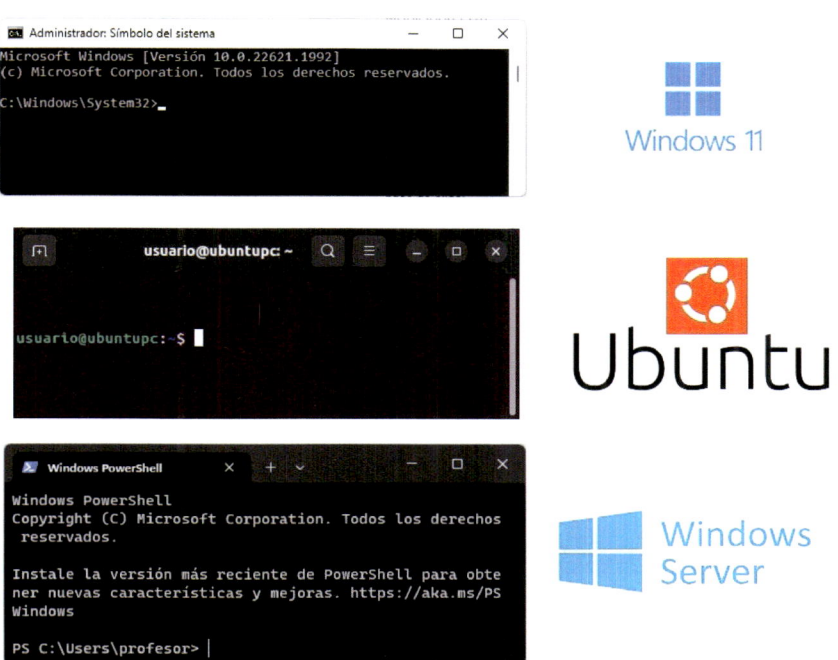

Figura 2.4. Intérpretes de comando.

La realidad es que para administradores de sistemas, programadores y profesionales de la informática, el intérprete de comandos ofrece una serie de ventajas que jamás podrán obtenerse al trabajar en entornos gráficos. Si bien es cierto que se necesita un pequeño aprendizaje y es una interfaz menos intuitiva, los intérpretes de comandos ofrecen ventajas tales como:

- Mayor capacidad de expresión semántica, pudiendo formular expresiones complejas que no tienen equivalencias en entornos gráficos.

- Menor consumo de recursos y mayor productividad del sistema.

- Posibilidad de programar ficheros de procesos por lotes (*batch* en Windows) o guiones (*scripts* en Linux).

Para ejecutar los intérpretes de comandos en cada uno de los sistemas operativos, simplemente ejecutaremos eso, un programa que es el intérprete de comandos. Veamos algunos ejemplos:

- **Windows 10**. La secuencia de ejecución sería situar el ratón en la parte inferior izquierda, en el logo de Windows 10 y, pulsando el botón derecho del ratón, elegir *Símbolo del sistema* en una de sus dos opciones.

- **Windows 11**. La secuencia de ejecución sería situar el ratón en la parte inferior izquierda, en el logo de Windows 11. En la caja de búsqueda de la parte superior del nuevo cuadro de diálogo que aparece, introducimos **cmd**. Veremos que en la parte izquierda de este buscador aparecen opciones debajo del logo del intérprete de comandos.

  Estas opciones pueden ser *Abrir, Ejecutar como administrador, Anclar a la barra de tareas,* etc. Seleccionaremos la opción deseada.

- **Linux Ubuntu.** Simplemente iremos a la barra DASH, parte superior izquierda, y la pulsaremos. En la caja de texto que aparece introduciremos *Terminal* mostrándose el icono que representa el intérprete de comandos. Basta con hacer clic sobre él.

2.2. Funciones

El sistema operativo es el programa más importante de un sistema informático u ordenador. Como recordaremos, el sistema operativo es un conjunto de programas que hace dos cosas fundamentales:

- Administrar, gestionar y organizar el *hardware* y el *software* del equipo. Respecto del *hardware,* poniendo en contacto las unidades funcionales (UCP, UC, UAL y RAM) con los periféricos y resto de componentes *hardware*. Respecto del *software,* organizando los programas, procesos y servicios para que puedan ser útiles en el sistema informático.

- Dar al usuario la capacidad de comunicarse con el sistema informático u ordenador, poniendo a disposición del usuario un medio de comunicación entre él y el sistema operativo. Este medio de comunicación, llamado *interfaz*, permite al usuario comunicarse con el sistema informático actuando como traductor entre nosotros y la máquina, y viceversa. Ya veremos más adelante que las interfaces de usuario pueden ser de tipo texto o de tipo gráfico.

Respecto de las funciones de un sistema operativo, cabe indicar las más importantes tales como:

- **Gestionar el procesador o la UCP:** repartir el tiempo de CPU en sistemas multitarea o multiusuario para que el sistema sea lo más eficiente posible.

- **Gestionar la memoria interna o RAM:** asignando a cada proceso el espacio de memoria necesario y asegurando que ese espacio de memoria no sea invadido por otro proceso.

- **Gestionar la memoria virtual:** cuando la memoria RAM es insuficiente, el sistema operativo tiene que ser capaz de utilizar los dispositivos de almacenamiento como si de memoria RAM se tratase. Ya veremos esto más detenidamente.

- **Gestionar el I/O:** el sistema operativo gestiona y utiliza los dispositivos de entrada/salida a través de los controladores o *drivers* y de las interrupciones.

- **Gestionar los procesos:** se encarga de que las aplicaciones se ejecuten adecuadamente, asignando a cada una de ellas los recursos *hardware* y *software* necesarios para su correcto funcionamiento.

- **Gestionar los permisos de acceso a *hardware* y *software*:** el sistema operativo tiene que garantizar que cada usuario sentado a la máquina, o de forma remota por la red, acceda solamente a aquello que puede acceder. Para ello el sistema operativo gestiona los permisos o privilegios para que los recursos sean solamente utilizados por *hardware*, *software* y usuarios que tengan las autorizaciones sobre ellos.

- **Auditoría:** el sistema operativo tiene que ser capaz de llevar un registro del acceso que se ha hecho a qué información o archivo y por quién, con el fin de garantizar la fiabilidad y eficacia del sistema.

- **Gestionar el sistema de archivos:** crear archivos, modificar sus permisos, sus contenidos, borrarlos, ocultarlos, etc. Todas estas labores tienen que poderse hacer por el usuario, eso sí, gracias al sistema operativo.

- **Gestionar información de diagnóstico y detección de errores:** el propio sistema operativo genera información que a él mismo le servirá posteriormente para comprobar el correcto funcionamiento del sistema.

Como podemos deducir de las explicaciones anteriores, un sistema operativo tiene que ser capaz de hacer todo o casi todo dentro de un sistema informático. *Hardware* y *software* se gestiona y controla con el sistema operativo que se comunica con el usuario a través de las interfaces de texto o gráficas.

2.2.1. Interfaz de usuario

La interfaz de usuario es el medio con que el usuario puede comunicarse con una máquina, equipo, ordenador o dispositivo fijo o móvil, y comprende todos los puntos de contacto entre el usuario y el equipo.

Las interfaces de usuario se pueden clasificar en dos tipos, dependiendo de con qué parte o componente del sistema informático interactúe el usuario.

- **Una interfaz de *hardware*.** En esta clasificación incluiremos los dispositivos utilizados para introducir información que procesar, para procesar información o para ver información procesada. Los elementos estándar de este tipo de interfaz son teclado, ratón y pantalla. En general, se puede entender como un conjunto de controles o dispositivos que permiten que el usuario y la máquina se comuniquen.

- **Una interfaz de *software*.** Este tipo de interfaz es aquella en la que el usuario puede ver información de lo que está haciendo, es decir, analizar procesos o utilizar herramientas, bien con el teclado o con el ratón, observando los resultados, normalmente en la pantalla. Son programas, o parte de ellos, que permiten expresar las órdenes al ordenador o sistema informático o visualizar su respuesta.

Según cómo el usuario interactúe con un sistema informático, la interfaz será de uno u otro tipo. Si bien es cierto que hoy por hoy casi todos los sistemas operativos cuentan con varios tipos de interfaces, aún siguen existiendo versiones que solamente cuentan con antiguas interfaces, ya que estas le confieren mayor eficacia al sistema. Existen varios tipos de interfaces de usuario, que podemos ver en la Figura 2.5, y que son las siguientes:

- **Interfaz de línea de comandos** (*Command-Line Interface*, CLI) o interfaz de texto. Recordemos el punto 2.1.5. de esta unidad en el que hablamos del intérprete de comandos. Pues este elemento es el utilizado para introducir órdenes al ordenador, eso sí, a través exclusivamente del teclado construyendo comandos con caracteres alfanuméricos. Utilizada en 1978 por sistemas operativos del tipo DOS.

- **Interfaces gráficas de usuario** (*Graphic User Interface*, GUI). Permiten comunicarse con el equipo de forma rápida e intuitiva normalmente a través del ratón. Pueden ser interfaces como **Explorer**, en Windows, o **Gnome** o **Kde**, en Linux. Utilizada en 1984 por Apple y sistemas Windows 3.0 y posteriores.

- **Interfaz natural de usuario** (*Natural User Interface*, NUI). Son elementos de comunicación entre usuario y sistema informático, que utilizan características naturales de los usuarios para comunicarse entre ellos, como son el tacto (pantallas táctiles), la voz (sistemas de reconocimiento de voz). Utilizada en 2007 por Apple y sistemas Windows a partir de Windows 7 con pantalla táctil.

- **Interfaz orgánica de usuario** (*Organic User Interface*, OUI). Interfaces de usuario que manejan dispositivos como pantallas no planas que pueden cambiar activa o pasivamente sus formas e incluso la vía de entrada de forma física o analógicas. En este tipo de interfaces es normal que los medios o dispositivos de salida de información también lo sean de entrada. El término *orgánico* es utilizado no solo por las tecnologías que sustentan las novedades en este ámbito electrónico, sino también por la inspiración de millones de formas orgánicas que podemos observar en la naturaleza, la variedad de formas sorprendentes que a menudo son transformables y flexibles, adaptables y naturalmente en constante evolución, aunque extremadamente resistentes y fiables al mismo tiempo. Utilizada en la actualidad por gran parte de dispositivos, especialmente móviles.

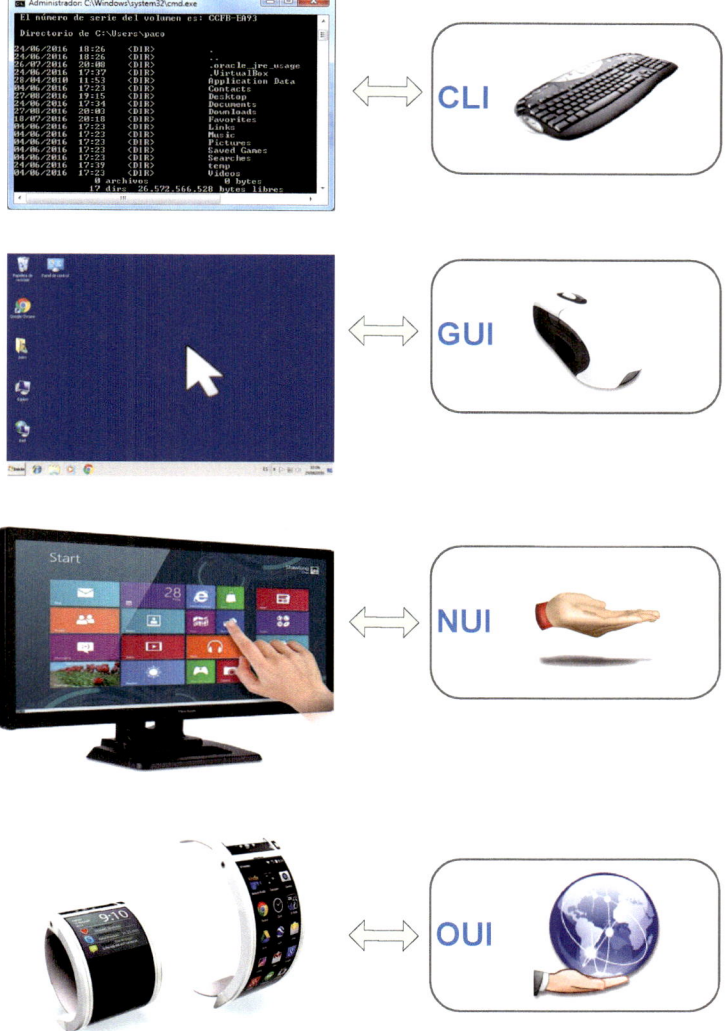

Figura 2.5. Interfaces de usuario.

La realidad nos lleva a hablar de las interfaces más usuales y comunes en el mundo informático. Estas son aquellas que normalmente, entre sus elementos fundamentales, incluyen elementos como menús, ventanas, contenido gráfico, cursor o pitidos y algunos otros sonidos que el ordenador puede hacer y que el usuario tiene identificados y asociados con algo que ocurre. Por ejemplo, el pitido que da el sistema cuando se produce un error.

Las funciones de una interfaz, sea de texto o gráfica, son muchísimas, pero entre las más importantes podemos indicar las siguientes:

- Puesta en marcha y apagado del sistema informático con diferentes modos de funcionalidad.
- Gestión de archivos y directorios.
- Comunicación con otros sistemas.
- Configuración de la propia interfaz y entorno de usuario.
- Intercambio de datos entre aplicaciones.
- Control de acceso de usuarios y de información
- Sistema de ayuda *online* o local interactivo.

2.2.2. Gestión de recursos

Como ya sabemos, el sistema operativo (SO) es el programa o conjunto de programas que efectúa la gestión de los procesos básicos de un sistema informático y permite la ejecución ordenada y coordinada del resto de las operaciones.

Los recursos que gestiona un sistema operativo son los que podemos ver en la Figura 2.6, y son los siguientes:

Figura 2.6. Recursos que gestiona un sistema operativo.

GESTIÓN DEL PROCESADOR Y PROCESOS

Un proceso o tarea se puede definir como programa en ejecución. Los procesos en un sistema operativo se caracterizan por:

- Un proceso para empezar su ejecución ha de residir completamente en memoria y tener asignados todos los recursos que necesite.

- Cada proceso está protegido del resto de procesos. Ningún otro proceso podrá escribir en las zonas de memoria pertenecientes a ese proceso.

- Los procesos pueden pertenecer al usuario o ser propios del sistema operativo. Estos procesos pertenecientes a los usuarios se ejecutan en el modo denominado **modo usuario** del procesador (con restricciones de acceso a los recursos *hardware*). Los procesos que pertenecen al sistema se ejecutan en el **modo kernel** o **modo privilegiado** del procesador (podrán acceder a cualquier recurso).

- Cada proceso tendrá una estructura de datos llamada *bloque de control de proceso* (**BCP**), donde se almacenará información acerca del mismo.

- Los procesos podrán comunicarse, sincronizarse y colaborar entre ellos.

Además de las características anteriores, tengamos en cuenta que a cada proceso se le asigna un espacio de direcciones lógicas en memoria. Este espacio de memoria es igual al máximo que nuestro sistema operativo es capaz de gestionar (en un sistema operativo de 32 bits se llegará hasta 4 GB → 2^{32}).

Hay que recordar que cualquier programa que se esté ejecutando en un ordenador es un proceso, ya que desde ese momento el programa, denominado ya *proceso*, se puede ejecutar, se puede detener o se puede bloquear, entre otras muchas cosas. Necesariamente tiene que estar ubicado en la memoria RAM o ser gestionado por el sistema operativo mediante las técnicas de memoria virtual, que más adelante veremos. Cada proceso, para poder ser ejecutado, estará siempre cargado en la memoria principal, pero no solamente las instrucciones del propio código que lo componen; también estarán en memoria los datos a los que afecta la ejecución del mismo.

Durante la ejecución de un proceso, este **compite,** por el uso de los recursos *hardware,* y a veces por los recursos software, con el resto que se están ejecutando de forma concurrente en el sistema.

El reparto de los recursos del sistema entre los distintos procesos y su ejecución concurrente se conoce como multiprogramación o programación por hilos o hebras. Los sistemas operativos disponen de los servicios necesarios para la gestión de los procesos, tales como su creación, terminación, ejecución periódica, cambio de prioridad, etc. Además, durante su existencia los procesos pasan por distintos estados cuyas transiciones están controladas por el sistema operativo.

De forma general e independientemente del sistema operativo, los procesos se pueden crear de varias formas:

- Al arrancar o cargar el sistema operativo, este ejecuta procesos necesarios para llevar a cabo distintas funciones.

- Por deseo de un usuario del sistema, escribiendo un comando en una línea de comandos o haciendo clic encima de algún icono.

- Cuando un proceso hace una llamada al sistema para crear un nuevo proceso (Windows → **CreateProces**(), Linux → **fork**()).

También existen varias formas de acabar con los procesos:

- El proceso acaba de ejecutarse de forma normal.

- El proceso ha sufrido un error o un bloqueo por no disponer de *hardware* o *software* para poder continuar.

- Por petición de un usuario del sistema, escribiendo un comando en una línea de comandos o pulsando encima de algún icono.

- Cuando un proceso hace una llamada al sistema para acabar con un proceso (Windows → **ExitProcess**(), Linux → **kill**()).

Los procesos que se ejecutan en un ordenador pueden estar en primer plano o segundo plano. Los de primer plano interactúan con los usuarios, y los de segundo plano o (**servicios** en Windows y **demonios/daemons** en Linux) realizan una función específica sin tener que actuar con el usuario (aunque podrían hacerlo).

El sistema operativo tiene herramientas para controlar procesos y servicios, dependiendo del sistema operativo y del entorno que estemos utilizando (modo comando o modo gráfico, también se llama interfaz de texto o interfaz gráfica). Así podemos ver los procesos y servicios que se ejecutan en nuestro ordenador de una forma u otra.

GESTIÓN DE MEMORIA

La parte del sistema operativo que administra la memoria es el administrador de memoria o **MMU** (*Memory Management Unit*). Su labor es llevar en un registro las partes (direcciones) de memoria que se están utilizando y las que no. De esta forma, reservará espacio de memoria para los nuevos procesos y liberará el espacio de los procesos que han finalizado.

También se encarga de gestionar el intercambio de datos entre memoria y disco, siempre y cuando los procesos sean tan grandes que no quepan de una sola vez en memoria. Esto se denomina gestión de memoria virtual y que todos los sistemas operativos actuales pueden gestionar.

La gestión de memoria es importante cuando trabajamos en sistemas operativos multitarea/multiusuario (aquellos que pueden ejecutar varios procesos a la vez y a su vez tener a varios usuarios conectados al sistema), y aún más en sistemas operativos **multihilo** o **multihebra** (ejecución de varias instancias de un mismo proceso en el mismo contexto), ya que se comparten espacios de memoria en donde están algunas variables (variables compartidas) y a las que acceden varios procesos o hilos de un proceso. En este caso la memoria tiene que ser gestionada y controlada por el sistema operativo de tal forma que cada proceso o hilo de proceso utilice el espacio de memoria, sin afectar a otros espacios de memoria en los que puede haber datos o registros con información para otros procesos o hilos de un proceso.

En general, la gestión de memoria es sencilla en sistemas operativos monoproceso/monousuario. Al introducir la multitarea/multiusuario, la cosa se complica, ya que es necesario disponer de varios procesos residentes simultáneamente en memoria.

En estos casos, una de las opciones que aplica el sistema operativo es dividir la memoria en particiones fijas, disponiendo el sistema operativo de una cola de procesos que solicitan entrar en memoria. El MMU tiene en cuenta los requerimientos de memoria de cada uno de los procesos y las particiones o trozos de memoria disponibles.

Vinculado con la multitarea está el concepto de *intercambio* (*swapping*), debido a que los procesos en espera de asignación de memoria RAM pueden ser llevados al disco temporalmente y dejar libre la parte de memoria que ocupan para que otros procesos entren en ejecución. Los procesos se pueden cargar siempre en la misma posición de memoria o en otra. Este problema es solventado a través de la **reubicación**, que puede ser estática o dinámica.

La mayor dificultad en el diseño con las particiones fijas es la adecuada selección de los tamaños de las mismas, puesto que puede derivar en un desaprovechamiento o fragmentación de la memoria. Esta fragmentación puede ser interna, que aparece cuando parte de la memoria no se está usando porque está reservada y pertenece a una partición asignada a un proceso que no hace uso eficiente de ella, o externa, que ocurre cuando una partición disponible no se emplea porque es muy pequeña para cualquiera de los procesos que están esperando espacio libre de memoria.

Cuando se ejecuta un conjunto dinámico de procesos, a veces no es posible encontrar las particiones de memoria adecuadas. Para ello, lo que se hace, según el tipo de sistema operativo, es disponer de particiones de tamaño variable y de ubicación también variable. Este tema complica sobremanera la gestión de memoria, ralentizando considerablemente el sistema, pero ofreciendo como alternativa que todos los procesos podrán ser ejecutados.

El principal problema que se plantea en estas situaciones es el de disponer de un registro de las particiones libres y ocupadas que sea eficiente tanto en el tiempo de asignación como en el aprovechamiento de la memoria.

GESTIÓN DE ENTRADA/SALIDA Y PERIFÉRICOS

Una de las tareas más importantes del ordenador, y en particular de la unidad central de proceso, es relacionar y comunicar las unidades periféricas (periféricos de entrada/salida) con los componentes internos del equipo (memoria, procesador, buses).

Esta comunicación se realiza a través del **gestor de entrada/salida** ubicado en la placa base del ordenador. Este componente integrado en la circuitería de la placa base se denomina *chipset* y una de las funciones que realiza, entre otras muchas, es precisamente la de comunicar las unidades funcionales del equipo con los periféricos de entrada y/o salida.

En la Figura 2.7 podemos ver de qué forma se interrelacionan sistema informático, periféricos, gestor de entrada/salida y usuario.

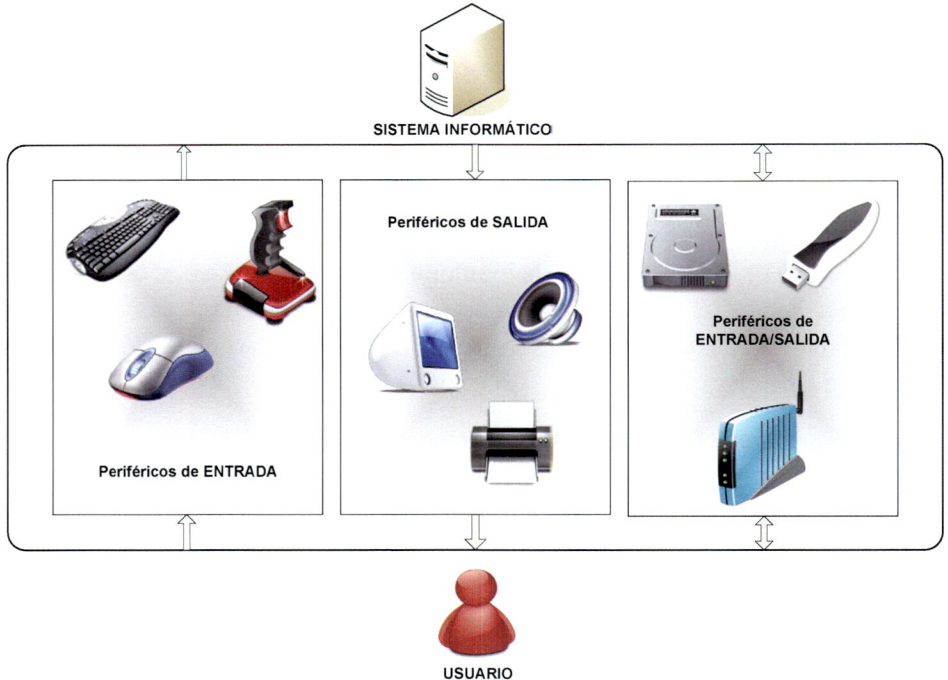

Figura 2.7. Gestión de entrada/salida.

Cuando conectamos los periféricos a la placa base y cuando les suministramos corriente, se produce la comunicación. Pero, para que la comunicación sea verdadera y tenga sentido, es necesario que la UCP se encargue de dicha comunicación.

El sistema informático necesita ser regido y coordinado, en tanto en cuanto, todos los dispositivos *hardware* tienen que estar coordinados y a disposición de las aplicaciones y de los usuarios del sistema. Esa función la realiza la UCP. Necesita, además, un sistema de buses de comunicación que permita a la UCP comunicarse con todos los elementos de dicho ordenador. Vemos cómo esta comunicación puede realizarse directamente a la placa base del ordenador, y otras veces será necesario incorporar una tarjeta controladora, la cual hará de intermediaria entre el dispositivo en cuestión y la placa base del ordenador, en la cual se halla situado el auténtico cerebro del ordenador, la UCP.

Hay que destacar las interfaces como medio de comunicación entre *hardware* y *software* a través del sistema operativo. Recordemos el punto 2.2.1 de esta unidad.

2.2.3. Administración de archivos

Los archivos también denominados *ficheros* (*file*) representan una colección de información (datos relacionados entre sí), localizada o almacenada en alguna parte del sistema de archivos.

Técnicamente hablando, un archivo es un flujo unidimensional de *bytes* que es tratado por el sistema operativo como una única entidad. Es un conjunto de bits que referencian algún tipo de información específica como un gráfico, un texto, sonidos, etcétera.

Los archivos son el conjunto organizado de informaciones de un mismo tipo y que pueden utilizarse en un mismo tratamiento.

Las operaciones que va a realizar un sistema operativo sobre los archivos suelen ser las siguientes:

- **Creación.** Operación que consiste en que un archivo o fichero exista dentro de la estructura de archivos. En el proceso de creación, se le dará un nombre y una extensión. Cuando un archivo es creado, este tiene unas características que lo discriminan del resto como el **nombre** incluyendo o no la **extensión**. El formato del nombre dependerá del sistema operativo y del sistema de archivos con el que estemos trabajando. Este dato es asignado por el sistema o por el usuario. El resto de características como atributos, hora y fecha de creación, última fecha de acceso, última fecha de modificación, tamaño, etc., son datos asignados por el sistema.

- **Consulta**. Operación que consiste en acceder a su contenido para verlo.

- **Actualización**. Modificación del contenido o de alguna característica del archivo.

- **Borrado**. Eliminación total del archivo, dejando libre el espacio de almacenamiento que ocupaba.

- **Renombrado**. Consiste en cambiar el nombre o la extensión al archivo.

COMPRESIÓN DE ARCHIVOS

La mayoría de los sistemas actuales disponen de herramientas específicas para comprimir archivos.

La operación de compresión consiste en hacer que un archivo ocupe menos tamaño en el espacio de almacenamiento real, operación que se suele hacer para copiar archivos a otros soportes o para la realización de copias de seguridad.

Si el sistema operativo no tiene herramientas propias de compresión, podremos utilizar cualquier tipo de aplicación informática como **WinRAR**, **WinZip**, entre otros para comprimir los archivos.

La gran diferencia es que, si utilizamos herramientas propias del sistema operativo, la compresión y descompresión será transparente para el usuario. Por el contrario, si utilizamos herramientas adicionales, esta operación necesitará de la intervención del usuario.

Supongamos que el sistema operativo dispone de una herramienta propia de compresión, como Windows XP o Vista. Si comprimimos un archivo, nosotros lo veremos igual en la estructura del sistema de archivos, con su nombre, extensión, etc. Simplemente, cuando lo abramos, el archivo se descomprimirá de forma automática y se ejecutará con la aplicación a la que esté asociado.

Si, por el contrario, utilizamos herramientas adicionales, el archivo cambiará de tipo. Tendrá el nombre que queramos, pero la extensión será diferente, y necesitaremos extraerlo para poder abrirlo y utilizarlo. Además, es importante tener en cuenta que este archivo solamente lo podremos abrir en sistemas operativos que dispongan de la herramienta adecuada para descomprimirlo.

Ya veremos en cada uno de los sistemas operativos cómo podemos comprimir los archivos con herramientas propias del sistema.

CARACTERES COMODINES

Los comodines se utilizan para identificar varios archivos de una sola vez especialmente cuando realizamos operaciones sobre ellos. Estas operaciones podrán ser tales como borrado, copia, movimiento, etcétera.

Los comodines se llaman así porque pueden sustituir a un carácter o a varios en los nombres de archivo.

Los caracteres comodines son utilizados por sistemas Windows o Linux, especialmente en modo comando. En particular para los sistemas operativos Windows, y especialmente en entorno comando. Estos caracteres son los siguientes:

- **Carácter Interrogante de cierre (?)** Representa cualquier carácter válido en el nombre de un archivo. Solo sustituye o representa a uno de ellos.

- **Carácter Asterisco (*).** Representa uno o más caracteres válidos en el nombre de un archivo. Sustituye caracteres por el principio, por el final o por el centro del nombre del archivo especificado.

En modo comando, la mayoría de las órdenes de manejo de ficheros que pueden incluir trayectorias aceptan caracteres comodines, a excepción de la orden TYPE.

OPERACIONES CON ARCHIVOS

En esta parte, si es el caso, explicaremos los comandos para realizar las operaciones, pero solamente en entorno Windows, ya que es un sistema operativo utilizado por la mayoría de los usuarios y puede resultar mucho más didáctico el proceso.

I. Crear archivos

La creación de archivos es una operación que consiste en hacer que el archivo exista dentro de la estructura jerárquica del sistema de archivos, dándole al mismo un nombre, extensión y asignándole información como fecha, hora de creación y atributos. Haremos la operación de crear un archivo utilizando la herramienta o aplicación deseada (WordPad, Photoshop, Microsoft Paint, etc). En este caso, la operación la realizaremos en entorno gráfico. Ejecutaremos, por ejemplo, la aplicación WordPad desde *Inicio → Todos los programas → Accesorios*. Introduciremos el contenido y, cuando terminemos, seleccionaremos **Archivo → Guardar como**. Buscaremos la carpeta dentro de nuestra estructura en la que queremos grabar cada archivo, introduciremos el nombre y pulsamos *Guardar*.

Si la operación la realizamos en entorno texto, el procedimiento será similar, pero tendremos que introducir el nombre de la aplicación en la línea de comandos para poder ejecutarla.

II. Ver el contenido de un archivo

Para ver el contenido de un archivo, en primer lugar, tendremos que identificar el icono al que está asociado.

Para ver los archivos en entorno gráfico Windows, tendremos que editarlos con la aplicación con la que fueron creados, es decir, un archivo Word solamente podrá visualizarse con la misma aplicación o con una totalmente compatible como Writer, de OpenOffice.

Para ver el contenido de un archivo, podemos actuar de varias formas:

A. Hacer doble clic sobre el icono del archivo y este se abrirá con la herramienta específica sin que el usuario tenga que hacer nada especial. Esta operación solamente ocurrirá realmente con archivos que se hayan generado con anterioridad con la herramienta en cuestión.

B. Otra forma de abrir o visualizar este mismo documento sería la de abrir en primer lugar la aplicación Word y luego seleccionar el archivo que se desea abrir.

C. Por último, podemos abrir un documento si lo arrastramos sobre el icono de acceso a la aplicación que lo generó. Se puede arrastrar sobre iconos de otras aplicaciones, como papelera de reciclaje, sobre el icono de la impresora... En estos casos, en lugar de abrirse el documento, se realizará sobre él la acción adecuada según la aplicación elegida (eliminación, impresión...).

Podemos abrir o visualizar tantos documentos como queramos. Para ello, si seleccionamos varios documentos a la vez, sean del tipo que sean, si tienen asociados una aplicación, cada uno de ellos se abrirá con la herramienta correspondiente.

Recordamos que, para poder ver el contenido de un archivo, este tiene que haber sido creado previamente. Para crear un archivo en Windows, utilizaremos la herramienta necesaria. Una vez introducido el contenido del archivo, en la *línea de menú* de cualquier aplicación existen las opciones de **Guardar** y **Guardar como**.

Ambas opciones hacen lo mismo, almacenar un archivo en un disco o disquete y en la zona que queramos. La diferencia es que **Guardar** siempre almacenará el archivo con el primer nombre asignado, en la carpeta y unidad seleccionadas en primer lugar.

Con **Guardar como** realizaremos la misma opción, pero se nos dará la posibilidad de cambiar el nombre y la ubicación del archivo que se va a almacenar.

En entorno texto se utiliza el siguiente comando para ver ficheros o archivos de texto plano.

 TYPE

Muestra el contenido de un archivo por la salida estándar (pantalla). Generalmente solo aparecerán legibles los archivos de texto. Este comando no permite el uso de comodines.

SINTAXIS: TYPE [unidad:][ruta]archivo

III. Imprimir y renombrar un archivo

Ocurre lo mismo que en el caso anterior. En primer lugar, tendremos que editar o visualizar el archivo y luego, en la línea de menú de la herramienta desplegada, seleccionar la opción de **Archivo** → **Imprimir** o directamente pulsar sobre el icono que hace referencia a la impresora.

Otra forma de imprimir un archivo es seleccionándolo. A continuación, pulsar el botón derecho del ratón y elegir la opción **Imprimir**. El resultado es el mismo y más rápido.

Es evidente que, para poder imprimir archivos, estos tienen que estar vinculados a una aplicación concreta.

En entorno texto se utiliza el siguiente comando para imprimir ficheros o archivos de texto plano.

 **PRINT**

Con esta orden podemos imprimir el contenido de un archivo. El funcionamiento es similar a la orden TYPE, con la diferencia de que se pueden imprimir varios ficheros a la vez. Para ello, si así lo quisiéramos, podemos utilizar los caracteres comodín necesarios.

SINTAXIS: PRINT [/D: dispositivo] [[unidad:][ruta]archivo[...]]

IV. Cambiar el nombre a un archivo

Para realizar esta operación en entorno gráfico, simplemente seleccionaremos el archivo con el botón izquierdo del ratón y pulsaremos la tecla **F2**. De esta forma, editamos el nombre del archivo para poder cambiarlo.

Otra forma de cambiarlo es haciendo un doble clic mucho más lento sobre el nombre del archivo, poniéndose el nombre en modo edición. Por último, con el botón derecho del ratón seleccionado la opción **Cambiar nombre**.

Si realizáramos una selección múltiple de archivos, podríamos modificar los nombres de todos ellos, pero teniendo en cuenta que el nombre nuevo sería el mismo para cada archivo. El archivo sobre el que realizamos la opción de cambiar el nombre tomaría el nombre nuevo. El resto de archivos se llamarán igual que este, pero seguidos de un número entre paréntesis, desde el uno hasta el número de archivos seleccionados.

Por el contrario, no es posible cambiar la extensión a todos los archivos utilizando este método.

En entorno texto se utiliza el siguiente comando para cambiar el nombre a un archivo o archivos de texto plano.

C:\ RENAME (REN)

Cambia el nombre a uno o más archivos. Este comando admite el uso de comodines. No puede existir previamente en el directorio otro fichero con el mismo nombre que se dará al fichero que se va a renombrar.

Si existe trayectoria para el fichero original, esta será la del nuevo fichero. La trayectoria de destino del nuevo fichero no existe. Es decir, el nuevo fichero se crea en la trayectoria especificada del primero.

SINTAXIS
RENAME [unidad:][ruta]archivo1 archivo2.
REN [unidad:][ruta]archivo1 archivo2.

V. Copiar y mover archivos

Esta operación es parecida a la de mover y copiar carpetas o directorios.

Para copiar o mover un archivo, tendremos que tener en cuenta lo mismo que hemos comentado anteriormente. Hay que saber o, mejor dicho, ver dónde está el archivo que se va a copiar y dónde lo queremos copiar.

Si utilizamos el explorador, que es lo más conveniente, procederemos de la misma forma que con las carpetas. Tendremos que ver el origen y el destino del archivo que se va a copiar o mover. Lo seleccionamos y lo arrastramos con el botón derecho del ratón. Llegados al destino, soltamos el botón derecho y elegimos entre las opciones de copiar o mover.

También se puede hacer la operación con el botón izquierdo arrastrando el archivo de una carpeta a otra. Esta acción es de movimiento de archivo y no de copia. Si mientras realizamos el desplazamiento del objeto, mantenemos pulsada la tecla CTRL, la acción siempre será de copia, incluso aunque trabajemos en la misma unidad. Si mantenemos la tecla SHIFT pulsada, la acción será de movimiento.

Por otro lado, al realizar la copia, no podemos modificar el nombre del fichero en el destino, acción posible en modo comando. Si queremos modificar el nombre del fichero en el destino, tendremos que situarnos sobre él y luego cambiarle el nombre.

También podemos realizar la copia utilizando las opciones de cortar, copiar o pegar de la línea de menú.

Cuando ejecutamos esta orden en modo comando, tenemos que tener en cuenta que:

- Si en el directorio de destino existe un fichero con el mismo nombre, se remplaza por el nuevo fichero, previa confirmación por parte del usuario que esté haciendo la copia.

- Esta orden no sirve para copiar ficheros ocultos ni ficheros de sistema.

- Con la orden COPY, se pueden copiar varios ficheros en uno solo; es decir, se pueden concatenar varios archivos o ficheros en otro diferente.

- Permite el uso de caracteres comodín.

En entorno comando:

 **COPY**

Copia uno o más archivos desde la ubicación inicial a otro lugar. Si no se especifica el destino, la copia se realizará en el directorio actual. Este comando permite la utilización de comodines.

Para el manejo correcto de esta orden, es necesario tener en cuenta varias cosas:

- Dónde estamos situados.
- Dónde se encuentra el fichero que se va a copiar y su nombre.
- Dónde queremos copiar el fichero. Es el nombre con el que queremos copiar el fichero, con el mismo o con otro.

SINTAXIS
COPY [/V] [/N] [/Y | /-Y] [/Z] [/A | /B] origen [/A | /B]
COPY [+ origen [/A | /B] [+ ...]] [destino [/A | /B]]

 **MOVE**

La orden MOVE mueve uno o varios archivos de un directorio a otro. Este comando también permite la utilización de comodines cuando queremos mover varios archivos a la vez.

La diferencia de MOVE respecto a COPY es clara: MOVE solamente mantiene una copia del archivo en la estructura. COPY permite mantener dos copias, el original y el nuevo archivo.

SINTAXIS:
MOVE [/Y | /-Y] [unidad:][ruta]nombrearchivo1[,...] destino

 **XCOPY**

La orden XCOPY tiene un funcionamiento parecido a la orden COPY, con la diferencia de que, además de copiar uno o varios archivos, permite copiar estructuras completas de directorios.

Ya vimos el uso de la orden XCOPY en modo comando cuando realizamos operaciones con directorios. El funcionamiento es el mismo cuando hablamos de archivos.

SINTAXIS
XCOPY origen [destino] [/A | /M] [/D[:fecha]] [/P] [/S [/E]] [/V] [/W] [/C] [/I] [/Q] [/F] [/L] [/G] [/H] [/R] [/T] [/U] [/K] [/N] [/O] [/X] [/Y] [/-Y] [/Z] [/EXCLUDE:archivo1[+archivo2][+archivo3]...]

VI. Eliminar archivos

En este caso, solamente nos situaremos o seleccionaremos el o los archivos que se quieren eliminar, y pulsaremos la tecla **SUPR** o el botón derecho del ratón para elegir la opción **Eliminar** del menú contextual.

Los archivos seleccionados, previa confirmación, los enviaremos a la papelera de reciclaje de donde podremos eliminarlos definitivamente o recuperarlos posteriormente.

Hay una forma de eliminar los archivos y carpetas de forma permanente sin tener que enviarlos a la papelera de reciclaje. Para ello, en las propiedades de la papelera de reciclaje activaremos la casilla de *No mover archivos a la papelera de reciclaje. Purgarlos al eliminarlos.* De esta forma, la eliminación de un archivo o carpeta siempre será permanente.

En entorno comando:

 DELETE (DEL)/ ERASE

Con las órdenes DEL y con ERASE, podemos eliminar archivos dentro de la estructura jerárquica.

El funcionamiento es sencillo, ya que con esta orden se puede eliminar un solo fichero o varios (utilizando los comodines).

No se puede utilizar para eliminar directorios, solamente para borrar los archivos regulares de un directorio.

Cuando un fichero es eliminado, en principio, se elimina de forma definitiva, aunque hay utilidades que sirven para recuperarlo.

Con la orden DEL no se pueden eliminar archivos ocultos. Para eliminar ficheros ocultos es necesario quitar los atributos necesarios y, después, eliminar el fichero de forma normal.

SINTAXIS
```
DEL [/P] [/F] [/S] [/Q] [/A[[:]atributos]] nombres
ERASE [/P] [/F] [/S] [/Q] [/A[[:]atributos]] nombres
```

VII. Buscar archivos

Hay veces en las que es conveniente localizar un archivo dentro de una estructura de datos. Si sabemos la ubicación exacta del archivo y su nombre, no hay problema.

El problema surge cuando solamente tenemos una pequeña referencia del nombre del archivo. Conocemos sus caracteres iniciales, o su extensión, pero no conocemos más.

Para buscar archivos, la operación la realizaremos desde la opción particular que cada sistema operativo nos suele dar dentro de la carpeta o en el botón de Inicio. En este punto, sería complicado indicar todas las opciones posibles.

VIII. Atributos de los archivos

Para asignar atributos a archivos, procederemos de forma similar a como se hace con directorios en entorno gráfico o con la orden ATTRIB en modo comando.

Los atributos normales aplicados a ficheros son los que hemos visto en el punto 2.1.2 de esta unidad. Para poner o quitar estos dos atributos, marcaremos o desmarcaremos las casillas deseadas.

En entorno gráfico, solamente podremos asignar o quitar estos dos atributos: *Solo lectura* y *Oculto*. Para manejar el resto de atributos, tendremos que hacerlo en entorno comando.

a) Visualizar los atributos de un fichero

La orden ATTRIB se puede utilizar de diferentes formas:

- **ATTRIB.** Puesta sin parámetros, muestra por pantalla los atributos de todos los ficheros del directorio activo.
- **ATTRIB nombre_de_fichero.** Se visualizan los atributos del fichero especificado.

Si se utiliza el parámetro **/S**, además se visualizarán los atributos de los ficheros que se ajusten a la plantilla y que estén en subdirectorios que cuelguen del directorio especificado en la orden.

b) Quitar o poner atributos a ficheros

Los atributos se ponen de la misma forma que se quitan. Solamente el símbolo + o – indicará, respectivamente, que el atributo se asigna o se elimina a un archivo o a un conjunto de archivos.

 **ATTRIB**

SINTAXIS

ATTRIB [+R | -R] [+A | -A] [+S | -S] [+H | -H] [unidad:][ruta]
    [nombre-archivo] [/S [/D]]

SIGNIFICADO MODIFICADORES:

+ Establece un atributo.

- Borra un atributo.

R Atributo de solo lectura.

A Atributo de archivo de almacenamiento.

S Atributo de archivos del sistema.

H Atributo de archivo oculto.

[unidad:][ruta][nombre-archivo] Especifica el archivo o archivos afectados por ATTRIB.

/S Procesa archivos que coinciden en la carpeta actual y todas las carpetas.

/D Procesa carpetas.

2.2.4. Administración de tareas

Ya vimos al principio de la unidad, e incluso en la unidad anterior, qué son los programas, los procesos y la forma en que el sistema operativo los gestiona.

Ahora vamos a ver cómo podemos controlar los procesos de nuestro sistema, cómo ini-
ciarlos, detenerlos, cambiar la prioridad de ejecución, incluso gestionar hilos de procesos.

Para ello, lo primero que tendremos que hacer es ejecutar el administrador de tareas,
y esto lo veremos con el siguiente caso práctico.

En sistemas Windows XP, 7, 8, 10 u 11, si pulsamos la combinación de teclas
CTRL+ALT+SUPR, podremos acceder al administrador de tareas para controlar y gestionar los procesos del sistema. En sistemas Windows, cuando pulsemos esta combinación de teclas, aparecerá una pantalla en la que tendremos que hacer clic en la
opción de *Administrador de tareas.*

También pulsando en la barra de tareas, con el botón derecho, seleccionar *Administrador de tareas.*

Pulsaremos *Más detalles*, y se mostrará una pantalla como la que aparece en la Figura 2.8.

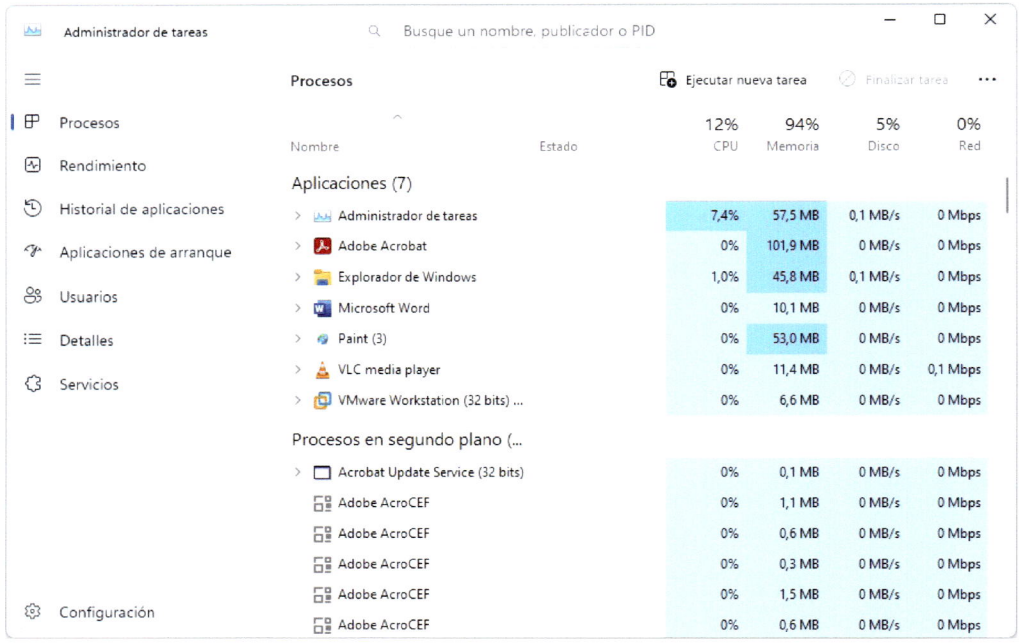

Figura 2.8. Administrador de tareas Windows 11.

Probemos a ejecutar Word. Veremos cómo el programa al ejecutarse se convierte en
proceso, y consume, por lo tanto, recursos del sistema operativo. Esto lo podremos
comprobar en la pestaña *Aplicaciones*.

Si sobre una aplicación en ejecución pulsamos el botón derecho del ratón, podremos ver en la Figura 2.9 qué acciones se pueden realizar:

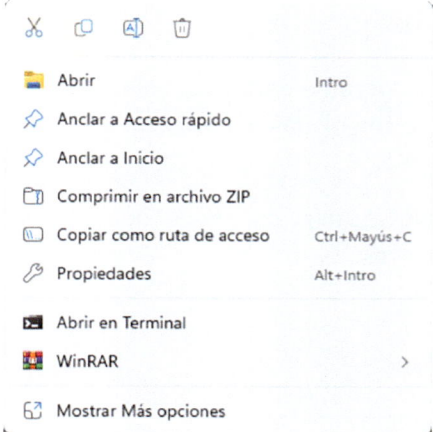

Figura 2.9. Opciones del *Administrador de tareas* en Windows 11.

Explicaremos algunas de estas opciones, aunque depende de la versión de Windows y en qué icono se pulse el botón derecho, ya que no es lo mismo pulsarlo en una aplicación, en un archivo o en una carpeta, por ejemplo.

- **Cambiar a.** Utilizaremos esta opción cuando queramos hacer que una tarea que está en segundo plano pase a ser activa.

- **Finalizar tarea.** Si la seleccionamos, terminaremos la tarea en ejecución (el proceso). Si es una tarea con varios hilos o procesos, solamente se terminará el hilo seleccionado.

- **Ir al proceso/detalles.** Tal vez la opción más importante. Nos muestra el proceso que está asociado al programa en ejecución o tarea. Si es un hilo de un proceso, nos llevará al proceso padre del que depende. Al seleccionar esta opción, iremos directamente a la pestaña *Procesos* del *Administrador de tareas o Detalles* en la que se muestra el proceso asociado a la tarea o programa en ejecución.

- **Abrir ubicación de archivo.** Nos lleva directamente a la carpeta en la que se encuentra el ejecutable que lanza al proceso seleccionado.

- **Terminar proceso.** Simplemente hace que el proceso se detenga de forma incondicional. No es lo mismo *Finalizar tarea* que *Finalizar proceso.* Si seleccionamos *finalizar tarea,* el sistema operativo intentará finalizar la terea y el proceso asociado cerrándolo adecuadamente. Si seleccionamos *Finalizar proceso,* el proceso y la tarea que ejecuta se terminarán de forma incondicional sin buscar alternativa a un cierre correcto.

- **Finalizar el árbol de procesos.** Igual que el caso anterior, si un proceso tiene varios hijos o hilos, al cerrar el proceso se cerrará el proceso padre y los hijos.

- **Propiedades.** Muestra las propiedades del programa ejecutable asociado al proceso.

- **Ir al servicio.** Cada programa para poder ejecutarse está asociado a uno o varios servicios que no son ni más ni menos procesos propios del sistema operativo.

- **Establecer prioridad.** Se utiliza para hacer que un proceso tenga mayor o menor prioridad sobre los otros.

2.2.5. Servicio de soporte

El servicio de soporte nace como consecuencia de las necesidades detectadas entre los usuarios de los sistemas informáticos que utilizan determinados sistemas operativos.

Todo sistema operativo tiene que:

- Ofrecer a los usuarios soluciones que le permitan aprovechar las ventajas de una correcta gestión de los sistemas informáticos.

- Evitar los problemas derivados de una situación con múltiples sistemas heterogéneos. Los sistemas operativos tienen que integrarse en redes puras, mixtas e incluso en redes extensas, sin mayor problema.

Normalmente los proveedores de sistemas operativos, incluyen servicios de soporte que incluyen todo lo relacionado con el mantenimiento de los equipos. Nos proporcionan servicios, utilidades y ayuda en servicios tales como:

- Configuración y mantenimiento de **actualizaciones de sus sistemas operativos** respecto de mejoras, agujeros de seguridad y nuevas funcionalidades.

- Seguridad de acceso al sistema. Para ello, mantienen actualizados y mejoran la funcionalidad de los cortafuegos, antivirus, gestión de claves de acceso, acceso a datos, etcétera.

- Actualización y mejora de *drivers* y controladores de *hardware*. La instalación y configuración de cualquier componente o periférico tiene que ser facilitada por el proveedor del sistema operativo aportando al usuario los *drivers* o actualizaciones de los mismos para que los periféricos funcionen a rendimiento óptimo.

- Instalación, configuración y mantenimiento de la conexión de las impresoras bien sean por equipo, en red o escritorio remoto. A su vez, se realizará la configuración y mantenimiento de privilegios de uso de los dispositivos en red.

- Testeo y mantenimiento del sistema en cuanto a las aplicaciones y al *hardware*.

- Sistemas de aprendizaje y tutoriales de ayuda en aplicaciones y elementos del sistema.

Algunos de los enlaces de soporte, para los sistemas más comercializados en el mercado, son los siguientes:

- **Microsoft**: https://support.microsoft.com/es-es

- **Apple**: https://support.apple.com/es-es/complimentary

- **Linux Ubuntu**: https://blogubuntu.com/canonical-ofrece-soporte-tecnico-para-usuarios-de-ubuntu-desktop

Respecto del soporte *online*, si este está bien organizado y establecido, se pueden dar varios niveles: **soporte de nivel 1** es el que está en contacto directo con el usuario y que soluciona las incidencias triviales; **soporte de nivel 2**, que da soporte al nivel que está por debajo, filtrando la información objeto de soporte, y así sucesivamente en diferentes niveles.

El soporte *online* suele estar subdividido en capas, o niveles, para que así pueda atender de una forma más eficaz y eficiente a los usuarios. El número de niveles en los que un distribuidor de *software* como Microsoft o Apple organiza su grupo de soporte depende fundamentalmente de las necesidades del negocio, de los objetivos o de la voluntad, ya que conllevará la habilidad para servir de forma suficiente a sus clientes o usuarios.

La estructura más generalizada de servicio de asistencia multinivel a usuarios finales se puede establecer en varios niveles, que normalmente son tres:

- **Soporte de nivel 1**. Este es el nivel de soporte inicial, responsable de las incidencias básicas del cliente. Es sinónimo de soporte de primera línea, o soporte *front-end*.

- **Soporte de nivel 2**. Está basado especialmente *help desk*. En este nivel se da soporte técnico a usuarios teniendo en cuenta áreas más especializadas.

- **Soporte de nivel 3**. O soporte de *back-end* donde se da soporte y soluciones a nivel de experto y análisis avanzado.

ACTIVIDADES

2.1. **Cuando un proceso nace o se crea, la información del mismo se almacena en...**

    a) Memoria RAM.

    b) Memoria ROM.

    c) En el BCP.

    d) En ninguno de los sitios anteriores.

2.2. **¿Cuál de los siguientes atributos de un archivo no es correcto?**

    a) Oculto.

    b) Archivo.

    c) Protegido.

    d) Solo lectura.

2.3. **El intérprete de comandos de Linux se denomina...**

    a) Shell.

    b) Command.com.

    c) Cmd.

    d) Kernel.

2.4. **La interfaz de línea de comandos también es conocida como:**

    a) OUI

    b) NUI.

    c) CLI.

    d) GUI.

2.5. **Los procesos que pertenecen al sistema se pueden ejecutar en:**

    a) Modo *kernel*.

    b) Modo privilegiado del procesador.

    c) Modo usuario.

    d) Las respuestas a) y b) son correctas.

2.6. ¿Qué orden se utiliza en modo comando para copiar archivos?

a) Copy.

b) Excopy.

c) Ctrl+c y ctrl+v.

d) Todas las respuestas anteriores son falsas.

2.7. Cada programa para poder ejecutarse está asociado a uno o varios...

a) Procesos de usuario.

b) Servicios.

c) Usuarios.

d) Procesos de sistema.

2.8. ¿Todos los sistemas operativos ofrecen actualizaciones y parches de seguridad?

a) Solamente los sistemas Microsoft.

b) Solamente los sistemas Linux.

c) Solamente los sistemas Mac IOS.

d) Todas las respuestas anteriores son ciertas.

COMPRUEBA TUS CONOCIMIENTOS

2.1. Resuelve los siguientes ejercicios en entorno comando:

a) Inicia el intérprete de comandos en modo administrador.

b) Crea tres archivos llamados **archivo1.txt, archivo2.txt** y **archivo3.tmp.** con el contenido que tú quieras.

c) Muestra el contenido del **archivo2.txt** por consola.

d) Cambia el nombre del archivo **archivo2.txt** por **archivo2.tmp.**

e) Cambia la extensión de todos los archivos **.tmp** por **.txt** manteniendo su nombre.

f) Copia todos los archivos con extensión **.txt** con el nombre **copiado1, copiado2, copiado3** y con la extensión **.tmp.**

g) Borra los archivos en los que aparezca un **2** en su nombre, tengan la extensión que tengan.

h) Cambia los atributos de los archivos que contengan un **3** en su nombre a solo lectura.

i) Visualiza los atributos de los archivos que haya actualmente llamados **archivox**, siendo **x** el número 1, 2 o 3.

j) Borra todo lo que has hecho y deja el contenido de tu directorio de trabajo igual que estaba al principio.

2.2. Analiza el rendimiento del sistema y comprueba cómo cambia cuando se ejecutan varias aplicaciones nuevas. Ejecuta, Paint, WordPad y alguna otra aplicación que tengas instalada.

2.3. Indica las diferencias más significativas de un menú contextual de un archivo, de una carpeta y de un icono que represente una aplicación cualquiera.

3. Elementos de un sistema operativo informático

Contenido

3.1. Gestión de procesos

Ya vimos en la Unidad 2 que un proceso, o tarea, se puede definir como programa en ejecución. El origen de un proceso normalmente se encuentra en un programa que se puede ejecutar y que se denomina *programa ejecutable*. Este programa está formado por un conjunto de instrucciones y datos almacenados en un archivo o fichero, y cuando se ejecutan, es decir, cuando se cargan en la memoria interna del ordenador es cuando el programa se convierte en proceso.

Cuando un proceso se crea, este tendrá una estructura de datos llamada **B**loque de **C**ontrol de **P**rocesos (BCP), donde se almacenará información acerca del mismo.

Toda la información de un proceso que el sistema operativo necesita para controlarlo se mantiene en una estructura de datos vista anteriormente: el bloque de control de procesos o **BCP**. En sistemas operativos multiproceso, el sistema operativo mantiene listas de bloques de control de procesos para cada uno de los estados del sistema.

El BCP de cada proceso almacena información tal como:

- **Estado actual del proceso.** Ejecución, preparado o bloqueado.
- **Identificador del proceso.** Dependiendo del sistema operativo, a cada proceso se le asigna un PID.
- **Prioridad del proceso**. La asignada por el planificador.
- **Ubicación en memoria.** Dirección de memoria en la que se carga el proceso.
- **Recursos utilizados.** Recursos *hardware* y *software* para poder ejecutarse.

Gracias a los algoritmos de planificación, el cargador, planificador, BCP, recursos *hardware* y *software* se sincronizan mediante el sistema operativo para la ejecución ordenada de los procesos.

Todo proceso consume recursos *hardware* de un sistema informático, y es el sistema operativo el que determina, mediante el planificador, de qué forma se asignan los recursos a cada proceso.

- Identificador del proceso.
- Número de subprocesos necesarios.
- Tiempo de CPU utilizado.
- Cantidad de memoria RTAM a utilizar y memoria disponible.
- Archivos utilizados o por utilizar.
- Dispositivos de E/S disponibles y necesarios.
- Datos de inicialización del propio proceso, etcétera.

Veamos en un entorno Windows cómo se pueden analizar todos los datos que hemos explicado anteriormente.

En cualquier zona de la barra de tareas que esté libre haremos clic con el botón derecho del ratón y seleccionaremos *Administrador de tareas.* También podemos pulsar las teclas **ctrl+alt+supr** y seleccionar *Iniciar el administrador de tareas.* Sea de la forma que sea, llegaremos a ver la pantalla principal en la que Windows nos muestra los procesos del sistema. En la parte inferior derecha haremos clic en *Más detalles* y posteriormente en la pestaña *Detalles* y se mostrará una pantalla como la de la Figura 3.1.

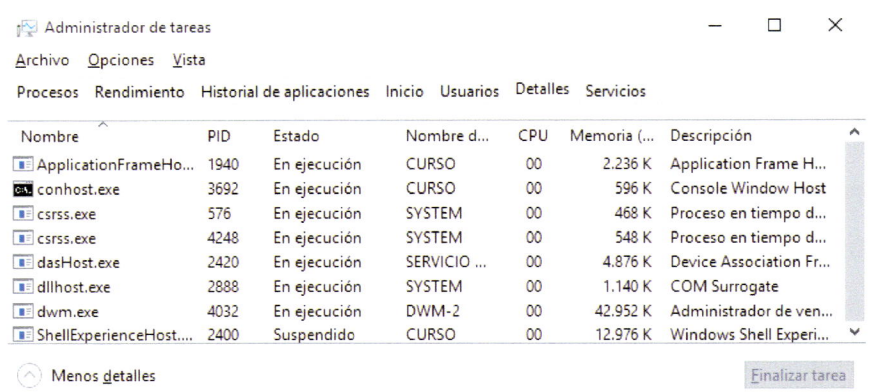

Figura 3.1. Administrador de tareas en Windows 10.

Se puede apreciar claramente la descripción de los procesos, su PID, el estado en el que está el proceso, etcétera.

El *administrador de tareas* es un proceso que se ejecuta en segundo plano de forma permanente, pero que, ante eventuales bloqueos del sistema, nos permite mostrarlo en primer plano para gestionar los procesos, recursos, servicios y demás elementos que están en este momento ejecutándose en el sistema.

Todos los sistemas operativos, de una u otra forma, incorporan este tipo de herramientas para facilitar la administración del equipo ante eventuales fallos en algún componente *hardware* o *software*.

Windows 11

El procedimiento en Windows 11 es prácticamente igual que en Windows 10. Eso sí, el administrador de tareas tiene alguna opción más en este nuevo sistema.

Podemos revisar su aspecto en la Figura 2.8.

Ubuntu

En el DASH o lanzador de aplicaciones, en la casilla de búsqueda introduciremos la cadena *monitor del sistema,* y, cuando aparezca el icono que referencia la aplicación, haremos clic en él. Se mostrará una pantalla como la de la Figura 3.2.

Nombre del proceso	Usuario	% CPU	ID	Memoria	Lectura total	Escritura
at-spi2-registryd	usuario	0,00	4258	692,2 kB	N/D	
at-spi-bus-launcher	usuario	0,00	4025	745,5 kB	N/D	
dbus-daemon	usuario	1,44	3884	2,9 MB	N/D	
dbus-daemon	usuario	0,00	4043	491,5 kB	N/D	
dconf-service	usuario	0,00	4227	667,6 kB	77,8 kB	421,
deja-dup-monitor	usuario	0,00	4990	1,4 MB	421,9 kB	
evolution-addressbook-factory	usuario	0,00	4231	3,5 MB	1,9 MB	36,
evolution-alarm-notify	usuario	0,00	4342	16,5 MB	1,4 MB	
evolution-calendar-factory	usuario	0,00	4214	4,0 MB	5,2 MB	
evolution-source-registry	usuario	0,00	4192	3,9 MB	3,3 MB	8,
gdm-wayland-session	usuario	0,00	3900	479,2 kB	N/D	
gjs	usuario	0,00	4260	4,9 MB	N/D	
gjs	usuario	0,00	4495	5,0 MB	N/D	
gjs	usuario	0,36	4510	16,4 MB	2,1 MB	
gnome-calculator-search-provi	usuario	0,00	5059	7,3 MB	N/D	
gnome-calendar	usuario	0,00	4605	15,4 MB	1,5 MB	

Figura 3.2. Administrador de tareas en Linux Ubuntu.

Se muestra información de los procesos, aunque de forma diferente a Windows. Es importante indicar que en Ubuntu existen otras muchas herramientas para ver los procesos y administrarlos.

Por lo general, a cada proceso se le asigna un espacio de direcciones de memoria en las que permanecerá, normalmente, mientras esté en ejecución. Este espacio de memoria no puede ser invadido por otros procesos, ya que provocaría el colapso del sistema informático o lo que normalmente se conoce por colgarse el equipo.

Cuando se gestiona un proceso, el sistema operativo, normalmente divide el mismo en trozos de igual o diferente tamaño, llamados páginas, *frames,* etc. Cuando se carga un proceso, lo que se hace es llevarlo a la memoria y asignarle un número máximo de bloques en memoria que va a emplear. En cada uno de estos bloques de memoria se irá almacenando cada uno de los trozos del proceso, utilizando para ello las técnicas de gestión de memoria como son la memoria virtual, *swapping,* paginación, segmentación u otras.

Cuando el proceso es ejecutado, si la **UCP** quiere atender una parte del mismo que no está en memoria interna o real, hay que buscarla en otra zona de memoria (memoria virtual) y traerla hasta la memoria real. Cuando se llega a ocupar el número máximo de espacios de memoria principal o real utilizados por un proceso, se procederá a descargar, si es posible, las partes de memoria real que no se estén utilizando para que puedan ser utilizadas por nuevos bloques de los nuevos procesos. Las partes de memoria real que se descargan son las más antiguas o las menos utilizadas y son las que dejarán paso a los bloques de los procesos que necesitan ser ejecutados con mayor prioridad en el sistema.

Lo que debe quedar claro es que cualquier programa que se esté ejecutando en un ordenador es un proceso, ya que desde ese momento el programa, denominado ya proceso, se puede ejecutar, se puede detener o se puede bloquear, entre otras muchas cosas.

Cada proceso, para poder ser ejecutado, estará siempre cargado en memoria principal, pero no solamente las instrucciones del propio código que lo componen. También estarán en memoria los datos a los que afecta la ejecución del mismo.

Un programa no es un proceso, se convierte en tal en el momento en que se ponga en ejecución. La aplicación Word, por ejemplo, en tanto en cuanto no la estemos ejecutando no deja de ser un archivo sin más. Una vez que lo ejecutemos, el archivo WORD.EXE seguirá estando almacenado donde estaba originalmente. Lo que ha ocurrido es que, al ejecutar el programa, las instrucciones necesarias han pasado a la memoria principal. En este punto, es decir, cuando el programa está en ejecución es cuando se convierte en proceso, pero no antes.

Durante la ejecución de un proceso, este compite con el resto de los procesos que se están ejecutando de forma concurrente en el sistema por el uso de los recursos *hardware* y a veces por los recursos *software.*

El reparto de los recursos del sistema entre los distintos procesos y su ejecución concurrente se conoce como multiprogramación. Los sistemas operativos disponen de los servicios necesarios para la gestión de los procesos, tales como su creación, terminación, ejecución periódica, cambio de prioridad, etc. Además, durante su existencia los procesos pasan por distintos estados cuyas transiciones están controladas por el sistema operativo.

Es importante tener en cuenta que, cuando un proceso finaliza, el sistema operativo recupera los recursos que le había asignado.

Respecto de los procesos, la gestión que el sistema operativo hace de los mismos consiste en realizar operaciones, vistas en la unidad anterior, tales como:

- Crear y eliminar procesos.
- Suspender y reanudar procesos.
- Proveer mecanismos para la sincronización de procesos.
- Proveer mecanismos para la comunicación de procesos.
- Proveer mecanismos para manejar bloqueos mutuos.

Los sistemas operativos disponen de los servicios necesarios para la gestión de los procesos, tales como su creación, terminación, ejecución periódica, cambio de prioridad, etc. Además, durante su existencia, los procesos pasan por distintos estados cuyas transiciones están controladas por el sistema operativo. Los diferentes estados de los procesos y sus posibles transiciones las veremos a continuación.

ESTADOS DE LOS PROCESOS

Para hablar de los estados de los procesos, tenemos que incluir un nuevo término en nuestro vocabulario: **hebra**.

Una hebra es un punto de ejecución de un proceso. Un proceso tendrá siempre una hebra asociada al propio programa, pero puede tener más hebras. Las hebras representan un método *software* para mejorar el rendimiento y eficacia de los sistemas operativos. Las hebras de un mismo proceso compartirán recursos, como memoria, archivos, recursos *hardware*, etcétera.

Un proceso clásico será aquel que solo posea una hebra. Pongamos un ejemplo. Si ejecutamos el navegador que sea, con un solo formulario o ventana abierta, el navegador convertido en proceso estará ejecutándose en un único espacio de memoria, tendrá acceso a determinados archivos (galerías de imágenes, corrector ortográfico, etc.), tendrá acceso al *hardware* (impresora, disquetera), etc. En definitiva, este proceso, de momento, solamente tiene una hebra.

Si en esta situación, sin cerrar el navegador, abrimos una nueva pestaña, el navegador no se vuelve a cargar como proceso. Simplemente el navegador, que no es más que un programa convertido en proceso, tendrá a su disposición dos hebras o hilos diferentes, de tal forma que el proceso sigue siendo el mismo (el original).

Veamos los estados en los que se puede encontrar un proceso y que quedan representados en la Figura 3.3. Son los siguientes:

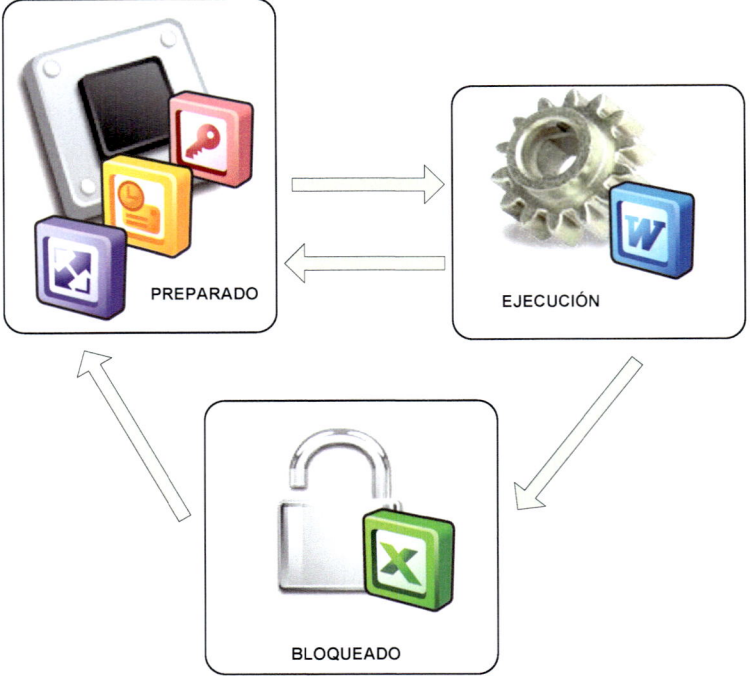

Figura 3.3. Estados de los procesos.

- **En ejecución**. El procesador está ejecutando instrucciones del programa que lo componen y tiene concedido el tiempo de uso de la UCP en un instante concreto.

- **Preparado, en espera o activo**. Un proceso está preparado para ser ejecutado; es decir, está esperando turno para poder utilizar su intervalo de tiempo y poner en funcionamiento sus instrucciones accediendo a los recursos del sistema.

- **Bloqueado**. El proceso está retenido; es decir, está bloqueado debido a causas múltiples. Una de estas causas puede ser que dos procesos utilicen el mismo fichero de datos. Otra puede ser que dos procesos necesiten emplear la misma unidad de CD-ROM para cargar determinados datos, etcétera.

En general, todos los procesos dentro de cualquier sistema operativo tienen unas características que los identifican y que se almacenan en el BCP.

Cada programa en ejecución, es decir, cada proceso, tiene un identificador que lo discrimina de los demás. Cada proceso tiene un número asignado por el sistema operativo que sirve precisamente para identificar el proceso, lanzarlo a ejecución, detenerlo, cancelarlo, reanudarlo, etc. Este identificador de proceso se describe con la abreviatura PID (*Process ID*).

Es conveniente terminar este punto indicando que cada programa convertido en proceso lanza normalmente otros procesos. Es decir, que cada proceso que se lanza a ejecución depende, en la mayoría de los casos, de otro proceso denominado *proceso padre*. Es por ello por lo que existen procesos padre y procesos hijo, y entre ellos, las denominadas *dependencias de procesos*, es decir, unos procesos dependen de otros y otros que dependen de unos.

TRANSICIÓN DE LOS PROCESOS

Una vez que un programa se ha lanzado y se ha convertido en proceso, puede atravesar varias fases. Cuando un proceso se lanza, nunca se ejecuta directamente, sino que se ubica en la cola de procesos en un estado denominado *preparado*. Cuando el sistema operativo por orden de la CPU le asigna su tiempo, el proceso pasa de preparado a ejecución. Estos dos estados se alternarán en caso de que se esté ejecutando más de un proceso en el sistema.

Los cambios de estado en los que se puede encontrar un proceso se denominan *transiciones*. Podemos verlas en la Figura 3.4.

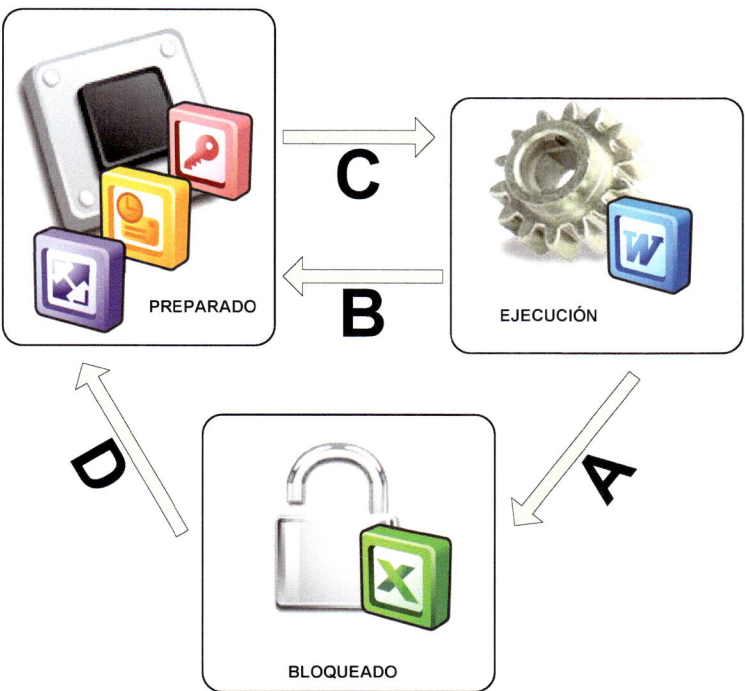

Figura 3.4. Transiciones entre procesos.

Transición A. Cuando el programa que está en ejecución necesita algún elemento, señal, dato, etc., para poder continuar ejecutándose.

Transición B. Cuando un programa o proceso ha utilizado el tiempo asignado por la UCP (procesador) para su ejecución y tiene que dejar paso al siguiente proceso.

Transición C. Ocurre cuando el proceso que está preparado pasa al proceso de ejecución.

Transición D. Cuando el proceso pasa de estar bloqueado a estar preparado, es decir, cuando el proceso recibe una orden o señal que estaba esperando para pasar al proceso de preparado y, posteriormente, tras la transición, a ejecución.

ALGORITMOS DE PLANIFICACIÓN DE PROCESOS

Gracias a los algoritmos de planificación, especialmente en sistemas operativos multiproceso/multiusuario, o en sistemas operativos en red, y siempre y cuando se ejecuten varios procesos en el mismo equipo, la unidad central de proceso (UCP) se encarga de asignar tiempos de ejecución a cada proceso según el tipo de algoritmo y la prioridad de cada proceso.

A continuación, vamos a dar una breve descripción de algunos de los algoritmos de planificación más habituales en sistemas multiproceso y multiusuario.

Veamos algunos de los algoritmos de planificación más comunes puestos en práctica por el planificador a la hora de asignar tiempos de UCP en la ejecución de cada proceso. Para el planificador, a efectos de asignación de tiempos de UCP, es lo mismo hablar de procesos que de hilos.

Vamos a comentar algunos de los algoritmos de planificación más importantes, pero sin poner complejos ejemplos que puedan confundir al lector. Simplemente daremos una explicación de cómo la UCP asigna tiempos a diferentes procesos que se desean ejecutar a la vez en el sistema informático.

- **Algoritmo de rueda.** Asigna rotativamente tiempos de ejecución a los diferentes procesos que se desean ejecutar en un sistema. Denominado *de Round-Robin*, gestiona la asignación de tiempos de ejecución a los diferentes procesos de forma secuencial. A cada proceso se le asigna el mismo *quantum* o ciclo de UCP, esto es, el mismo intervalo de tiempo de ejecución. La selección de entre los procesos se realiza mediante una cola **FIFO** (*First In First Out*, 'el primero en entrar es el primero en salir o ser servido').

- **Algoritmo FCFS** (*First Come First Serve*). Los ciclos de UCP asignados a cada proceso se hacen en función de una cola FIFO, de tal forma que el primer proceso que llega es al que se le asignan los tiempos o ciclos de UCP necesarios hasta que termina totalmente. A continuación, se ejecuta completo el siguiente proceso que llegó, luego el siguiente, y así con todos los procesos que hay en la cola FIFO, hasta terminar con el último proceso.

- **Algoritmo STR** (*Short Time Remainder*). Permite la asignación de tiempos de ejecución de UCP de forma prioritaria a los procesos más cortos, de tal forma que puedan ser servidos o ejecutados en el menor tiempo posible. Si, por ejemplo, se está ejecutando un proceso y llega otro proceso, independientemente de la duración del nuevo proceso, el proceso que está en ejecución se terminará. Una vez finalizado el proceso, el siguiente proceso en ejecutarse y, por lo tanto, el siguiente en consumir ciclos de UCP será el más corto de los que queden en cola.

- **Algoritmo SRTF** (*Shortest Remaining Time First*). La asignación de ciclos de UCP se hace en función del proceso que tenga menos ciclos para terminar. De esta forma, cuando llega un nuevo proceso, se estiman los ciclos que le quedan tanto al proceso que hay en ejecución como a los que han llegado, asignándose los ciclos de UCP al que le queden menos ciclos para finalizar, esté o no comenzado. Este proceso se repetirá sucesivamente, hasta terminar con todos los procesos planificados.

Existen otros muchos algoritmos, pero no los mencionamos todos, pues la lista sería interminable. De ellos depende, en gran medida, la eficacia del sistema informático, y esta labor la tiene que realizar el administrador del sistema informático con los recursos que le suministre su sistema operativo.

En un sistema multiproceso o multihebra, cuando un proceso o hilo pasa de un estado a otro, por ejemplo, de espera a ejecución, lo que se estará produciendo es un cambio de contexto, es decir, la UCP y los elementos asociados a ella tienen que desviar la atención a un proceso diferente, ubicado en un lugar diferente de memoria, que consume diferentes recursos, etc. Este es el cambio de contexto.

Existen dos modalidades de cambio de contexto:

- **Parcial**. Si se realiza entre hilos del mismo proceso, de tal forma que parte de los recursos asignados al proceso padre pueden ser utilizados por el nuevo proceso hijo.

- **Completo.** Cuando se pasa de un proceso a otro diferente o de un hilo de un proceso a otro hilo de otro proceso. En este caso, el cambio de contexto completo afectará a memoria, *hardware*, ficheros comunes, etcétera.

En la Figura 3.5 podemos apreciar de qué forma se ejecutan tres procesos (o hilos en sistemas operativos multihilo o multihebra), pasando de estar activos a estar en espera según se asignan tiempos de ejecución de UCP a unos u otros. En este caso, se producen cambios de contexto completos, ya que se cambia de una aplicación a otra diferente, es decir, son procesos distintos.

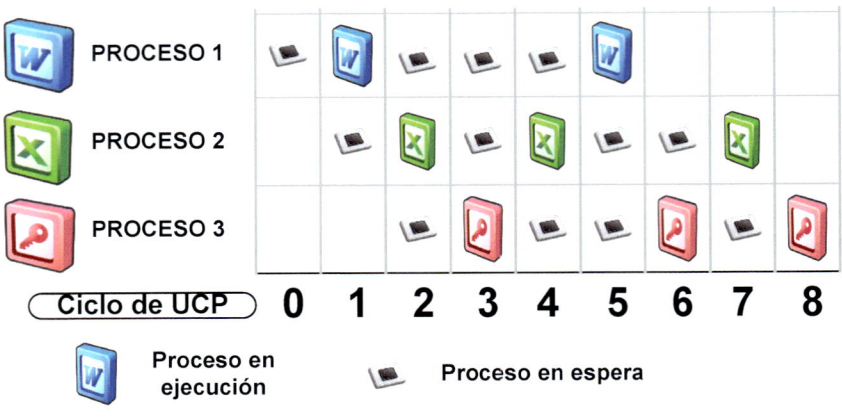

Figura 3.5. Esquema de ejecución de tres procesos.

Los diferentes estados tienen una relación directa con lo que vamos a denominar prioridades, que son aquellas que el administrador del sistema o el propio sistema asigna a cada proceso. De ello dependerá que un proceso se ejecute en más o menos tiempo.

3.2. Gestión de memoria

Todo sistema informático cuenta con la memoria central o principal, pero esta es limitada y, en grandes sistemas, insuficiente. La memoria es necesaria para que los programas se conviertan en procesos, es decir, sin RAM los programas no podrían ejecutarse, ni los de usuario, ni los propios del sistema operativo.

Los primeros sistemas operativos, para ubicar los procesos en memoria y solucionar este problema, dividían el programa o los programas en partes denominadas *capas*. Cada una de las capas se ejecutaría, es decir, se cargaría en memoria según fuera necesaria. Primero se cargaría lo esencial del programa en memoria RAM, es decir, las capas necesarias para iniciar el programa, pero no todas ellas. Cuando fuera necesario utilizar otra parte del programa que no estuviese en memoria, se accedería de nuevo al disco para cargar la siguiente capa.

Fotheringham diseñó un método conocido como *memoria virtual*. La idea en que se basa la memoria virtual es que el tamaño combinado del programa, los datos y la pila pueden exceder la cantidad de memoria física disponible para él. El sistema operativo mantiene en la memoria principal las partes del programa que actualmente se están usando, y el resto en el disco. Por ejemplo, un programa de 1 GB puede ejecutarse en una máquina de 512 MB de RAM si se escogen adecuadamente los 512 MB que se mantendrán en la memoria en cada instante, intercambiando segmentos del programa entre el disco y la memoria según se necesite.

En la Figura 3.6 podemos ver los elementos que entran en juego a la hora de utilizar memoria virtual.

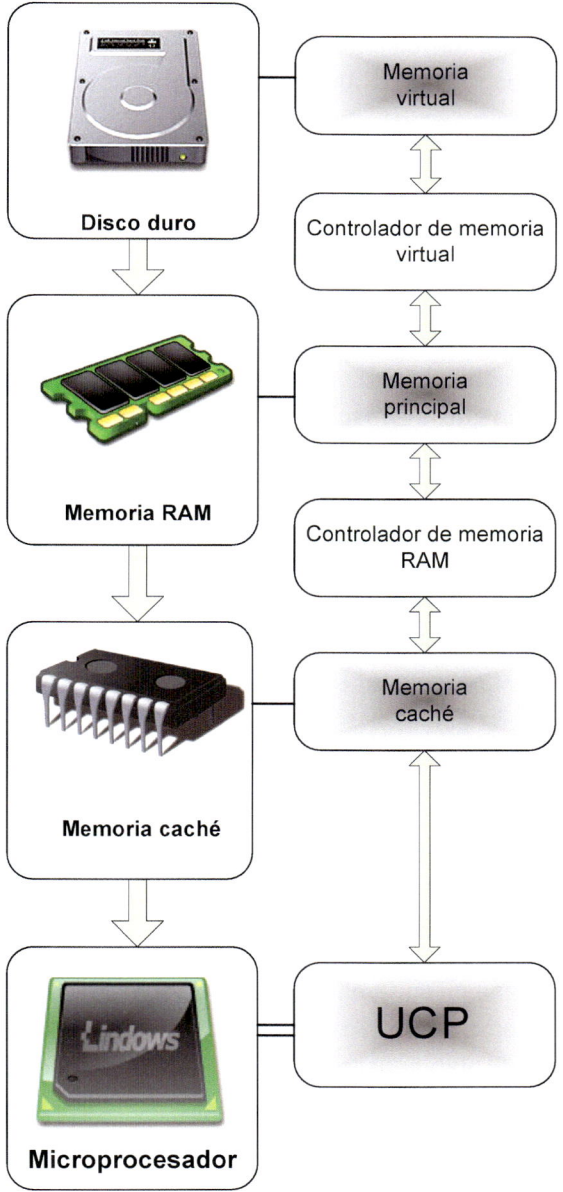

Figura 3.6. Gestión de memoria virtual.

Para la ubicación de programas en memoria, se puede utilizar la técnica de memoria virtual para que siempre haya RAM libre para todos los programas que queramos ejecutar, es decir, para los procesos. Eso sí, cuando cargamos demasiados procesos a la vez, el sistema se ralentiza, ya que tiene que estar pasando información continuamente desde el disco duro a la RAM o viceversa.

Es obvio que para realizar esta gestión se ha de disponer de un espacio determinado en el disco duro. Concretamente, para sistemas de Microsoft es recomendable asignar un 2,5 % del tamaño total de la RAM de espacio en disco para la gestión de memoria virtual, y un 5 % como máximo.

INTERCAMBIO DE MEMORIA. MEMORIA VIRTUAL

Al principio, en los primeros sistemas operativos, normalmente de tipo monousuario y monoproceso, la gestión de memoria era muy sencilla. Poca capacidad de memoria y en ella residía todo el sistema operativo y el programa que cupiese. Un programa más grande de la memoria disponible no podría ejecutarse y, si el programa en ejecución era mucho más pequeño que la capacidad de memoria RAM, pues el resto quedaba libre sin ser usado por ningún otro programa o proceso.

Con la aparición de los sistemas operativos multiusuario y multitarea, la gestión de memoria, a la hora de ubicar programas y datos, se convierte en una de las funciones más importantes del sistema operativo.

La parte del sistema operativo que administra la memoria es el administrador de memoria o **MMU** (*Memory Management Unit*). Su labor es llevar en un registro las partes (direcciones) de memoria que se están utilizando y las que no. De esta forma, reservará espacio de memoria para los nuevos procesos y liberará el espacio de los procesos que han finalizado.

El administrador de memoria también se encarga de gestionar el intercambio de datos entre memoria y disco, siempre y cuando los procesos sean tan grandes que no quepan de una sola vez en la memoria.

Para gestionar la memoria en sistemas operativos multitarea, esta se divide en particiones fijas. Así, el sistema operativo dispone de una cola de los procesos que solicitan entrar en memoria. El planificador tiene en cuenta los requerimientos de memoria de cada uno de los programas pendientes de ubicar, las particiones de memoria disponibles y el resto de necesidades del sistema. Respecto de cada proceso, los requerimientos necesarios se almacenan, como ya sabemos en el BCP.

La mayor dificultad es el tamaño de las particiones, tanto de los programas como de la memoria, ya que, en la mayor parte de las ocasiones, se produce un considerable desaprovechamiento o fragmentación de la memoria. Existen en el mercado varias herramientas, que se encargan precisamente de eso, de optimizar la ocupación de los programas en memoria.

Esta fragmentación puede ser interna, cuando la parte de la memoria que no se está usando está en el interior de una partición asignada a un proceso, o externa, cuando una partición disponible no se emplea porque es muy pequeña para cualquiera de los procesos que esperan.

El problema que se plantea ahora es disponer de un registro con información de las particiones o trozos libres y ocupados de memoria para que la asignación o liberación de espacios de memoria sea lo más eficiente posible. Una solución es permitir que los procesos puedan utilizar memoria no contigua, lo que se consigue mediante técnicas de paginación, segmentación o *swapping.*

El sistema operativo almacena la lista de bloques, o posiciones de memoria, libres y ocupados en la denominada *tabla de páginas*. Esta tabla de páginas tiene que ser lo suficientemente grande para almacenar toda la información que el sistema operativo necesita, pero no demasiado para que la gestión de la misma no sea muy costosa.

PAGINACIÓN

La paginación es una técnica que consiste en dividir la memoria interna o RAM en zonas iguales llamadas *frames*, y los programas en partes del **mismo tamaño** denominadas *páginas*.

Para ubicar un programa en memoria, el sistema operativo buscará en memoria física los *frames* que tenga libres. El *frame* es lo que se conoce como *clúster* o agrupación de sectores de un dispositivo de almacenamiento de un disco duro. Es lo que, cuando se formatea un disco, se conoce como *unidad de asignación del disco* y no es ni más ni menos que una agrupación de sectores.

Mediante la tabla de páginas, la UCP asigna las direcciones físicas de los *frames* a las páginas en las que se ha dividido el programa. La asignación de los *frames* no tiene que ser necesariamente consecutiva. Un proceso se puede ubicar en memoria interna en *frames* no contiguos, ya que estos pueden estar ocupados por otros procesos. Esto es lo que provoca, en muchas ocasiones, que los programas se ubiquen en memoria en *frames* muy separados, reduciendo el rendimiento del sistema.

En resumen, la paginación es una técnica de reasignación o redireccionamiento dinámico, con la consideración de que la tabla de páginas se puede almacenar en registros especiales destinados a tal efecto o en una parte de la propia memoria.

La transformación de las direcciones lógicas en físicas la realiza la unidad de administración de memoria o *Management Memory United* (MMU).

Normalmente, sistemas operativos Windows en casi todas sus versiones utilizan la técnica de la paginación.

SEGMENTACIÓN

Es una técnica similar a la paginación que permite definir los bloques de memoria de **tamaño variable**. Cada **segmento** puede variar desde 0 hasta un máximo permitido.

Estos segmentos pueden tener longitudes distintas, según capacidad y características de la memoria RAM. Además, la longitud de un segmento puede variar según las necesidades del programa.

Supongamos que un programa, para ejecutarse, necesita utilizar *arrays* o vectores (estructuras de datos) en memoria. Si tenemos en cuenta que estos *arrays* o vectores pueden ser dinámicos, es decir, pueden ir creciendo a lo largo de la ejecución del programa, será lógico pensar que esta estructura de datos se tiene que poder ubicar en memoria independientemente del tamaño que tenga. Gracias a la segmentación, podemos ubicar en memoria estas estructuras de datos, independientemente del tamaño que tengan.

El ordenador, a través del sistema operativo, puede organizar la memoria en bloques concretos y tener partes de ella destinadas a almacenar las estructuras de datos, que pueden crecer o menguar según las necesidades del usuario o del programa. Para ello, se utilizarán las pilas de memoria o *stacks*, en las que se gestionan las estructuras de datos necesarias.

La paginación difiere de la segmentación en que las páginas son de tamaño fijo y los segmentos no. El uso de la técnica de paginación o segmentación dependerá del sistema operativo utilizado y de la máquina en la que lo usemos, además de las necesidades del *software*.

La técnica de la paginación se utiliza en sistemas operativos en entornos multitarea/multiprogramación/multiusuario, de tal forma que varios usuarios utilizan diferentes programas en un mismo sistema informático. Hoy por hoy, los sistemas de *cloud computing* basan la asignación de las grandísimas capacidades de memoria que manejan en la técnica de la segmentación.

SWAPPING

El *swapping* es una técnica utilizada casi exclusivamente por sistemas Unix o Linux, ya que son sistemas operativos que pueden trabajar normalmente en entornos multitarea/multiusuario.

Cuando varios usuarios están ejecutando procesos en un mismo ordenador, este se ve obligado a cargarlos en RAM. Según el estado en el que se encuentre el proceso de cada usuario, la memoria se irá liberando y pasará a la zona de *swap* mediante la técnica llamada *swap-out*. De esta forma, la memoria interna queda liberada para que en ella se pueda almacenar otro proceso del mismo usuario o de otro.

Si el usuario vuelve a solicitar su proceso para seguir ejecutándolo, se produce el denominado *swap-in*, que consiste en pasar el programa de la zona de *swap* a la memoria interna.

La zona de intercambio o *swap* está formada por un espacio físico del disco en el que tenemos el sistema operativo y las aplicaciones que se van a ejecutar.

La diferencia entre las técnicas de gestión de memoria virtual y el *swapping* es que, mediante las primeras, puede llegar a ocurrir que el disco esté tan lleno que la gestión sea difícil o imposible, ya que el espacio destinado al intercambio suele ser espacio del disco duro en el que está instalado tanto el sistema operativo como el *software* de aplicaciones y los datos del usuario.

En el *swapping* no puede ocurrir esto, ya que la zona de *swap* siempre estará reservada y disponible para el intercambio de programas con la memoria principal. Normalmente, al estar esta zona en un dispositivo físico diferente, todo el espacio estará disponible cada vez que encendamos el ordenador.

3.3. El sistema de entrada y salida

Una de las funciones principales de un sistema operativo es el control de los periféricos de entrada/salida del ordenador. Veamos este esquema en la Figura 3.7.

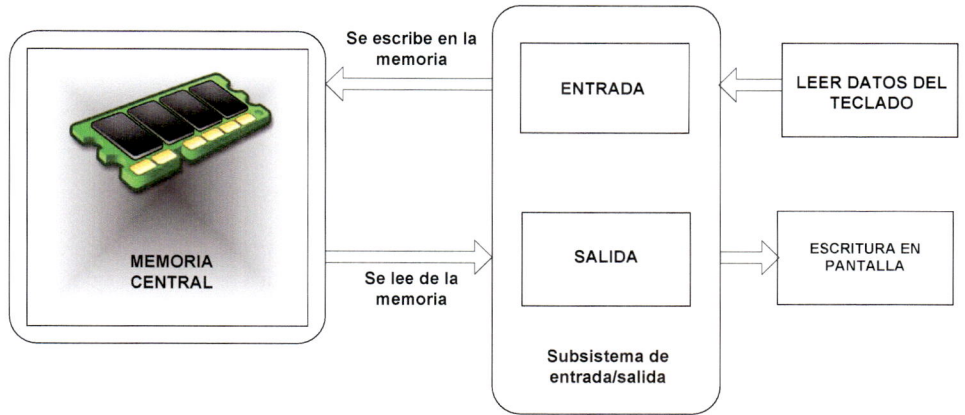

Figura 3.7. Subsistema de entrada salida.

El sistema operativo se encarga de enviar órdenes, determinar el dispositivo que necesita la atención del procesador, eliminar posibles errores, etcétera.

El sistema de E/S es la parte del sistema operativo que se ocupa de facilitar el manejo de los dispositivos de E/S ofreciendo una visión lógica simplificada de los mismos que pueda ser usada por otros componentes del sistema operativo como el sistema de archivos o los usuarios. Mediante esta visión lógica, se ofrece a los usuarios un mecanismo de abstracción que oculta todos los detalles relacionados con los dispositivos físicos, así como del funcionamiento real de los mismos.

El sistema operativo debe controlar el funcionamiento de todos los dispositivos de E/S para:

- **Facilitar el manejo de los dispositivos de E/S**. Para ello, debe ofrecer una interfaz entre los dispositivos y el resto del sistema.

- **Optimizar la E/S del sistema**.

- **Conectar nuevos dispositivos de E/S**, conectando tales dispositivos de forma automática y procediendo a su instalación usando mecanismos del tipo (**PnP**), *plug&play*.

- **Gestionar y manejar controladores de dispositivos**. Los controladores de los dispositivos o unidades de E/S se encargan de hacer la transferencia de información entre la memoria principal y los periféricos. Son el componente electrónico a través del cual se conecta el dispositivo de E/S. Tienen una conexión al bus del sistema informático y otra para el dispositivo (generalmente mediante cables internos o externos).

Las principales funciones del sistema operativo, respecto de la gestión de dispositivos y la gestión de entrada y salida, pueden resumirse en:

- Enviar comandos a los dispositivos.

- Detectar las interrupciones.

- Controlar los errores.

- Proporcionar una interfaz entre los dispositivos y el resto del sistema.

El código de E/S representa una fracción significativa del sistema operativo.

El uso inapropiado de los dispositivos de E/S frecuentemente genera ineficiencias del sistema, lo que afecta al *performance* global.

DISPOSITIVOS DE E/S

Se denominan *periféricos* los dispositivos auxiliares e independientes conectados a la unidad central de proceso de un ordenador a través de los controladores.

Se consideran periféricos tanto las unidades o dispositivos a través de los cuales el ordenador se comunica con el mundo exterior, como aquellas con las que el mundo exterior se comunica con el ordenador. Pueden ser los dispositivos de almacenamiento, teclados, ratones, impresoras, monitores, etcétera.

Los dispositivos periféricos se gestionan de una u otra forma, dependiendo del diseño de los mismos, y de la forma de trasmitir información desde o hacia el sistema. La clasificación es la siguiente:

- **Periféricos tipo bloque.** Son aquellos en los que la información que se maneja es de tamaño fijo. La información entra o sale de memoria en forma de bloque, es decir, en conjuntos de bits, como puede ser un *byte*, un *kilobyte* u otra medida de *bytes* expresada en potencias de dos. Un ejemplo son los registros de ficheros de datos almacenados en discos o disquetes, ya que cada registro contiene información referente a un bloque homogéneo. Las principales características de los dispositivos de bloque son:

  — La información se almacena en bloques de tamaño fijo , normalmente medida en *bytes*.

  — Cada bloque tiene su propia dirección de memoria para intercambiar información entre el periférico y el sistema.

  — Los tamaños más comunes de los bloques van desde los 128 hasta los 4096 *bytes*.

  — Se puede leer o escribir en un bloque de forma independiente de los demás, en cualquier momento.

  — Un ejemplo típico de dispositivos de bloque son los discos. Ver la Figura 3.8.

Figura 3.8. Periférico tipo bloque.

- **Periféricos tipo carácter.** Son los que sirven para introducir datos en forma de caracteres, sin ningún orden concreto, dentro de la memoria del ordenador, como pueden ser los teclados. También analizaremos la gestión que se realiza de los periféricos que sirven para ver los resultados obtenidos de nuestra gestión en forma de cadena de caracteres: pueden ser el monitor, la impresora, etc. Las principales características de los dispositivos de carácter son:

  — La información se transfiere como un flujo de caracteres, sin sujetarse a una estructura de bloques.

— No se pueden utilizar direcciones de intercambio de memoria.

— No tienen una operación de búsqueda, por lo que no se puede acceder a la información directamente.

— Ejemplos típicos de dispositivos de carácter son las impresoras de línea, terminales, interfaces de una red, ratones, etc. Podemos ver algunos de estos periféricos en la Figura 3.9.

Figura 3.9. Periféricos tipo carácter.

Cada periférico está compuesto por un componente mecánico y por otro, u otros, componentes electrónicos. Por ejemplo, un disco duro estará compuesto por los propios discos de aluminio recubiertos de material magnético, las cabezas de lectura, el motor que los hace girar, etc., y por el denominado controlador o adaptador, encargado de conectar el dispositivo físico al ordenador.

El sistema operativo se encarga de acceder a la información de la memoria principal, extraerla en forma de impulsos eléctricos y enviarla a los diferentes dispositivos periféricos. Si la información se envía a un disco duro, los impulsos se transformarán en señales de tipo magnético; si se envía a una impresora, se transformará en caracteres, etcétera.

CLASIFICACIÓN DE LOS DISPOSITIVOS DE E/S

Según la función que tengan en el sistema, los dispositivos periféricos pueden clasificarse en:

- **Dispositivos de interfaz de usuario**. Se llama así a los dispositivos que permiten la comunicación entre los usuarios y el sistema informático u ordenador.

Dentro de este grupo, se incluyen todos los dispositivos que sirven para que el usuario se comunique con el sistema a través de la interfaz de usuario: son periféricos de este tipo: ratón, teclado, impresoras, pantallas, etcétera.

- **Dispositivos de almacenamiento**. Se usan para el almacenamiento de información y programas. Son dispositivos no volátiles, es decir, la información permanece en ellos, aunque se les deje de suministrar corriente eléctrica. Su función primordial es proveer de datos y almacenamiento a las aplicaciones y al propio sistema operativo.

- **Dispositivos de comunicaciones**. Permiten conectar el ordenador con otros ordenadores o sistemas a través de los adaptadores o tarjetas de red, según el caso. Los dos tipos de dispositivos más importantes de esta clase son los rúteres, las tarjetas de red, los dispositivos wifi, *bluetooth,* etcétera.

CONTROLADORES O *DRIVERS*

Un *driver* o controlador es un *software*, que, instalado en el sistema informático, permite al sistema operativo interactuar y comunicarse con un periférico, haciendo una abstracción del *hardware* del dispositivo y proporcionando una interfaz, normalmente muy estandarizada, para usarlo.

Es una forma de indicarle al sistema cómo utilizará el dispositivo en cuestión.

Es evidente que los fabricantes de discos duros no fabrican solamente discos duros para, por ejemplo, placas base de tipo Intel, donde exclusivamente se vaya a instalar Windows 10, ya que esto supondría la ruina de la empresa. Es imposible fabricar dispositivos periféricos para todas las arquitecturas de ordenadores y con todos los sistemas operativos.

Por ello, se fabrica un solo tipo de dispositivo *hardware* (por ejemplo, un disco duro) y se acompaña de un conjunto de controladores que serán los que se instalarán en cada arquitectura y con cada sistema operativo. De esta forma un mismo disco duro puede ser utilizado en Linux, Windows, Solaris, en arquitecturas de 32 bits, 64 bits, con placas Intel, Amd, etc. Los controladores de dispositivos son programas añadidos al núcleo del sistema para gestionar periféricos y dispositivos oficiales.

Por lo tanto, un controlador puede entenderse como una guía con la que el sistema operativo y la UCP pueden y saben acceder al dispositivo en cuestión.

Existen tantos tipos de controladores como tipos de periféricos, y es común más de un tipo de controlador posible para el mismo dispositivo, cada uno ofreciendo un nivel distinto de funcionalidades.

MANEJADORES DE DISPOSITIVOS

Cada dispositivo de E/S, o cada clase de dispositivos, tiene un manejador asociado en el sistema operativo.

Dicho manejador incluye: código independiente del dispositivo para proporcionar al nivel superior del sistema operativo una interfaz de alto nivel y el código dependiente del dispositivo necesario para programar el controlador del dispositivo a través de sus registros y datos.

La tarea de un manejador de dispositivo es aceptar peticiones en formato abstracto de la parte del código de E/S independiente del dispositivo, traducir dichas peticiones a términos que entienda el controlador, enviar al mismo las órdenes adecuadas en la secuencia correcta y esperar a que se cumplan.

Todos los manejadores tienen una lista de peticiones pendientes por dispositivo donde se almacenan las peticiones que llegan de niveles superiores. El manejador explora la lista de peticiones, extrae una petición pendiente y ordena su ejecución.

Si al recibir una solicitud, el manejador está ocupado con otra solicitud, agregará la nueva solicitud a una cola de solicitudes pendientes.

GESTIÓN DEL MÓDULO DE ENTRADA/SALIDA

El intercambio de datos entre los dispositivos de E/S y la UCP es gestionado por el sistema o módulo de entrada y salida. La UCP ejecuta de **forma programada** un conjunto de programas, que le permiten controlar directamente los dispositivos que quieren o están realizando alguna operación con el sistema informático.

De forma periódica y cada pocos milisegundos, la UCP tiene que analizar el estado de cada dispositivo de E/S para comprobar que este requiera o no de su atención, es decir, comprobar que el periférico desea escribir, o leer, según el caso, en el sistema informático, por lo tanto, en la memoria del equipo.

La UCP es la responsable de comprobar cada cierto tiempo el estado del módulo de E/S hasta que la operación que el periférico está ejecutando se termine.

El único problema de este análisis de dispositivos periféricos es que la UCP tiene que esperar un tiempo considerable a que el módulo de E/S esté listo para recibir o transmitir datos, y además la UCP tiene que estar comprobando continuamente el estado del módulo para saber qué dispositivos periféricos necesitan ser atendidos.

La gestión de los dispositivos de E/S mediante **interrupciones** (**IRQ**) es una alternativa al problema de la E/S programada.

IRQ es un acrónimo de las palabras inglesas *Interrupt ReQuest*, o lo que es lo mismo, solicitud de interrupción o interrupción de *hardware*. Estas interrupciones actúan cuando un periférico, por ejemplo, una impresora u otro dispositivo *hardware* (una tarjeta de red) necesitan comunicarse con la UCP. Para realizar la comunicación entre la UCP y el periférico, se utilizan unas líneas o canales de comunicación y notificación preestablecidas denominadas *líneas de interrupción*. Veamos cómo se muestran las interrupciones en un sistema operativo.

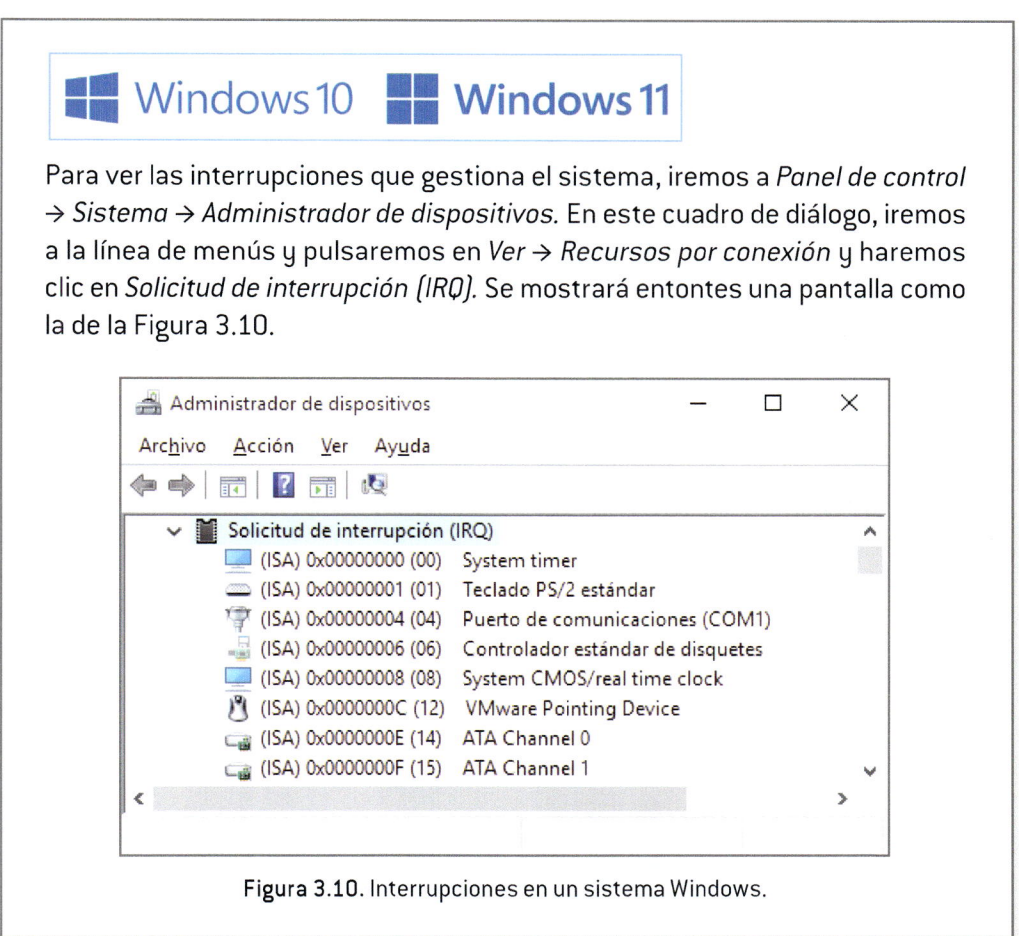

Figura 3.10. Interrupciones en un sistema Windows.

En dispositivos de alta transferencia de datos, como discos duros, no suelen utilizarse las **IRQ** para gestionar las zonas de memoria en las que se intercambian los datos entre el sistema y el propio dispositivo.

Suelen utilizarse las **DRQ** que son canales de comunicación directa entre el sistema y los dispositivos de entrada salida que requieran transmitir gran cantidad de información.

 **Windows 11**

El procedimiento en Windows 11 es prácticamente igual que en Windows 10. Seleccionaremos el logo Windows de la barra de tareas y en el buscador introduciremos *Administrador de dispositivos*.

Localizada la entrada, haremos clic sobre ella y veremos una pantalla similar a la mostrada en Windows 10.

Pulsaremos en *Ver → Recursos por tipo → Solicitud de interrupción (IRQ)*.

Se mostrará la información de forma muy similar a como se muestra en la Figura 3.10 en Windows 10, pero con más información.

 Ubuntu

En Ubuntu, en la barra del buscador del DASH pondremos *Terminal* y, cuando se muestre el icono correspondiente, haremos clic sobre él. En la línea de comandos, teclearemos la siguiente cadena:

paco@ubuntu:~$ *sudo more /proc/interrupts*

Introduciremos la contraseña de *root*, y se mostrará una pantalla como la de la Figura 3.11 en la que aparecen las interrupciones que el sistema gestiona.

```
                                    paco@ubuntupc: ~            Q  ≡  ─  □  ×
paco@ubuntupc:~$ sudo more /proc/interrupts
[sudo] contraseña para paco:
           CPU0
   0:        6    IO-APIC    2-edge      timer
   1:     1023    IO-APIC    1-edge      i8042
   8:        1    IO-APIC    8-edge      rtc0
   9:        0    IO-APIC    9-fasteoi   acpi
  12:   121443    IO-APIC   12-edge      i8042
  14:        0    IO-APIC   14-edge      ata_piix
  15:        0    IO-APIC   15-edge      ata_piix
  16:    67004    IO-APIC   16-fasteoi   vmwgfx, snd_ens1371
  17:    86680    IO-APIC   17-fasteoi   ehci_hcd:usb1, ioc0
  18:   159804    IO-APIC   18-fasteoi   uhci_hcd:usb2
  19:   147941    IO-APIC   19-fasteoi   ens33
  24:        0    PCI-MSI 344064-edge       PCIe PME, pciehp
  25:        0    PCI-MSI 346112-edge       PCIe PME, pciehp
  26:        0    PCI-MSI 348160-edge       PCIe PME, pciehp
  27:        0    PCI-MSI 350208-edge       PCIe PME, pciehp
  28:        0    PCI-MSI 352256-edge       PCIe PME, pciehp
  29:        0    PCI-MSI 354304-edge       PCIe PME, pciehp
  30:        0    PCI-MSI 356352-edge       PCIe PME, pciehp
  31:        0    PCI-MSI 358400-edge       PCIe PME, pciehp
  32:        0    PCI-MSI 360448-edge       PCIe PME, pciehp
  33:        0    PCI-MSI 362496-edge       PCIe PME, pciehp
```

Figura 3.11. Interrupciones en Ubuntu.

Si, por ejemplo, una impresora se queda sin tóner o papel, envía una petición de interrupción al procesador, el cual puede decidir si analizarla en el momento o aplazarla. Como lo normal es que la UCP esté ocupada procesando varios millones de operaciones por segundo, lo que hace una IRQ es indicar a la UCP que hay una nueva tarea o petición de un periférico que tiene que ser atendida. Cuando corresponda, el procesador atenderá la tarea. Una vez ejecutada la tarea solicitada con la IRQ, la UCP, es decir, el procesador, reanudará las operaciones en las que estaba antes de atender la IRQ. Las IRQ en realidad son canales físicos dedicados en las placas base, cada uno con un nivel de prioridad y conectados a la CPU con pines.

Se pueden distinguir dos tipos de interrupciones, respecto de la forma de gestionar la petición:

- **E/S síncrona**: cuando la operación de E/S finaliza, el control vuelve al proceso que la generó.

- **E/S asíncrona**: vuelve al programa usuario sin esperar a que la operación de E/S finalice.

La principal ventaja de la E/S mediante interrupciones es el incremento de la eficiencia del sistema.

Aunque el sistema de control de dispositivos periféricos por interrupciones es más eficiente que el control programado, a veces la cantidad de datos que se desea transmitir por el dispositivo (disco duro) es tan grande que ninguna de las formas anteriores de gestionar los periféricos es eficiente. En este caso, se recurre a la utilización de canales DMA (*Direct Memory Access*).

Los canales DMA se utilizan para dispositivos de E/S de alta velocidad y que normalmente transmiten gran cantidad de datos desde o hacia la memoria del sistema informático. El controlador del dispositivo transfiere los bloques de datos desde o hacia la memoria directamente sin intervención de la CPU. Solo se produce una interrupción por blcque en vez de tener una interrupción por cada *byte* o palabra. La CPU solo interviene al comienzo y al final de la transferencia.

Para ver los canales DMA que gestiona el sistema, iremos a *Panel de control → Sistema → Administrador de dispositivos.* En este cuadro de diálogo iremos a la línea de menús y pulsaremos en *Ver → Recursos por conexión* y haremos clic en *Acceso directo a memoria (DMA).* La pantalla que se muestra indica los canales de este tipo que gestiona el sistema.

Procederemos de similar forma cuando sacamos información sobre las interrupciones.

Pulsaremos en *Ver → Recursos por tipo → Acceso directo a memoria (DMA)*.

Se mostrará la información de forma muy similar a como se muestra en la Figura 3.10 en Windows 10, pero con la información de los canales de memoria.

3.4. Sistema de archivos

Los sistemas de archivos o *fyle system* pueden definirse como los métodos y estructuras de datos que un sistema operativo utiliza para almacenar información en un dispositivo de almacenamiento fijo o removible.

Si hablamos de discos duros, el sistema de archivos es el conjunto de métodos y estructuras necesarias para almacenar información de directorios y archivos en un disco o partición; es decir, es la manera en la que se organizan los archivos en el disco.

También puede entenderse como un conjunto de normas y procedimientos para almacenar la información. Todo sistema operativo tiene uno al menos, ya que los sistemas operativos actuales pueden manejar más de un sistema de archivos, aunque lo normal es que uno de ellos sea para el que están diseñados.

Ya vimos lo que es un archivo y lo que es un directorio o carpeta. Recordemos que un archivo o fichero es un conjunto ordenado e independiente de datos, siendo la estructura fundamental de almacenamiento de información de todo sistema informático. Por otro lado, un directorio o carpeta es un tipo de archivo especial, cuyo contenido es la referencia a otros archivos o directorios. Un directorio es un archivo que almacena referencias a archivos.

Ya vimos en unidades anteriores las características de archivos y directorios, y sería conveniente repasar esos conceptos.

Lo normal es utilizar dispositivos de almacenamiento, como discos duros o *pendrives* para almacenar datos y poder acceder a ellos posteriormente.

Este acceso a los datos almacenados en los dispositivos se hace por bloques de un mismo tamaño, llamados *sectores*. Cuando estos sectores se agrupan en más de uno para que se pueda acceder a más información a la vez, se denominan clústeres. El *software* del sistema de archivos es responsable de la organización de estos sectores en archivos y directorios y mantiene un registro de qué sectores pertenecen a qué archivos y cuáles no han sido utilizados. En la práctica, un sistema de archivos también puede ser utilizado para acceder a datos generados dinámicamente, como los recibidos a través de una conexión de red.

Los sistemas de archivos tradicionales proveen métodos para crear, mover, renombrar y eliminar tanto archivos como directorios. Algunos sistemas de archivos, carecen de métodos para crear enlaces (accesos directos) a directorios o archivos. Lo normal es que los sistemas de archivos actuales nos provean de todos los mecanismos para realizar todo tipo de operaciones sobre archivos y directorios o carpetas.

Es apropiado terminar esta introducción indicando que el sistema de archivos es una estructura de almacenamiento de datos jerárquica, en forma de árbol invertido, partiendo de la raíz, de la que depende toda la estructura de directorios y de archivos. Recordemos la unidad anterior.

CLASIFICACIÓN DE LOS SISTEMAS DE ARCHIVOS

Los sistemas de archivos pueden ser clasificados en tres grandes categorías:

- **Sistemas de archivos de disco**. Un sistema de archivo de disco está diseñado para el almacenamiento de archivos y directorios en una unidad de almacenamiento de disco, bien sea interno o externo, sólido o convencional. Ejemplos de este sistema de archivos son EXT3, EXT4 para sistemas Linux o FAT32, NTFS para sistemas Windows.

- **Sistemas de archivos de red, o NFS** (*Network File System*). Son sistemas de archivos aquellos que pueden acceder a la información a través de una red de ordenadores. Un sistema de archivos de red (NFS) permite a los equipos de una red local acceder y utilizar sistemas de archivos sobre la red e interactuar con esos sistemas de archivos como si estuvieran montados localmente. Es decir, no están físicamente gestionados por un sistema operativo en un equipo local.

- **Sistemas de archivos de propósito especial** son aquellos que no pertenecen a ninguno de los dos tipos anteriores. Por ejemplo, los sistemas de intercambio de memoria virtual utilizan particiones de *swap*, para intercambio de datos, considerándose este tipo de sistema de archivos uno de propósito general.

CARACTERÍSTICAS DE LOS SISTEMAS DE ARCHIVOS MÁS USUALES

Vamos a ver a continuación las características de algunos de los sistemas operativos más usuales del mercado, tanto en entornos Windows como en entornos Linux.

A. Sistemas de archivos FAT

FAT (*File Allocation Table*) es con diferencia el sistema de archivos más simple de aquellos compatibles con Windows. El sistema de archivos FAT se caracteriza por la tabla de asignación de archivos (FAT), que es realmente una tabla que reside en la parte superior de la estructura del sistema de archivos. Es como el índice de un libro, de tal forma que, cuando se va a leer un archivo o directorio, primero se consulta la FAT, y en esta tabla se indica la posición o dirección (sector o clúster) en donde empieza el archivo a localizar.

Veamos este tipo de elementos dentro de un sistema de almacenamiento de disco:

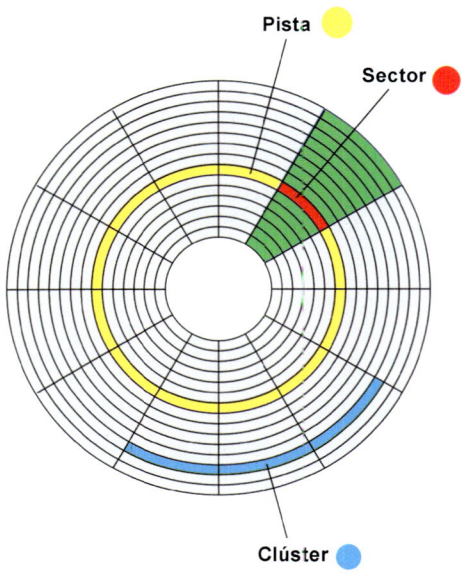

Figura. 3.12. Estructura lógica de un disco.

Por lo general, e independientemente de los sistemas de archivos, los archivos se guardan en clústeres, tal y como podemos ver en la Figura 3.12. Los clústeres que ocupa un archivo no tienen por qué ser contiguos (consecutivos). Es por ello por lo que es necesario saber la secuencia de clústeres de cada archivo.

Ahora bien, ¿cómo sabe el sistema operativo cuál es la cadena de clústeres de un archivo?, ¿cuál es el primero y en cuál continúa?

El primer *cluster*/clúster de un archivo aparece en la entrada de directorio del archivo, junto con otros datos como el nombre, la extensión, el tamaño, la fecha de creación y los atributos del archivo. Y para saber cuáles son los clústeres siguientes de un archivo se utiliza la FAT. La FAT es una tabla formada por elementos que se corresponden con cada uno de los clústeres del disco. Es decir, el elemento situado, por ejemplo, en la posición 120 de la FAT controla el clúster 120 del disco.

Cada elemento de la FAT puede tener uno de los tres valores siguientes:

- **Una marca especial (el valor 0)** para indicar que se trata de un clúster libre.

- **Una marca especial para indicar que se trata del último clúster** de un archivo.

- **Cualquier otro valor numérico** se interpreta como el clúster siguiente del archivo.

En definitiva, la FAT es una tabla que permite al sistema operativo utilizar clústeres no consecutivos para almacenar los archivos. Si, por cualquier motivo, se corrompe la FAT, posiblemente perderá gran parte de sus datos, ya que el sistema operativo no sabrá dónde continúa un archivo y dónde termina. Es tal la importancia de la FAT, que normalmente se guardan dos copias de la FAT para recuperar los datos en caso de que se corrompa una de las copias.

Encontramos sistemas FAT de varios tipos: FAT12, FAT16 y FAT32.

La mayoría de ellos en desuso, salvo la utilización del FAT32 o extFAT en dispositivos de almacenamiento extraíbles tipo *pendrive*.

A título informativo, podemos indicar estos datos, que pueden ser significativos para entender la evolución de los tamaños de los discos y de los bloques de almacenamiento o clústeres. Veamos las Tablas 3.1 y 3.2.

TAMAÑO UNIDAD FAT 32	TAMAÑO DEL CLÚSTER
513 MB a 8 GB	4 kB
8 GB a 16 GB	8 kB
16 GB a 32 GB	16 kB
Más de 32 GB	32 kB

Tabla 3.1. Sistemas de archivos FAT32.

TAMAÑO DE LA UNIDAD extFAT	TAMAÑO DEL CLÚSTER
7 MB a 256 MB	4 kB
256 MB a 32 GB	32 kB
32 GB a 256 TB	128 kB
Más de 256 TB	No compatible

Tabla 3.2. Sistemas de archivos extFAT.

B. Sistemas de archivos NTFS

Desde el punto de vista de un usuario, NTFS sigue organizando los archivos en directorios.

NTFS (*New Technology File System*) es un sistema de archivos diseñado originalmente para Windows NT (*Windows New Technology*), y usado en versiones de Windows 2000, en adelante.

Desde Windows 8 su uso es necesario para instalar el sistema operativo Windows.

VERSIÓN DE NTFS	SISTEMA OPERATIVO QUE LO USA
v1.2	Windows NT 3.51, NT 4
v3.0	Windows 2000
v3.1	Windows XP
v3.1	Windows 2003 y 2008 Server, Windows Vista

Tabla 3.3. Versiones del sistema de archivos NTFS.

El objetivo de este nuevo sistema de archivos es favorecer la seguridad y la integridad de la información. Ofrece todas las herramientas necesarias para crear, modificar, cambiar nombres, atributos, etc., a archivos y directorios, pero la gran novedad es que implementa un sistema transparente al usuario de compresión dinámica de archivos.

Este sistema de archivos permite definir el tamaño del clúster a partir de 512 *bytes* (tamaño mínimo de un sector) de forma independiente al tamaño de la partición que tenga el disco duro o dispositivo de almacenamiento.

Se suele utilizar en discos duros grandes o volúmenes de gran tamaño, pudiendo llegar a manejar discos de hasta 16 TB.

C. Sistemas de archivos ReFS

ReFS (**R**esilient **F**ile **S**ystem), originalmente con nombre en código **Protogon**, es un sistema de archivos utilizado fundamentalmente por versiones de Windows Server desde la versión 2012. Supone una ventaja considerable respecto de los sistemas NTFS tradicionales. Se integrará posiblemente como sistema de archivos a partir de Windows 12.

Algunas características son:

- **Integridad**. ReFS almacena los datos de modo que los protege contra los errores comunes que normalmente ocasionan pérdida de datos. Se realizan copias en espejo, es decir, en otros discos del sistema principal, de forma automática para no perder datos ante un eventual error.

- **Disponibilidad**. ReFS prioriza la disponibilidad de los datos. Los más usados se sitúan en las zonas de mayor y mejor acceso del sistema de almacenamiento.

- **Escalabilidad**. Dado que la cantidad y el tamaño de los datos que se almacenan en los equipos sigue aumentando con rapidez, ReFS está diseñado para trabajar con *petabytes* (PB) de información.

- **Corrección de errores proactiva**. Un sistema de escáner de integridad de datos, de manera periódica, identifica los daños potenciales de los discos y gestiona directamente la recuperación de los mismos. ReFS puede corregir automáticamente los daños de un espacio de almacenamiento.

D. Otros sistemas de archivos

- **Vfat**. Es una extensión del sistema de archivos FAT conocida como FAT32.

- **ISO 9660**. El sistema de archivos estándar del CD-ROM.

- **NFS**. Un sistema de archivos de red que permite compartir un sistema de archivos entre varios sistemas concediendo un fácil acceso a los archivos de todos ellos.

- **Smbfs/Cifs**. Sistema de archivos que permite que equipos Windows y Linux puedan trabajar en el mismo lugar y con los mismos archivos.

Para ver cómo se muestra información de los discos duros y de sus sistemas de archivos en Windows 10, seleccionaremos *Administrar* desde el icono de equipo, o iremos a *Panel de control → Herramientas administrativas → Administración de equipos → Administración de discos.*

Podremos ver la información de los discos duros que tenemos, así como de los sistemas de archivos, las unidades lógicas con los que se referencian, y más información. Lo podemos ver en la Figura 3.13.

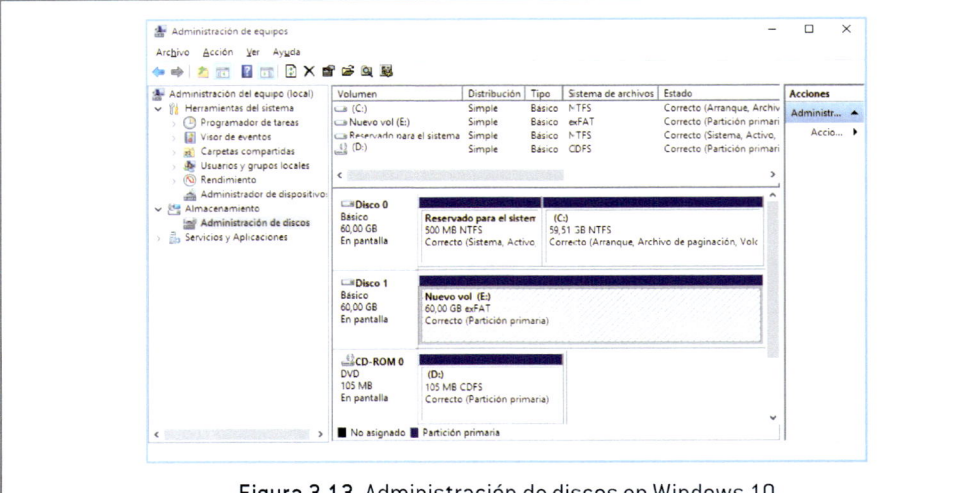

Figura 3.13. Administración de discos en Windows 10.

 **Windows 11**

El procedimiento en Windows 11 es prácticamente igual que en Windows 10. Seleccionaremos el logo Windows de la barra de tareas, y en el buscador introduciremos *Administración de equipos → Administrador de discos*.

También podemos ejecutarlo de la misma forma que hemos viso en Windows 10, desde el panel de control.

La figura mostrada es prácticamente igual que en Windows 10, es decir, lo mostrado en la Figura 3.13.

E. Sistemas de archivos Ext4

Ext4 (*fourth extended filesystem* o 'cuarto sistema de archivos extendido') es un sistema de archivos en el que su característica más importante y mejora respecto a versiones anteriores es el ***journaling***. Su uso es casi exclusivo de sistemas Linux.

Las principales mejoras son:

- Soporte de discos o volúmenes de hasta 1024 PB.
- Poco consumo de UCP.
- Mayor velocidad de lectura y escritura de datos.
- Puede trabajar con archivos de hasta 16 TB.

El sistema de archivos Ext3 es compatible en adelante con Ext4, siendo posible montar un sistema de archivos Ext3 como Ext4 y usarlo transparentemente.

El sistema de archivos Ext4 permite la reserva de espacio en disco para un fichero antes de ser escrito físicamente en él. Este espacio que se reserva es un conjunto de bloques del disco en los que se guarda la información temporalmente hasta que llegue el momento de grabarla realmente en el disco.

Otros sistemas de archivos no reservan este espacio temporal antes de escribir los archivos realmente en el disco, provocando que los discos se fragmenten más que cuando se usan sistemas Ext4, ya que se van escribiendo o grabando los archivos antes de conocer el tamaño real. Con Ext4 cuando se graba, se graban todos los bloques juntos.

Ext4 permite la creación de hasta 64 000 en la estructura jerárquica de archivos, otorgándole una gran flexibilidad en el almacenamiento de datos. Asimismo, provee al sistema de herramientas de seguridad y acceso a datos no suministrados en algunas versiones anteriores de estos sistemas de archivos como Ext2 y Ext3.

En el DASH o lanzador de aplicaciones, en la casilla de búsqueda, introduciremos la cadena *Discos* y, cuando aparezca el icono que referencia la aplicación, haremos clic en él. Se mostrará una pantalla como la de la Figura 3.14.

Figura 3.14. Información de los discos en Linux Ubuntu.

Se muestra información de los procesos, aunque de forma diferente a Windows. Es importante indicar que en Ubuntu existen otras muchas herramientas para ver los procesos y administrarlos.

3.5. Sistema de protección

El sistema de protección de un sistema informático tiene que centrarse en diferentes puntos, tanto con respecto al *hardware* como en cuanto al *software*.

Lo más importante es proteger la información almacenada en el sistema, bien sean programas, aplicaciones o archivos de usuario, y para ello tanto el sistema operativo, como los componentes *hardware* que conectamos a él, tienen que ofrecer al usuario la garantía de que nada ni nadie puede acceder al *hardware* o al *software* del equipo.

El sistema de protección de un sistema informático puede centrarse en:

- **Protección de la información.** Que se garantice el que un archivo pueda almacenarse en su totalidad sin pérdida de información. También que la información privilegiada o de sistema no pueda ser borrada o modificada.

- **Protección de acceso a la información.** Permisos y derechos de acceso a archivos y carpetas por parte de usuarios con o sin permisos.

- **Protección del sistema.** Evitar mediante la utilización de cortafuegos que el sistema no sea accesible desde cualquier sitio y para cualquier usuario, especialmente cuando se trabaja en red.

- **Protección ante amenazas.** Proveer al usuario y al sistema de las herramientas necesarias, como antivirus o herramientas *antimalware* para evitar infecciones, *phishing,* o cualquier otra infección que ponga en riesgo la integridad de nuestro sistema.

- **Protección frente a *bugs* o agujeros en el sistema.** A medida que un sistema operativo se implementa en los equipos, se van detectando agujeros de seguridad en algunos de sus módulos. Estas amenazas se tienen que ir solucionando por parte de los fabricantes de sistemas operativos, poniendo a disposición de los usuarios parches o actualizaciones o *service pack,* como elementos que garanticen que nuestro sistema operativo está protegido y sin ningún agujero de seguridad.

- **Copias de seguridad.** Proteger el sistema operativo y la integridad de los datos de usuario ofreciendo a los usuarios y administradores de sistemas los mecanismos y herramientas para mantener copias de seguridad de datos de usuario y copias de seguridad completas del sistema.

Cabe destacar que, en la mayor parte de los sistemas operativos, existe un sistema de protección de archivos (**WFP** o ***W**indows **P**rotection **F**ile*, para sistemas Windows).

Estos sistemas llevan a cabo un proceso de monitorización de archivos protegidos de sistema que evitan que estos sean remplazados o modificados. Estas utilidades o herramientas hacen su tarea de forma automática, y no tenemos que hacer nada especial para hacerla funcional; además, es complicado deshabilitarla, ya que hay que echar mano del registro para conseguir este propósito.

El sistema de protección de archivos es, por tanto, una característica esencial de los sistemas operativos (Windows, Linux, Mac OS) que impide la sustitución de archivos esenciales de sistema, provocados por la instalación de *software* de terceros, que pueden llegar a desestabilizarlo. Estos archivos de sistema son la mayor parte de los archivos que se copian en el proceso de instalación, tales como las bibliotecas (DLL) de sistema, los ejecutables, controles ActiveX, fuentes, etcétera.

3.6. Sistema de comunicaciones

Hoy por hoy, una de las características más importantes de los sistemas operativos es que todos o casi todos son considerados sistemas operativos en red. Esta característica les confiere la posibilidad de comunicarse con otros sistemas a través de componentes tales como tarjetas de red, dispositivos *bluetooth* o dispositivos inalámbricos.

En este punto es importante considerar que, para realizar el proceso de comunicación de unos sistemas con otros, tendremos que disponer también de un lenguaje de comunicación que permita que varios sistemas dialoguen entre sí.

Es por ello por lo que en primer lugar tendremos que disponer del *hardware* necesario para realizar la comunicación (tarjetas de red, normalmente) y que ambos sistemas hablen un lenguaje común y se entiendan (protocolos de red). El protocolo de red estandarizado para la comunicación entre sistemas informáticos, bien sea en redes locales, en redes metropolitanas o en redes extensas como internet es el protocolo TCP/IP (*Transmission Control Protocol*, 'protocolo de control de transmisión'), e IP (*Internet Protocol*).

Respecto de las tarjetas de red, hay que indicar que son dispositivos que normalmente vienen integrados en la placa base de los equipos y se instalan directamente al instalar el sistema y posteriormente los *drivers*.

Una vez instalado el controlador de red, es decir sus DLL, podremos proceder a configurar los sistemas para que se intercomuniquen. Para ello, tendremos que configurar unos parámetros, independientemente del sistema operativo. Estos parámetros son información que tenemos que suministrar al sistema para que pueda dialogar con otro.

- **Un nombre de equipo.** Este nombre tiene que ser único en la red en la que vaya a participar el equipo, ya que, si hay dos equipos con el mismo nombre, y especialmente con el mismo sistema operativo, lo normal es que la comunicación falle.

- **Un grupo de trabajo.** Esto es algo opcional, pero recomendable cuando tenemos muchos equipos en la misma red y queremos clasificarlos por conjuntos homogéneos. Por ejemplo, por aulas, por departamentos, etcétera.

- **Dirección IP:**

  — Una *dirección IP* diferente por cada equipo, del tipo 192.168.1.1, por ejemplo. Este número está estandarizado y se compone de cuatro cifras separadas por puntos. Estos cuatro números que hemos indicado aquí, es decir, 192.168.X.Y, pudiendo ser X e Y valores comprendidos entre 1 y 255, son los normalmente utilizados para direcciones de este estilo en equipos en una pequeña red.

  — *Máscara de subred* es un número que normalmente es 255.255.255.0, indicando posicionalmente respecto de la dirección IP la red a la que pertenece el equipo y el número de equipo dentro de la red. Este tipo de máscara es de redes de clase C, que son las habitualmente utilizadas en redes locales.

  — *Puerta de enlace.* Se suele poner una IP, del tipo 192.168.1.254, indicando qué rúter, sistema informático o componente, es el que nos da acceso a otras redes que hablan TCP/IP. Lo normal es que esta dirección sea la de nuestro rúter que es el que nos da acceso a internet.

  — *DNS* (***D***omain Name ***S***erver o 'servidor de nombres de dominio'), indica qué servidor de internet será el que nos resuelva las peticiones que hacemos a nuestras páginas de internet o dominios. Se suelen especificar hasta dos: principal y secundario.

- **Contraseña de acceso del usuario principal o administrador.** Lo normal es que, para acceder al sistema, y sobre todo en red, el equipo tenga uno o varios usuarios con privilegios para ello. Estos usuarios necesitan contar con contraseñas de red adecuadas para evitar accesos indeseados al sistema.

Veamos de qué forma se pueden configurar estos parámetros en sistemas Windows o Linux. Eso sí, después de configurar los sistemas, hay que reiniciarlos para que la configuración entre en vigor.

Para configurar el nombre del equipo y el grupo de trabajo, iremos a *Este equipo* → *Propiedades* → *Cambiar configuración*. También podemos ir al *Panel de Control* → *Sistema* → *Cambiar configuración*. En cualquier caso, se mostrará un cuadro de diálogo en el que haremos clic en *Cambiar*. Se mostrará entonces el cuadro de diálogo principal para nuestro fin, tal y como se muestra en la Figura 3.15.

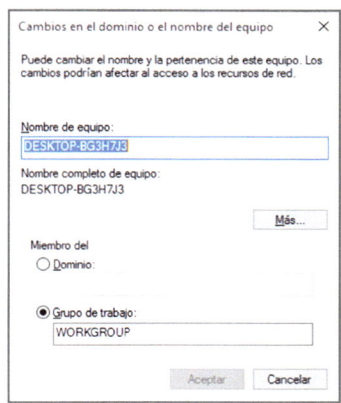

Figura 3.15. Nombre de equipo y grupo de trabajo en Windows 10.

Posteriormente, para configurar la tarjeta de red, iremos a *Panel de Control* → *Centro de redes y recursos compartidos* → *Cambiar configuración del adaptador*. Seleccionaremos las *Propiedades* del adaptador de red, y en el cuadro de diálogo que se muestra, elegiremos *Protocolo de internet versión 4 (TCP/IPv4)* → *Propie-dades*. Se mostrará el cuadro de diálogo para cambiar los datos de la red.

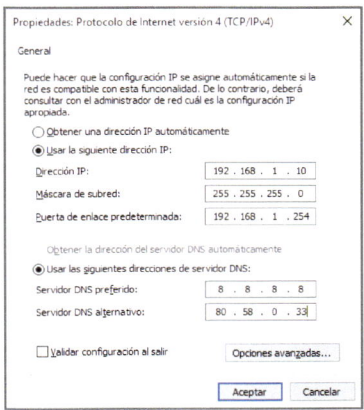

Figura 3.16. TCP/IP en Windows 10.

El procedimiento en Windows 11 es prácticamente igual que en Windows 10. Seleccionaremos el logo Windows de la barra de tareas y, en el buscador, introduciremos *Red → Ver conexiones de red*. Se mostrará la pantalla en la que aparecen todos los adaptadores de red instalados en nuestro equipo.

Seleccionamos el adaptador adecuado y pulsamos con el botón derecho en *Propiedades*.

También podemos llegar al mismo punto a través del panel de control, e incluso desde el icono de red del área de notificación, seleccionando con el botón derecho la opción de *Configuración de red e internet*.

Llegaremos a los cuadros de diálogo de configuración, idénticos a los de las Figuras 3.15 y 3.16 para Windows 10.

El nombre de equipo y el grupo de trabajo en Linux se modifica directamente sobre archivos de texto. Para ello, los editaremos y cambiaremos la configuración por los datos deseados. Ejecutaremos un terminal y pondremos las siguientes órdenes:

paco@ubuntu:~$ *sudo nano /etc/hosts*

paco@ubuntu:~$ *sudo nano /etc/hostname*

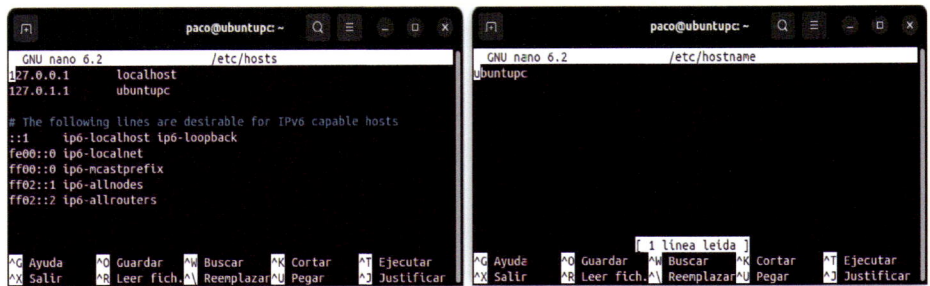

Figura 3.17. Nombre de equipo Ubuntu.

En ambos archivos modificaremos el nombre que se encuentra en las líneas marcadas en rojo, en nuestro caso, por el nombre deseado. Si no se modifican los dos archivos, el sistema dejará de funcionar adecuadamente.

Para modificar el grupo de trabajo, ejecutaremos la siguiente orden:

Es necesario que, para realizar la siguiente configuración, tengamos instalado Samba.

paco@ubuntu:~$ sudo apt install samba

Realizada y verificada la instalación, podremos ejecutar el comando que nos permite editar el fichero de texto con la configuración de Samba.

paco@ubuntu:~$ sudo nano /etc/samba.smb.conf

En el fichero que se abre, se modificará la cadena de caracteres que hay tras la etiqueta *workgroup* = ………

Para cambiar la configuración de red, iremos a DASH y en el buscador introduciremos *Red*. Haremos doble clic en el icono de *Red*. En el cuadro de diálogo que se muestra, pulsaremos en *Opciones* y luego en *Ajustes de IPv4*. Pulsaremos en *Método* y seleccionaremos *Manual → Añadir*. Se mostrará entonces la pantalla en la que introduciremos los datos de la red, de forma similar a como lo hemos hecho antes. Veamos la Figura 3.18.

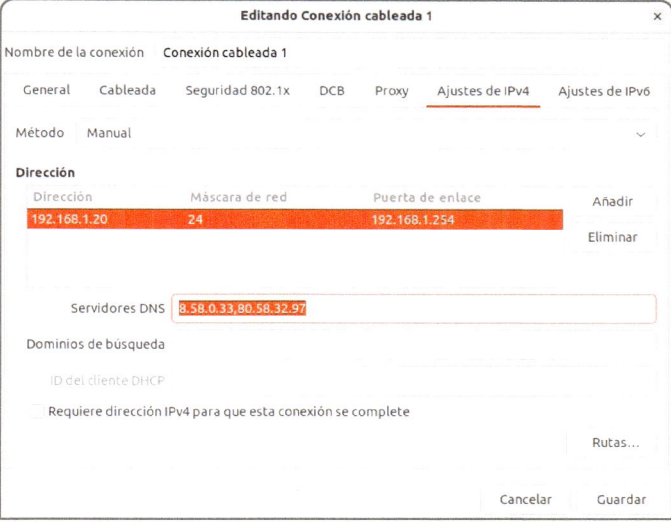

Figura 3.18. Configuración red en Ubuntu.

3.7. Sistema de interpretación de órdenes

Todos los sistemas operativos actuales incorporan interfaces de varios tipos para que los usuarios puedan comunicarse con el sistema.

Estas interfaces son de diferentes tipos, texto o gráficas, y con diferente funcionalidad.

Ya vimos en la Unidad 2, en concreto en el punto 2.2.1, los modelos de interfaz que suele incorporar cualquier dispositivo o sistema informático, pero en este epígrafe indicaremos alguna característica más sobre dos de ellas, por ser las más estandarizadas y comunes.

3.7.1. Línea de comando

La **interfaz de línea de comandos**, o *Command-Line Interface* (**CLI**), es un programa o método que permite a los usuarios y administradores del sistema introducir órdenes al sistema informático, o sea, al sistema operativo, por medio de una o varias cadenas de texto introducidas en una o varias líneas. En Windows se denomina *Consola*, en Linux *Shell,* e incluso, se denomina *emulador de terminal* o *intérprete de comandos*.

Las CLI son pequeños intérpretes de órdenes del sistema operativo y tienen características que hacen que en ellas se puedan introducir órdenes simples o incluso archivos que procesen un conjunto de órdenes. En particular en Windows, se pueden ejecutar archivos en el intérprete de comandos, denominados **BATH.** En Linux pueden ejecutarse archivos que contienen un conjunto de órdenes llamado *SCRIPTS*.

Al contrario que las interfaces gráficas, las de texto o interfaces de líneas de comando han existido desde el inicio de la informática. Aparecieron después de los tiempos en los que se usaban tarjetas perforadas para dar órdenes al sistema. Hoy por hoy son interfaces comunes de uso en sistemas servidores, y sobre todo en sistemas Linux. Los clientes de sistemas operativos de sobremesa para usuarios estándar, suelen ser de tipo gráfico y no de tipo texto, aunque siempre se pueden utilizar ya que coexisten.

Windows maneja intérpretes de comandos, según versiones, como son el **comand.com** (versiones antiguas de Windows y DOS) y el **cmd.exe** en versiones actuales. Desde XP también se puede utilizar el **PowerShell** como intérprete de comandos, con una potencia muy superior en cuanto a semántica y confección de instrucciones.

Linux (**shell** o **terminal**). Algunos de los intérpretes de comandos más conocidos en Linux son: KornShell (**ksh**), C Shell (**csh**), Bourne Shell (**sh**), Bourne-again Shell (**bash**), Tcsh, Z Shell (**zsh**), etcétera.

3.7.2. Interfaz gráfica

Como alternativa, amigable y fácil de utilizar respecto de las CLI, aparece y se perfecciona a lo largo de los años la interfaz gráfica de usuario (**GUI,** *Graphical User Interface*).

Estas interfaces ofrecen una estética que se va mejorando en cada versión, siendo su funcionalidad cada vez mayor y, sobre todo, siendo cada vez más sencillas.

El principal problema de las GUI es la gran cantidad de recursos gráficos que consumen, haciendo que, en determinados tipos de *hardware*, no se puedan instalar algunos sistemas operativos, precisamente por no contar con características gráficas lo suficientemente potentes para ejecutar estas interfaces gráficas.

El diseño de la composición visual y el comportamiento temporal de una interfaz gráfica de usuario es una parte importantísima de la programación de un *software* de aplicación o de un sistema operativo. El objetivo primordial debe ser la eficiencia y la facilidad de uso para el usuario; esta disciplina es llamada *usabilidad*. Tradicionalmente, estas interfaces gráficas han utilizado el ratón y sus botones o ruedas para realizar los movimientos y acciones necesarias y deseadas por el usuario sobre el sistema.

Los diseños y métodos de interacción deben estar centrados en el usuario, introduciendo elementos visuales y de texto fáciles de entender y que sigan ciertos estándares. Estos elementos visuales también son llamados *widgets*.

Con la llegada de las pantallas táctiles, las interfaces gráficas se han visto algo alteradas (**N**atural **U**ser **I**nterface, **NUI**) para facilitar la interacción del usuario que ahora emplea los dedos o lápices especiales. En general, esta adaptación permite deslizamientos de elementos, textos e iconos más grandes, gestos con los dedos como pellizcos, etcétera.

Las primeras interfaces gráficas fueron creadas por investigadores en el Instituto de Investigación de Stanford, liderados por Douglas Engelbart. Luego, aparece la interfaz de Xerox Alto, considerada la primera interfaz gráfica de la historia. Después, y rodeada de mucha polémica, aparece la interfaz de Windows, que es casi exacta a la de Xerox.

Posteriormente, se produce una evolución muy completa llegando a interfaces muy potentes, tanto en sistema Windows como Linux (Unity, KDE, Gnome). Veamos algunos de los elementos más utilizados en interfaces gráficas de cualquier sistema operativo.

ELEMENTOS TÍPICOS DE LAS INTERFACES GRÁFICAS DE USUARIO (GUI)	
Entrada de comandos	Botón • Menú contextual • Menú • Menú desplegable
Entada/salida de datos	Casilla de verificación / Lista / Lista desplegable (*combo box*) / Botón de radio (*radio button*) / Cuadro de texto / *Grid view* (*datagrid*) / Barra de desplazamiento (*scrollbar*)
Informativos	Icono / Barra de estado (*status bar*) /Globo de ayuda (*ballon help*) /Barra de progreso /Barra de título / *Slider* / *Spinner* / Caja de texto (*Text box*) / *Infobar* / Etiqueta (*label*) / *Tooltip*

ELEMENTOS TÍPICOS DE LAS INTERFACES GRÁFICAS DE USUARIO (GUI)	
Contenedores	Ventana / Cuadro (*frame/fieldset*) / Barra de menú (*menubar*) / Panel / Panel lateral / Pestaña (*tab*) / Barra de herramientas
De navegación	Barra de direcciones / Hipervínculo / Vista de árbol (*treeview*)
Ventanas especiales	Acerca de (*about box*) / Cuadro de diálogo (*dialog box*) / Cuadro de diálogo de archivos / *Inspector window* / *Modal window*
Relacionados	Widget

Tabla 3.3. Elementos típicos de las GUI.

3.8. Programas del sistema

Los programas de control constituyen la parte del sistema operativo dedicada a coordinar el funcionamiento de todos los recursos y elementos del sistema informático, es decir, el procesador, la memoria, las operaciones de entrada y salida, la información y en definitiva todo el entorno del sistema, incluidos los periféricos.

En general, un sistema operativo tiene englobados estos programas en su núcleo (*kernel*) que se divide en los siguientes grupos:

a) Programas de control

- **Programas de gestión de procesos:** los programas del grupo de gestión del procesador son los encargados de la preparación de los programas de usuario para su ejecución, así como de la asignación de tiempos en el procesador. Sus principales funciones son:

    — *Preparación de programas.* Su misión es transferir los programas ejecutables de usuario desde la memoria externa a la memoria principal a partir de una determinada dirección de memoria, por medio de un programa que se denomina *cargador*.

    — *Planificación del procesador.* Controla la utilización del procesador por parte de los diferentes procesos.

    — *Asignación de periféricos*. Este grupo de programas transforma las solicitudes de un periférico en asignaciones físicas, concretando el periférico que se quiere utilizar.

    — *Relanzamiento de programas*. Si durante la ejecución de un programa se produce alguna interrupción, es necesario que haya un grupo de programas del sistema operativo encargado de establecer un punto de control en el instante de la interrupción para que se pueda reproducir el estado que tenía el proceso cuando se vuelve a reactivar.

- **Programas de gestión de memoria:** todos los sistemas operativos incorporan, en su *kernel*, programas cuya misión es la de asignar y gestionar el almacenamiento del resto de programas en la memoria principal.

- **Programas de gestión de entrada/salida:** los programas de gestión de E/S tienen como misión gestionar y controlar que los dispositivos periféricos se comuniquen con el sistema, haciendo transparente al usuario tal gestión.

- **Programas de gestión de datos:** estos programas controlan que los archivos de usuario y del propio sistema se gestionen de forma adecuada, de tal forma que provean de mecanismos y herramientas para copiar, borrar, modificar o alterar estructuras de archivos o contenidos de los mismos. Controlan y coordinan todas aquellas operaciones relativas al movimiento de datos e informaciones en el ordenador.

- **Programa de gestión del sistema:** este es el conjunto de programas más importante que incorpora el sistema operativo en su núcleo. Se denomina supervisor y se encarga de:

  — *Protección de memoria:* funcionan como fronteras de separación de memoria.

  — *Errores en la memoria:* sirve para averiguar donde se produjo algún error de memoria y solucionar el problema de su ubicación.

  — *Errores de programa:* cuando un programa da un error, por el tipo que sea, el programa es cancelado y se envían a la UCP los correspondientes mensajes sobre el error.

b) Programas de proceso

Están enfocados preferentemente para ayudar a los desarrolladores de *software* a escribir, puesta en marcha y optimización de sus aplicaciones.

En esta categoría de programas se encuentran los compiladores y los intérpretes como programas que permiten desarrollar otros programas. Ambos tipos de *programas son traductores* y su función principal es transformar código fuente escrito en lenguaje de alto nivel en programas que pueda entender el sistema operativo.

Finalmente, es importante indicar que dentro de los programas de proceso encontramos los *programas de servicio* que son un grupo de programas que realizan funciones sutiles para el sistema o para el usuario. Estos programas son lo que nosotros denominamos utilidades, que sirven normalmente para gestionar información: transferir archivos, reorganizar archivos, etcétera.

ACTIVIDADES

3.1. **El PID de un proceso se almacena en…**

a) Memoria RAM.

b) BCP.

c) Memoria ROM.

d) Caché.

3.2. **¿Un hilo o hebra es?**

a) Un punto de ejecución de un proceso.

b) Un proceso en segundo plano que se ejecuta como servicio.

c) Un programa protegido de escritura.

d) Un proceso padre de un proceso en *background*.

3.3. **¿Cuando un proceso está bloqueado, puede pasar directamente a ejecución?**

a) No, primero tendrá que estar en estado preparado.

b) Sí.

c) Sí, pero solamente en sistemas operativos multiusuario.

d) Nunca, aunque pasase a otro estado.

3.4. **El algoritmo de planificación que asigna rotativamente tiempos de ejecución a los diferentes procesos es…**

a) FCFS.

b) Rueda.

c) FIFO.

d) Round Rotation.

3.5. **El cambio de contexto puede producirse entre…**

a) Dos procesos diferentes.

b) Dos hilos de un mismo proceso.

c) Dos hilos de diferentes procesos.

d) Las respuestas anteriores son ciertas.

3.6. **¿Qué técnica de memoria permite definir los bloques de memoria de tamaño variable?**

a) Segmentación.

b) Paginación.

c) Virtualización.

d) *Swapping*.

3.7. **¿Qué *software* permite al sistema operativo interactuar y comunicarse con un periférico?**

a) Los cables USB.

b) Los programas que manejan las impresoras.

c) Los *drivers*.

d) La memoria ROM.

3.8. **A la agrupación de sectores físicos de un disco para ser gestionados por el sistema, se la conoce con el nombre de...**

a) Bloque.

b) FAT.

c) Clúster.

d) Archivo.

COMPRUEBA TUS CONOCIMIENTOS

3.1. Analiza de qué forma podemos ver los recursos que se están utilizando en el sistema y los que están libres. Para ello, busca en internet qué herramientas o programas podemos utilizar en Linux y en Windows para ver esto.

3.2. Realiza una comparativa del uso de recursos entre Windows y Linux cuando se ejecutan en equipos con idéntico *hardware*. Haz una valoración del resultado.

3.3. Haz que el tamaño del archivo de paginación sea de 2 MB.

3.4. Haz un esquema de los cuatro sistemas de archivos más utilizados en la actualidad, indicando al menos tres características de cada uno de ellos, y los sistemas operativos compatibles con cada uno de ellos.

3.5. Indica las características de los discos duros o particiones de tu equipo Linux y Windows. Haz una tabla que incluya al menos tres características de cada disco o partición.

3.6. Configura direcciones IP estáticas en los equipos Linux y Windows para que estén en la red 192.169.1.**XX**. con máscara de 24 bits (255.255.255.0). **XX** será un número que el profesor o ponente asignará a cada equipo Linux o Windows.

3.7. Infórmate de cuál es la puerta de enlace y DNS utilizadas en el aula y asígnalas a ambos equipos.

3.8. Asimismo, cambiaremos los nombres de los equipos por **WindowsXX** y **UbuntuXX**, siendo XX el número que os asigne el profesor o ponente. El grupo de trabajo será en ambos casos **Curso**.

4. Sistemas operativos informáticos actuales

Contenido

4.1. Clasificación de los sistemas operativos

CLASIFICACIÓN DE LOS SISTEMAS OPERATIVOS

Recordemos que el sistema operativo es el **software** básico del ordenador. Este *software* gestiona todos los recursos *hardware* del sistema informático y proporciona la base para la creación y ejecución del *software* de aplicación.

Además, ofrece al usuario la forma de comunicarse con el ordenador bien mediante el teclado (interfaz texto), bien mediante otros dispositivos (interfaz gráfica), como ratón, pantalla táctil, etcétera, o cualquier otro tipo de interfaz.

Se puede hacer una primera clasificación de los sistemas operativos teniendo en cuenta la gestión que hacen del *software* y *hardware* y de la forma que el usuario lo puede utilizar:

- **Sistemas operativos monousuario.** Esta primera clasificación es casi evidente. En los sistemas operativos monousuario los recursos *hardware* y el *software* que se está utilizando están a disposición de un solo usuario.

- **Sistemas operativos multiusuario.** En los sistemas operativos multiusuario varios usuarios pueden utilizar potencialmente los recursos *software* y *hardware* de un mismo ordenador. Varios usuarios pueden utilizar una misma impresora, pueden acceder, por ejemplo, a una misma base de datos, etcétera.

- **Sistemas operativos en red.** Hoy por hoy los sistemas operativos multiusuario han dado paso a los nuevos sistemas operativos en red en los que un ordenador comparte y accede a otros equipos y puede compartir sus propios recursos con otros equipos que están conectados en la misma red física.

Hoy en día, todos los sistemas operativos, en general, no responden a ninguna de estas clasificaciones.

Actualmente, la gran mayoría de los sistemas, por no decir todos, son **sistemas operativos en red**, teniendo la posibilidad de ser usados por uno o varios o usuarios, según sus diferentes versiones.

Por ejemplo, si hablamos de Windows 11, podremos concluir que es un sistema operativo **monousuario**, ya que solamente un usuario puede estar logueado al sistema y usar sus recursos *hardware*.

Aunque tengamos varias sesiones de varios usuarios abiertas, solo uno puede tener el control de la GUI, es decir, de la interfaz gráfica. Teclado y ratón están a disposición de un solo usuario.

A través de programas de monitorización, podemos hacer que la pantalla del equipo Windows 11 pueda ser utilizado por un usuario de forma remota, pero eso implica que el usuario sentado delante del equipo perderá o, en el mejor de los casos, solapará el control con el de otro usuario. En definitiva, un solo usuario usa los recursos *hardware*.

También es habitual pensar que, si yo accedo a una carpeta compartida de un equipo **Windows 11** que está siendo utilizado por otro usuario, estoy utilizando el mismo equipo de forma «simultánea» al usuario logueado, pero la realidad es que el acceder a un recurso en red solo implica que el servicio de red del usuario que está logueado se activa y funciona. Suministra información a través de la red a otro usuario, pero el otro usuario, el que está usando el recurso compartido, no está en realidad utilizando el equipo como tal, es decir, no usa ningún recurso *hardware* en su beneficio. Es el usuario logueado el que dedica parte de sus recursos a satisfacer una necesidad del sistema que es enviar información por la red.

Sin embargo, versiones de **Windows Server, Linux** en casi todas sus versiones y otros sistemas de mayor calibre sí pueden ser considerados como multiusuario, ya que varios usuarios pueden loguearse simultáneamente a un mismo equipo y utilizar los recursos *hardware* de forma compartida.

Los sistemas operativos multiusuario originalmente eran sistemas operativos que se montaban en antiguos ordenadores llamados *mainframes* o microordenadores.

Varios teclados y monitores se conectaban directamente a la única CPU existente, y los usuarios conectados compartían todo del mismo y único equipo: memoria, disco, procesador, impresora, etcétera.

En el caso de los sistemas operativos multiusuario o en red, si varios usuarios utilizan, por ejemplo, una misma impresora, el sistema operativo, además de controlar el *hardware* de la propia impresora, tendrá que controlar de alguna forma en qué secuencia y prioridad se imprimen los trabajos de impresión que los diferentes usuarios han enviado. Para ello, necesitará funciones de control de trabajos de impresión, funciones de control de prioridades de impresión, funciones de control de seguridad de la impresora para indicar qué usuarios pueden imprimir, cómo, cuándo, etcétera.

En los sistemas operativos monousuario, la ejecución de un programa no implica demasiadas complicaciones, ya que el tiempo de UCP se dedica a un solo usuario y normalmente a una sola tarea. En los sistemas operativos multiusuario, a la UCP del sistema informático están conectados teclados y monitores a modo de terminal, es decir, el usuario que utiliza estos sistemas no tiene un ordenador tal y como lo entendemos hoy por hoy. Solamente dispone de un teclado y de un monitor para realizar su trabajo. Hoy por hoy estos sistemas están en total desuso.

En la Figura 4.1 podemos ver un terminal de un *mainframe*, sistema utilizado en los años ochenta como tecnología punta.

Figura 4.1. Terminal en emulación de un *mainframe*.

En los sistemas operativos en red, cada usuario tendrá para sí un ordenador personal con otro sistema operativo, normalmente uno monousuario, del tipo Windows 10/11, Linux Ubuntu o Mac OS. Estos equipos o sistemas funcionarán de forma independiente en la red, pero en red, o gestionados y controlados a efectos de seguridad y permisos por un ordenador principal, con un sistema operativo de tipo **server** o servidor, al cual podrán conectarse o no, según las políticas de seguridad establecidas en la empresa.

EVOLUCIÓN HISTÓRICA DE LOS SISTEMAS OPERATIVOS

Los primeros sistemas operativos se denominaron *monolíticos*. La característica fundamental de estos sistemas operativos es que eran un *software* básico prácticamente imposible de modificar una vez creado.

Cuando los diseñadores del propio sistema operativo, o los usuarios por necesidades específicas, querían introducir modificaciones en él, la labor era realmente complicada, ya que se tenía que reconfigurar todo el sistema operativo. A veces era más práctico rediseñar por completo el sistema operativo antes que modificar uno ya existente.

Para ver cómo han evolucionado los sistemas operativos a lo largo de la historia, tras la aparición del primero de ellos, tenemos que tener muy, pero que muy presentes las arquitecturas de los ordenadores, es decir, la evolución del *hardware* sobre el que se instalan.

En general, podemos hablar de varias generaciones de sistemas operativos, relacionándolos, claro está, con la evolución del *hardware*.

- **Primera generación (1945-1955)**. Se utilizaban las válvulas de vacío (antiguas resistencias electrónicas). Estas computadoras, que no ordenadores, eran máquinas programadas en lenguaje máquina puro (lenguaje de muy bajo nivel).

Eran de gran tamaño, elevado consumo de energía y muy lentas. Las operaciones se reducían a simples cálculos matemáticos.

- **Segunda generación (1955-1965)**. Aparición de los **transistores**. Se introducen transistores dentro de la arquitectura de las computadoras. Desaparecen las válvulas de vacío, por lo que las computadoras se hacen más pequeñas, baratas, consumen menos y despiden menos calor. La persona encargada de la utilización del sistema informático se divide en categorías. En esta generación aparece lo que se denomina *procesamiento por lotes*. El procesamiento por lotes implica tres fases: introducir los datos, procesar los datos en un sistema diferente al que ha recibido la información, mostrar o visualizar los resultados en otro elemento diferente a los dos anteriores. Veamos el esquema de la Figura 4.2.

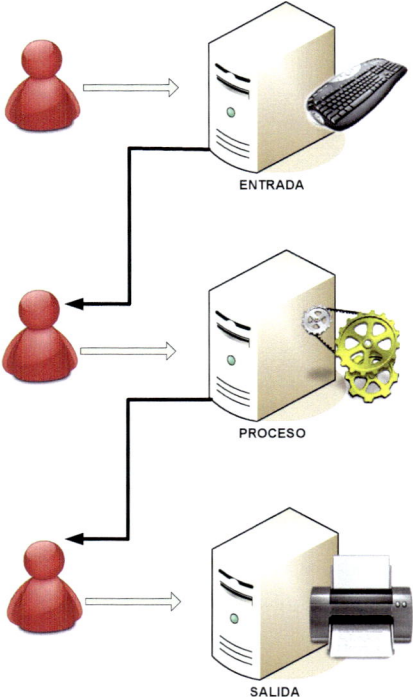

Figura 4.2. Esquema del proceso por lotes.

- **Tercera generación (1965-1980). Circuitos integrados**. Se reduce considerablemente el tamaño y consumo de energía de los ordenadores gracias a la sustitución de los transistores por los circuitos integrados. Son más baratos y más rápidos, consumen menos energía y generan menos calor.

- **Cuarta generación (1980 hasta hoy). Ordenadores personales**. Tabletas, teléfonos inteligentes, portátiles y otros sistemas utilizan complejas técnicas de integración y miniaturización de componentes electrónicos. Aparecen las memorias de semiconductores, dispositivos de almacenamiento externo magnéticos de pequeño tamaño (discos duros actuales), dispositivos ópticos, etcétera.

MODOS DE EXPLOTACIÓN DEL SISTEMA

Las formas de explotación de un sistema operativo responden a la forma en la que el usuario utiliza los recursos *hardware* y *software* que componen el sistema informático.

Para realizar la clasificación de los diferentes modos de explotación, tendremos en cuenta cuestiones tales como:

A. Según el número de usuarios. Atendiendo al número de usuarios que pueden utilizar los recursos del sistema simultáneamente.

- **Monousuario** (o monopuesto). Cuando solo un usuario trabaja con un ordenador y todos los dispositivos de *hardware* están a disposición de ese usuario.

- **Multiusuario.** En este sistema, varios usuarios simultáneamente pueden utilizar los recursos del sistema. Comparten memoria, discos, procesador, etc. Este tipo de sistemas operativos se caracterizan por que varios usuarios que hagan uso del mismo ordenador podrán hacer o no las mismas cosas, tendrán acceso o no a los mismos recursos, etc. Se les denomina multiusuario, ya que un mismo sistema informático puede ser utilizado de diferente forma por diferentes usuarios. Veamos la Figura 4.3.

Figura. 4.3. Monousuario/multiusuario.

B. Según el número de procesos. Esta clasificación se hace atendiendo al número de programas/procesos que puede ejecutar simultáneamente el sistema informático. En la Figura 4.4 podemos ver un pequeño esquema de este tipo de explotación.

- **Monoprogramación o monotarea.** En este caso, el sistema solamente puede ejecutar un programa o proceso a la vez. El proceso se crea, pasa a ejecución y termina. Y entre tanto ningún otro proceso se ejecuta en el sistema. Ejemplos de sistemas operativos monotarea son DOS o Windows 95, 98, ME, entre otros.

- **Multiprogramación o multitarea.** En este caso la cosa es bien distinta. Este tipo de sistema operativo puede ejecutar varios programas o procesos concurrentemente, es decir, *simultáneamente.* Son sistemas operativos multitarea la mayoría de los que son multiusuario y en red. Todos los Windows Server y Linux, Unix, entre otros, son multitarea y, por lo general, multiusuario.

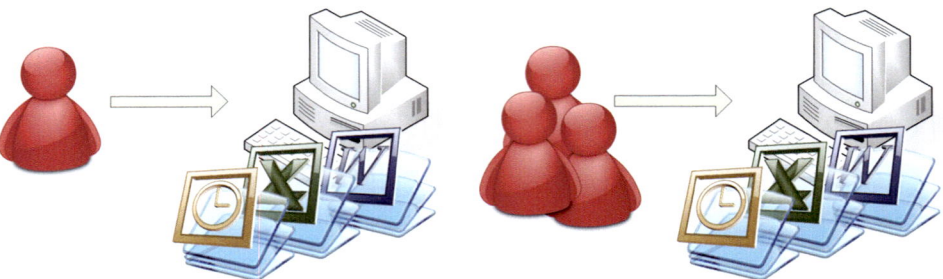

Figura. 4.4. Monotarea/multitarea.

C. Según el número de procesadores del sistema informático. Esta clasificación depende del número de procesadores que el sistema operativo sea capaz de gestionar. Su clasificación es la siguiente:

- **Monoprocesador.** En este caso, el ordenador consta de un único procesador. Todos los trabajos que se van a realizar pasarán por él. El ordenador que tenga este sistema operativo puede ser monousuario o multiusuario; monotarea o multitarea.

- **Multiprocesador.** El ordenador cuenta con dos o más procesadores. Determinados sistemas operativos pueden aprovechar las ventajas de este tipo de *hardware* al funcionar con 8 o 16 procesadores gestionados por un solo sistema operativo. Este tipo de tratamiento de procesos se denomina *multiproceso simétrico* (SMP) cuando el sistema operativo utiliza la potencia de los procesadores de igual forma, o *multiproceso asimétrico* (AMP) cuando el sistema operativo reparte las tareas que está realizando a cada procesador con los que cuenta el sistema informático.

D. Según el tiempo de respuesta. Esta clasificación se hace teniendo en cuenta el tiempo que tarda el usuario del sistema en obtener los resultados después de lanzar un proceso:

- **Tiempo real**. La respuesta es inmediata (o casi inmediata) tras lanzar un proceso.

- **Tiempo compartido**. Cada proceso utilizará ciclos de la UCP que esta asigne a cada proceso, teniendo en cuenta que los ciclos de UCP tienen que compartirse con otros procesos del mismo usuario o de otros usuarios, incluyendo procesos del sistema.

4.2. *Software* libre

Software libre se refiere a la libertad de los usuarios para ejecutar, copiar, distribuir, estudiar, cambiar y mejorar el *software*.

Este *software* puede ser *software* básico o sistemas operativos, y *software* de aplicaciones. Por lo general, cuando un usuario elige utilizar *software* libre está:

- Usando libremente un programa, con cualquier propósito.

- Estudiando cómo funciona el programa y adaptándolo a sus necesidades, ya que dispone de acceso al código fuente del *software*.

- Disponiendo de la libertad de distribuir copias, con lo que se ayuda a terceros.

- Haciendo públicas las mejoras que le puede incorporar al programa, haciéndolas llegar a los demás, enriqueciendo la *comunidad*.

Software libre no significa que no sea comercial. Un programa libre debe estar disponible para uso comercial, desarrollo comercial y distribución comercial. El desarrollo comercial del *software* libre ha dejado de ser inusual; el *software* comercial libre es muy importante.

Decimos que un *software* no es libre cuando, por ejemplo:

- Se fijan restricciones a su uso, tales como periodos de prueba de 30 días, que es lo más habitual.

- Expiración de licencias antes de finalizar el año.

- Número concreto de instalaciones o de ejecuciones del programa.

- Limitación de uso por área geográfica, etcétera.

- La libertad de estudiar cómo funciona el programa y de adaptarlo a sus necesidades.

Por lo general, el que el *software* sea libre se basa en la libertad de redistribuir copias para que pueda ayudar al prójimo, ya que, de otra forma, si a quien necesita el programa no se le permite usarlo, ese *software* no puede ser considerado libre. Esto no implica que el que diseña el *software* no pueda cobrar por ello, pero sí que quien lo use lo haga sin coste alguno.

El 3 de febrero de 1998, aprovechando el anuncio del lanzamiento del navegador de Netscape como *software* libre, un grupo de personas se reunieron en Palo Alto, en Silicon Valley, y propusieron empezar una campaña de *marketing* para el *software* libre usando el término *código abierto* (**open source**). El objetivo era lograr la rápida comercialización y aceptación del *software* libre por parte de las empresas y los capitales de inversión de la expansiva nueva economía.

En general, se entiende por *software* libre, aquel que respeta la libertad de los usuarios y la comunidad, ya que los usuarios tienen la libertad de ejecutar, copiar, distribuir, estudiar, modificar y mejorar el *software*. Es decir, el *software* libre es una cuestión de libertad, no de precio.

La mayoría de las licencias de *software* libre están basadas en el *copyright*, y existen límites en los tipos de requisitos que se pueden imponer a través del *copyright*. Si una licencia basada en el *copyright* respeta la libertad en las formas antes mencionadas, es poco probable que surja otro tipo de problema que no hayamos anticipado (a pesar de que esto ocurre ocasionalmente). Sin embargo, algunas licencias de *software* libre están basadas en contratos, y los contratos pueden imponer un rango mucho más grande de restricciones. Esto significa que existen muchas maneras posibles de que tal licencia sea inaceptablemente restrictiva y que no sea libre.

Algo importante a destacar es que el *software* libre se basa en las leyes existentes de propiedad intelectual y brinda mayores libertades si uno cumple con ciertas condiciones. O sea, permite la modificación y redistribución del *software*, algo que está generalmente prohibido en lo que se conoce como *software* privativo, mientras uno cumpla con la condición de hacer disponibles esas modificaciones al resto del mundo. Se basa en que, si todos compartimos, todos vamos a estar mejor.

Dentro del *software* libre existen varios tipos de licencias:

- **Licencias GPL**: es una de las más utilizadas y se suele denominar GNU GPL. Con esta licencia el desarrollador conserva los derechos de autor, pero permite su libre distribución, modificación y uso siempre y cuando, en el caso de que el *software* se modifique, el nuevo *software* que se desarrolle como resultado quede obligatoriamente con la misma licencia.

- **Licencia AGPL**: se engloba dentro de las licencias destinadas a modificar el derecho de autor derivadas de GNU. La novedad de AGPL es que, aparte de las cláusulas propias de una GNU GPL, esta obliga a que se distribuya el *software* que se destine a dar servicios a través de una red de ordenadores, es decir, si se quiere usar como parte del desarrollo de un nuevo *software*, este quedaría obligado a su libre distribución.

  A. Licencia BSD: es un buen ejemplo de una licencia permisiva que casi no impone condiciones sobre lo que un usuario puede hacer con el *software*. El *software* bajo esta licencia es la menos restrictiva para los desarrolladores, ya que, por ejemplo, el *software* puede ser vendido y no hay obligaciones de incluir el código fuente.

  B. Licencia Apache: el *software* bajo este tipo de licencia permite al usuario distribuirlo, modificarlo y distribuir versiones modificadas de ese *software*, pero debe conservar el *copyright* y el derecho a renuncia.

C. Licencias Creative Commons: su definición se basa en cuatro condiciones:

— *Atribución,* con la cual se puede distribuir, exhibir, representar… siempre y cuando se reconozca y se cite a su autor.

— *No comercial*, que no permite usar el *software* con fines comerciales.

— *No derivadas*, con la cual no se puede modificar dicha obra.

— *Compartir igual*, que incluye la creación de obras derivadas siempre que mantengan la licencia original.

4.3. Características y utilización

En este punto, podríamos hablar de cualquier sistema operativo, pero por su popularidad y difusión en España, centraremos las explicaciones de este tema centrándonos en sistemas Windows y mostraremos su similitud con Linux.

Windows es un sistema operativo de los más extendidos en la actualidad en ordenadores personales. Es un sistema operativo con interfaz gráfica. Es un sistema operativo monotarea, pseudomultitarea o multitarea.

Windows 7, 8, 8.1 y 10/11 sí son multitarea real, ya que son capaces de gestionar dos o más procesadores en una misma placa base, gracias al llamado *multiproceso simétrico* (SMP).

Todas las versiones de Windows soportan programas o aplicaciones DOS y aplicaciones Windows de 16, 32 y 64 bits. Puede ocurrir, y así ocurre, que hay determinados programas antiguos desarrollados en 8 o 16 bits (MS-DOS) que no funcionan correctamente en Windows, debido al uso que el programa de 8 o 16 bits hace de los dispositivos *hardware*.

Uno de los componentes esenciales para gestionar y utilizar estos programas es la interfaz gráfica.

A. Interfaz en modo gráfico. El escritorio de Windows

1. **Iconos**. Es un símbolo que Windows utiliza para representar un objeto. Este objeto puede ser una carpeta, un disco duro, la unidad de CD-ROM, la impresora, etc. Si hacemos doble clic sobre un icono, se abrirá una ventana en la que se nos mostrará información relativa a ese icono o simplemente se ejecutará un programa dentro de una ventana.

2. **Ventanas**. Es la forma que tiene Windows de mostrarnos la información en pantalla (*windows* significa 'ventanas' en inglés).

③ Barra de tareas. Situada, normalmente, en la parte inferior de la pantalla, muestra las aplicaciones que tenemos abiertas en ese momento y otros elementos en el área de notificación, abajo a la derecha. También suele incluir el botón de Inicio para realizar las acciones de apagado y encendido del equipo, entre otras cosas.

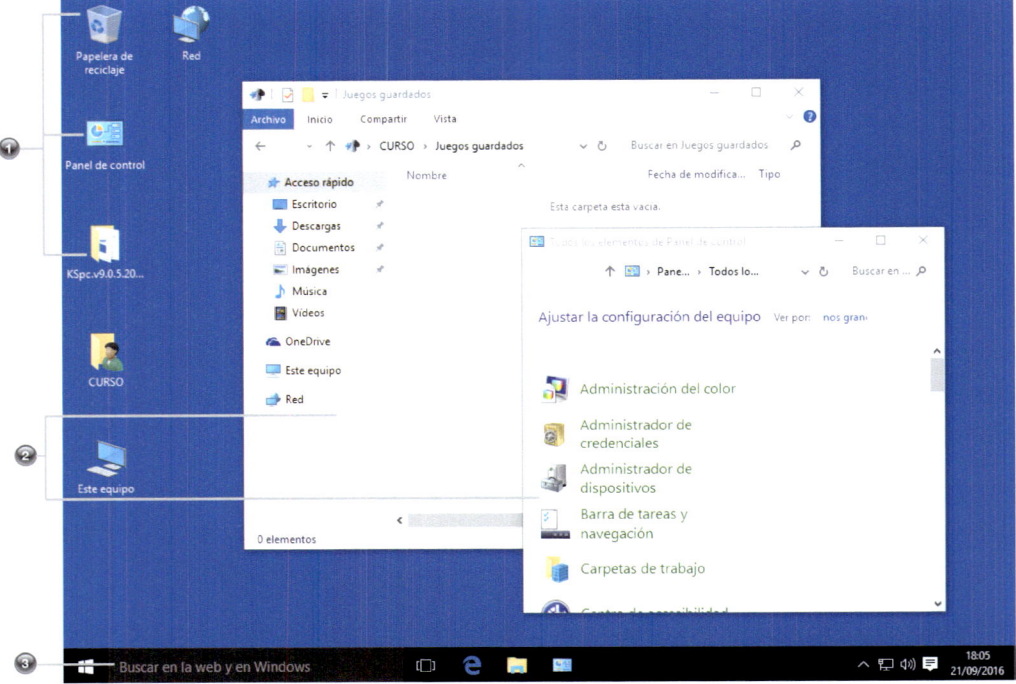

Figura 4.5.a. Escritorio de Windows.

La interfaz gráfica de Windows 11 es muy similar a la de Windows 10, salvo la barra de tareas que es la que cambia sustancialmente.

El resto, es decir, el escritorio, iconos, propiedades, etc., viene a ser igual, por lo que consideramos que no es necesario profundizar más en este tema.

Cada alumno, investigará y analizará las diferencias entre ambas, que, a pesar de parecer muchas, no son tantas, y el manejo es idéntico.

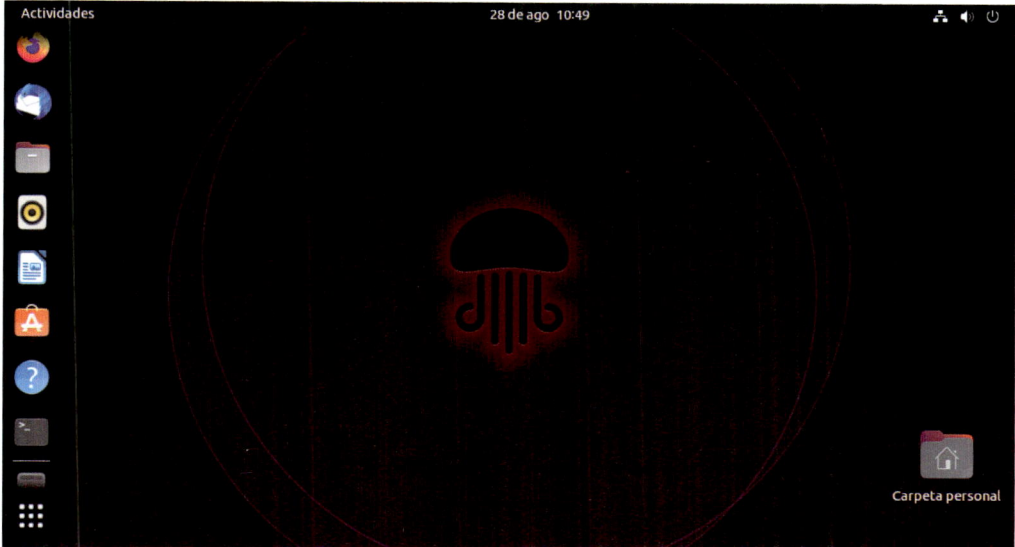

Figura 4.5.b. Escritorio de Linux.

La Figura 4.5 muestra los componentes esenciales de un escritorio y la Figura 4.6 los componentes de una barra de tareas:

1. **Botón de Inicio.**

2. **Elementos de inicio rápido.**

3. **Zona de tareas.**

4. **Área de notificación.**

Figura. 4.6.a. Barra de tareas en Windows 10.

Figura. 4.6.b. Barra de tareas en Windows11.

Figura. 4.6.c. Barra de tareas DASH en Ubuntu.

B. Interfaz en modo texto. El intérprete de comandos

Otra forma de interactuar con el sistema operativo es a través de lo que se denomina el *intérprete de comandos*, como ya vimos en las unidades anteriores. Este elemento se heredó de versiones anteriores de Windows y servía para realizar muchas de las operaciones que hoy se realizan en entorno gráfico. Para acceder al símbolo del sistema en:

- **Windows 7**, iremos a *Inicio → ejecutar* y, dentro de la caja de texto que aparece, introduciremos *cmd.exe* y pulsaremos **Enter.** También podremos pulsar el botón de *Inicio → Todos los programas → Accesorios → Símbolo del sistema.* En versiones Windows Server (anteriores a 2012 Server) se ejecutará de la misma forma.

- **Windows 10/11**, situaremos el ratón en la parte inferior izquierda, en el logo de Windows 10/11 y, pulsando el botón derecho del ratón, elegiremos *Símbolo del sistema* en una de sus dos opciones. O de forma similar a como se hace en Windows 7, introduciendo *cmd* en *Buscar en la web y en Windows.*

C. El botón Inicio en Windows

 Si pulsamos este botón, podemos tener acceso a los programas y opciones de configuración de Windows 10/11. También podemos apagar el sistema, cerrar la sesión de trabajo, buscar archivos, etcétera.

En Linux Ubuntu, el botón de Inicio es el equivalente al situado en la parte superior

izquierda de la pantalla  .

Las opciones habituales que aparecen pulsando el botón de inicio en Windows 10 son:

- **Todas las aplicaciones**. Contiene el conjunto de aplicaciones que el usuario tiene a su disposición. Si cada opción contiene otras, basta situar el ratón encima para que se puedan visualizar las siguientes. Situados sobre la aplicación deseada, hacemos clic sobre ella.

- **Iniciar/apagar**. Estos iconos se utilizan para apagar, reiniciar, suspender o hibernar el equipo si tenemos activada está última opción.

- **Configuración**. En esta lista se muestran iconos a través de los cuales podremos acceder a la configuración y personalización de nuestro sistema.

- **Explorador de archivos**. Como su nombre indica, si hacemos clic en este icono, se abrirá el explorador de archivos en la carpeta personal del usuario.

- **Más usadas**. Se muestran los iconos de los programas más utilizados y de cada usuario que inicia sesión en el equipo.

- **Identificación del usuario**. Muestra el nombre y el icono que representa al usuario que ha iniciado sesión

D. Arranque y parada de Windows

La forma normal de encender el sistema es simplemente pulsando el botón de encendido del equipo. Si la última vez que utilizamos el equipo lo cerramos correctamente, el equipo se volverá a encender de forma correcta.

A veces ocurre que el sistema no se cierra de forma adecuada. Las causas pueden ser: bloqueo del equipo, corte del fluido de corriente eléctrica, instalación de *software* no verificado, virus, etcétera.

En este caso, puede aparecernos una pantalla en modo texto con varias opciones que nos permitirá iniciar el sistema de una u otra forma, dependiendo de lo que queramos hacer.

Esta forma de arrancar el equipo también es voluntaria y podemos ver esta pantalla cuando este iniciándose el equipo.

En todas las versiones de Windows, viene habilitado por defecto este sistema de arranque, salvo en Windows 10/11, en el que será necesario ejecutar una consola en modo administrador e introducir el siguiente comando:

```
C:\windows\system32> bcdedit /set {default} bootmenupolicy legacy
```

A partir de ahora, tendremos habilitado el arranque selectivo en Windows 10/11.

Para ello, pulsaremos repetidamente la tecla **F8** y nos aparecerán las diferentes opciones de inicio. Veamos las más importantes:

1. **Reparar el equipo:** se muestra un submenú con opciones de recuperación y diagnóstico del sistema.

2. **Modo seguro (SAFEBOOT_OPTION=Minimal):** utiliza un conjunto mínimo de controladores de dispositivos y servicios para iniciar Windows.

3. **Modo seguro con funciones de red (SAFEBOOT_OPTION=Network):** utiliza un conjunto mínimo de controladores de dispositivos y servicios para iniciar

Windows, además de los controladores que necesita para cargar las funciones de red.

4. **Modo seguro con símbolo del sistema (SAFEBOOT_OPTION=Minimal (AlternateShell)):** es igual que el modo seguro, excepto que se inicia *cmd.exe* en lugar del explorador de Windows, es decir, en modo consola.

5. **Habilitar el registro de arranque:** habilita el registro cuando el equipo se inicia con cualquiera de las opciones de modo seguro, excepto *la última configuración buena conocida*. El texto del registro de inicio se registra en el archivo *Ntbtlog.txt* en la carpeta *%SystemRoot%*.

6. **Habilitar video baja resolución:** inicia Windows en el modo 640 × 480, utilizando el controlador de vídeo actual (no *Vga.sys*). Este modo resulta útil si la pantalla se ha configurado con un valor que el monitor no puede mostrar. Observe que las opciones *modo seguro* y *modo seguro con funciones de red* cargan el controlador *Vga.sys* en su lugar.

7. **Modo de depuración:** activa el modo de depuración en Windows. La información de depuración puede enviarse por un cable serie a otro equipo que esté ejecutando un depurador. Este modo se configura para utilizar COM2.

8. **Iniciar Windows normalmente:** inicia Windows en su modo normal.

E. Parada del sistema

Una de las opciones más importantes de la barra de tareas, y concretamente del botón *Inicio*, es la de poder apagar el sistema, es decir, apagar el ordenador de forma correcta. Veamos las opciones dependiendo de la versión que estemos usando del sistema operativo.

En Windows 10/11, para realizar las operaciones de apagado del sistema, pulsaremos en el icono . Tras pulsarlo, las opciones que aparecen son las siguientes:

- *Suspender* (esperar). El ordenador se desconecta automáticamente y es como si lo hubiésemos apagado realmente. Lo que ocurre es que la alimentación de corriente mantiene activa la información en memoria RAM y permite reiniciar el equipo en el punto en que nos habíamos quedado al pulsar cualquier tecla.

- *Apagar*. Con esta opción indicamos que queremos cerrar todo lo que tenemos abierto para apagar el ordenador. Esta operación es la forma correcta de apagar el ordenador.

- *Reiniciar.* Se utiliza cuando se quiere apagar y encender el ordenador, pero sin necesidad de hacerlo realmente. El sistema operativo cerrará todos los programas abiertos y volverá a inicializarse solo. Esta operación se suele realizar cuando instalamos nuevo *hardware* o nuevo *software* para que el sistema operativo active las modificaciones realizadas.

- *Hibernar.* Opción no habilitada por defecto. Similar a la opción de *Suspender*, pero teniendo en cuenta que se hace un volcado físico de memoria a disco duro, quedándose todo lo que teníamos abierto, o en ejecución, copiado en el disco duro. De esta forma, cuando volvamos a arrancar el ordenador, el equipo partirá del mismo punto en el que nos quedamos al realizar la acción. Si suspendemos el equipo, y este se queda sin corriente eléctrica, podemos perder la información de nuestra sesión de trabajo, ya que no se hace volcado a disco. Por el contrario, cuando hibernamos el sistema, da igual que el equipo esté alimentado o no de corriente eléctrica, ya que la sesión de trabajo se ha quedado volcada a disco duro. Esta opción se habilita o deshabilita dentro del *Panel de control, Opciones de energía.*

En Windows 11, aparece una opción adicional de las que muestra Windows 10.

Opciones de inicio de sesión. Entre ellas, podremos encontrar opciones tales como:

- **Reconocimiento facial o Windows Hello.** Nos permite iniciar sesión en nuestros dispositivos o aplicaciones locales o en línea y redes sociales usando nuestro iris o rostro.

- **Reconocimiento de huellas digitales o Windows Hello.** Igual que el punto anterior, pero usando nuestra huella digital.

- **PIN.** Incluso permite el uso de PIN para el inicio de sesión.

- **Llave de seguridad.** La llave o clave de seguridad se articula sobre un dispositivo de *hardware* (normalmente una pequeña clave USB) que puedes usar en sustitución del nombre de usuario y contraseña para el inicio de sesión. Normalmente se usa para iniciar sesión vía web. La clave de seguridad no permite iniciar sesión sin el PIN o la huella digital, reforzando así la seguridad del dispositivo mucho más. Las claves de seguridad se venden a través de cualquier distribuidor de productos informáticos.

- **Contraseña.** Esta es la opción con la que habitualmente se inicia sesión en Windows, y es la que se utilizará tras la instalación del producto, ya que, durante el proceso de instalación, se nos solicita la contraseña del usuario que está instalando el equipo.

- **Contraseña de imagen.** Lo mismo que el caso anterior, pero indicando zonas (normalmente tres) de una imagen. Al hacer clic en esas zonas, se accede al equipo.

En Ubuntu, el icono desde el que podemos apagar el sistema se encuentra situado en la parte superior derecha de la pantalla y tiene este aspecto: ⏻.

Otra opción que nos aparece al pulsar el botón de *Inicio* es ⏻ Apagar / cerrar sesión. En Ubuntu se pulsa el mismo icono que para apagar el sistema.

Además de las opciones de *Suspender, Reiniciar* y *Apagar,* cuyo comportamiento es igual que en Windows 10/11, aparecen un par de opciones más, al menos en esta versión de Linux 22.04:

- **Cerrar sesión.** Cierra la sesión del usuario actual, cerrando programas, procesos, etc., de tal forma que permite iniciar sesión por otro usuario sin que el equipo tenga nada cargado en memoria de sesiones de otros usuarios.

- **Cambiar de usuario.** Similar a la opción anterior, pero sin cerrar los programas o procesos de otros usuarios que pudieran tener sesión iniciada en el equipo. Esta opción puede ocasionar problemas de rendimiento si en cada sesión de usuario que esté activa hay demasiados programas, procesos o servicios en ejecución.

Estas opciones, a veces se muestran unas u otras, más o menos, en las diferentes versiones, pero en realidad siempre significan lo mismo, se hable del sistema operativo que se hable, Windows o Linux, o de la versión del sistema.

F. Ventanas en Windows

En Windows 11, las ventanas muestran más información, especialmente en la zona superior, con más elementos gráficos y opciones agrupadas por bloques más compactos, pero en general, sin entrar en configuraciones muy técnicas, las ventanas de Windows 10 y de Windows 11 se manejan prácticamente igual, siendo sus opciones muy pero que muy parecidas.

En cualquier ventana aparecen los elementos que se muestran en las Figuras 4.7.a y 4.7.b.

1. **Barra de título**.

2. **Botones aspecto ventana**.

3. **Ayuda de la ventana**.

4. **Vista actual de la ventana**.

5. **Barra de estado**.

6. **Explorador de la ventana**.

7. **Barra de herramientas, navegación y barra de menú**.

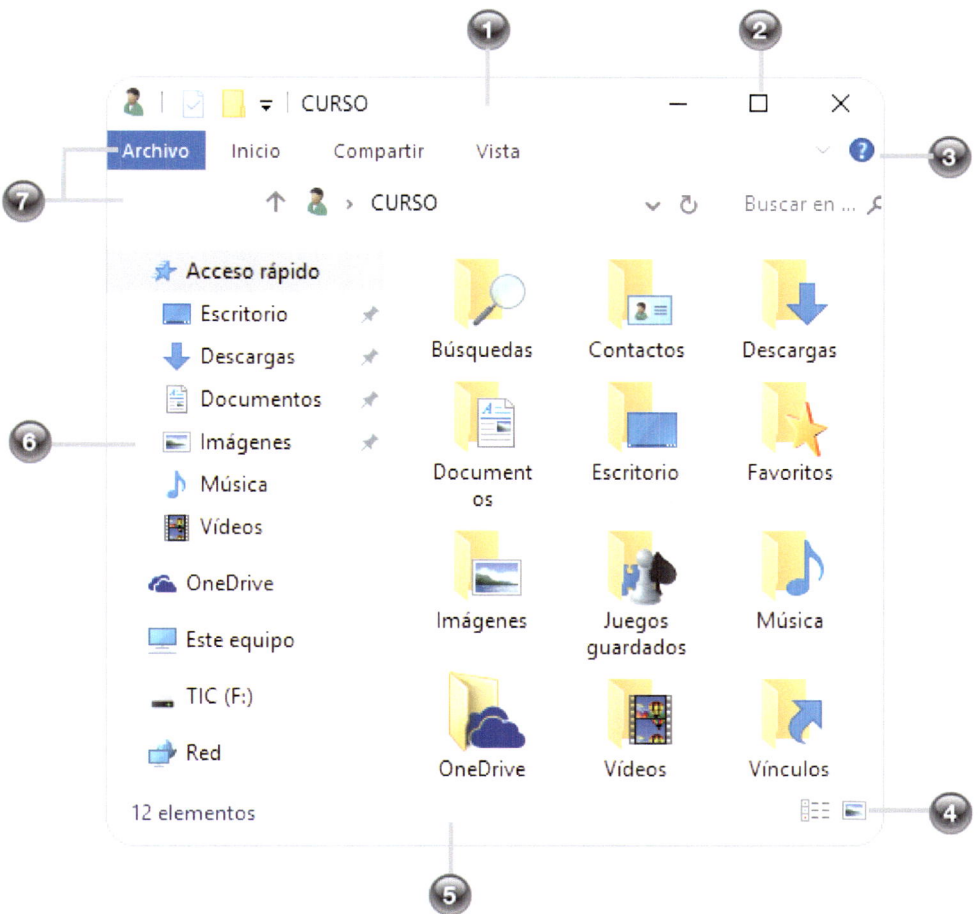

Figura. 4.7.a. Elementos de una ventana en Windows.

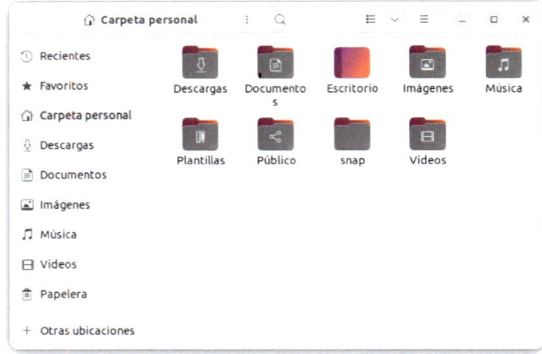

Figura. 4.7.b. Elementos de una ventana en Linux.

G. Operaciones sobre ventanas

Las ventanas podemos moverlas por la pantalla, hacerlas más grandes, sin necesidad de que ocupen toda la pantalla, más alargadas, menos anchas, etcétera. No ocurre lo mismo con los cuadros de diálogo.

La gran mayoría de las opciones de las ventanas, se pueden realizar desde la línea de menús, en concreto haciendo clic en las opciones de *Archivo, Inicio, Compartir, Vista,* etcétera, opciones que variarán de unas carpetas a otras.

Si, por ejemplo, seleccionamos la opción *Vista,* se mostrará un menú, en el que podremos personalizar la vista de los elementos en la ventana, tal y como se muestra en la Figura 4.8.

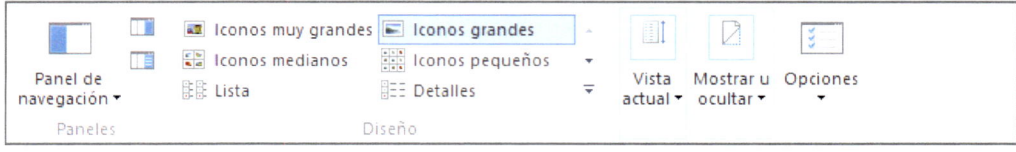

Figura 4.8.a. Personalizar vistas de ventana en Windows 10.

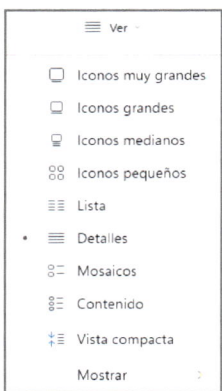

Figura 4.8.b. Personalizar vistas de ventana en Windows 11.

Figura 4.8.c. Personalizar vistas de ventana en Linux.

Para cambiar el tamaño de la ventana, basta situar el puntero del ratón sobre el borde superior, inferior, izquierdo o derecho hasta que tome el siguiente aspecto ↔. A partir de aquí, pulsamos el botón izquierdo del ratón y arrastramos el borde a la posición deseada.

Para mover una ventana manteniendo su tamaño actual, situaremos el puntero del ratón sobre la parte central de la *barra de título*. Utilizaremos la técnica de arrastrar para mover la ventana de sitio.

En caso de tener varias ventanas abiertas, solamente una de ellas estará activa, es decir, solamente podremos trabajar sobre una de ellas. Para activar una ventana, basta con hacer un clic sobre cualquier parte de la ventana que queramos activar. También podemos hacerlo pulsando el icono representativo de la ventana en la *barra de tareas* en caso de no ver ninguna parte de la ventana en el escritorio.

La ventana activa es la que aparece en primer plano, y su *barra de título* tendrá un color diferente y el texto tendrá otro aspecto. El color de la *barra de título* de las ventanas no activas es normalmente gris.

Otra operación habitual es actualizar una ventana. Esta operación se realiza cuando la información que muestra la ventana se ha actualizado, pero aún no aparece. Teniendo la ventana activa, basta pulsar la tecla **F5.** Si el contenido de la ventana ha cambiado, se mostrará. Esta opción suele utilizarse de forma sistemática en la ventana del entorno de red sobre la que hablaremos más adelante.

H. Cuadros de diálogo

Son un tipo especial de ventanas que permiten al usuario introducir datos y realizar modificaciones respecto de la información que muestran (véase Figura 4.9).

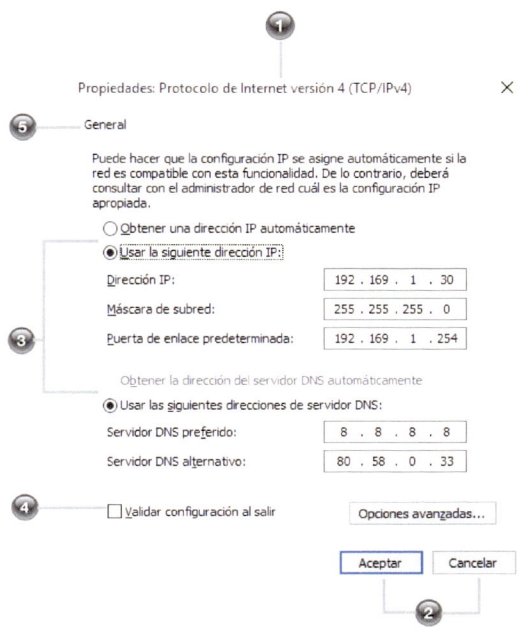

Figura **4.9.a.** Cuadro de diálogo en Windows 10/11.

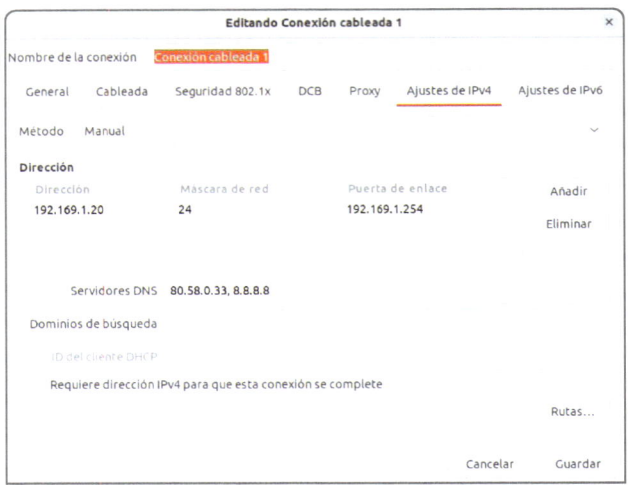

Figura 4.9.b. Cuadro de diálogo en Linux.

Es importante saber que a los cuadros de diálogo en cualquier versión de Windows o sistema operativo no se les puede cambiar el tamaño, pero sí moverlos. No tienen los típicos iconos de dimensión, solo tienen el de cerrar y el de interrogación, que solicita ayuda sobre las operaciones que estamos realizando. Esto se puede comprobar viendo que no es posible redimensionar la ventana. Los elementos más habituales de los cuadros de diálogo son:

① **Barra de título**. Contiene el nombre del cuadro de diálogo haciendo referencia a la opción que representa.

② **Botones de comando**. Sirven para seleccionar la opción deseada después de realizar el diálogo correspondiente y haber marcado una u otra opción. Estos botones suelen ser tres:

- *Aceptar.* Sirve para hacer efectivos los cambios realizados y salir del cuadro de diálogo. Es igual que pulsar la tecla **ENTER** o **RETURN**.

- *Cancelar.* Sirve para cerrar el cuadro de diálogo sin hacer efectivos los cambios. Es igual que pulsar la tecla **ESC**.

- *Aplicar.* Sirve para hacer efectivos los cambios o acciones realizadas hasta ese momento sin cerrar el cuadro de diálogo.

③ **Botones de opción**. También llamados botones de radio, sirven para seleccionar una opción dentro de un conjunto. Se representan dentro de un círculo blanco que puede contener o no un punto negro.

④ **Casillas de verificación**. En ellas se pueden seleccionar diferentes parámetros de una misma opción.

Pestañas. Los cuadros de diálogo pueden tener varias opciones. Estas opciones se van activando en las pestañas que aparecen en la parte superior del propio cuadro y por debajo de la barra de título. Ya las hemos manejado en las configuraciones anteriores.

Una ce las características de los cuadros de diálogo es que son modales, es decir, mientras que están abiertas, no se puede activar ninguna otra ventana que corresponda con la misma aplicación.

Aparte de los elementos mostrados en la Figura 4.9, también podemos encontrar otros elementos que forman parte de los cuadros de diálogo y que son los mostrados en la Tabla 4.1.

ELEMENTO	REPRESENTACIÓN GRÁFICA	CARACTERÍSTICAS
Listas desplegables	30 minutos	Muestran una serie de alternativas al pulsar el botón en forma de flecha hacia abajo que tienen a su derecha.
Cuadros de texto	Buscar una configuración	En los que se puede teclear un texto. Para escribir el texto, situaremos el puntero del ratón sobre el cuadro y escribiremos el texto deseado.
Barras de desplazamiento	‹ ›	Permiten recorrer una lista que tiene más opciones de las que se pueden mostrar en el espacio destinado a ellas. La selección del contenido se ve marcando lo deseado y automáticamente quedará seleccionado.
Control numérico.	Esperar: 1	Permite al usuario introducir valores numéricos, pulsando cualquiera de los dos iconos que aparecen a su derecha. También se puede modificar el valor numérico introduciendo directamente el número dentro del cuadro.
Interruptores	Desactivado Activado	Permiten al usuario activar o desactivar la configuración de algún elemento del sistema.
Iconos expandibles	› OneDrive › Este equipo › Red	Los iconos expandibles son elementos que también se pueden encontrar en cuadros de diálogo, aunque suelen aparecer en ventanas. Presentan los elementos de una forma organizada.

Tabla 4.1. Elementos de los cuadros de diálogo.

I. Iconos en Windows

En este apartado veremos las operaciones más comunes que se pueden hacer con los iconos, sean del tipo que sean; eso sí, estas operaciones variarán si el icono hace referencia a una carpeta, un programa, un archivo de música, etcétera.

- **Menú contextual de un icono**. En todas las versiones de Windows, y por lo general de cualquier sistema operativo, el botón derecho del ratón sobre cualquier icono tiene una función principal. Esta función consiste en que cuando lo pulsamos, se despliega el menú contextual, que incluye varias opciones. Dependiendo del tipo de objeto seleccionado, del tipo de *software* instalado y de la versión de Windows que tengamos, así como de la versión de Explorer, las opciones del menú contextual variarán. Una de las opciones más importantes es la de *Propiedades*. Con ella podemos acceder a las características de configuración de cada objeto.

- **Selección de iconos**. Los iconos se pueden seleccionar haciendo un clic sobre ellos. Una vez seleccionados, pueden moverse de un lugar a otro, copiarse, eliminarse, etc. Es evidente que la operación realizada con un icono se ejecuta realmente sobre el programa, archivo, objeto o ventana al que haga referencia. La selección de iconos puede ser múltiple. Para seleccionar varios iconos, por ejemplo, dos imágenes, se puede utilizar la tecla CTRL. Esta tecla se mantiene pulsada y los iconos sobre los que se haga clic se seleccionarán. Si queremos seleccionar un conjunto de iconos, lo haremos manteniendo pulsada la tecla SHIFT, haciendo clic sobre el primer icono y el último de una lista. Intentemos en este punto seleccionar todos los iconos de la carpeta.

- **Cambiar nombre a un icono**. Un icono se puede renombrar, a excepción de los propios que genera Windows, a los que, aunque es posible, no es fácil cambiarles el nombre. Situémonos sobre un icono cualquiera y al pulsar F2 veremos que podemos cambiar el nombre del mismo. También podremos renombrar un icono haciendo clic sobre su nombre. Pasados un par de segundos volveremos a hacer clic sobre él. A continuación, bastará con introducir el nuevo nombre o modificar el anterior como si estuviéramos dentro de una casilla de texto.

- **Mover iconos**. Para mover un icono, hay que arrastrarlo de una ventana a otra, o de una carpeta a otra, utilizando el botón izquierdo del ratón. Llevaremos dos iconos de esta carpeta al escritorio. Para ello, tendremos que tener la ventana de la carpeta *Imágenes de muestra* sin maximizar para poder ver parte del escritorio y poder realizar la operación.

- **Copiar un icono**, lo arrastraremos de una ventana a otra o de una carpeta a otra, pero teniendo pulsada durante la operación la tecla CTRL. Soltaremos el botón del ratón, después la tecla, y el icono se habrá copiado. Cuando arrastramos un icono con el botón derecho del ratón, podemos realizar la acción de copia o de movimiento. Simplemente, cuando lleguemos al destino deseado, es decir, a la carpeta o ventana de destino, al soltar el botón del ratón, se nos preguntará por la acción que hay que realizar: copiar, mover, etcétera.

- **Borrar iconos**. Para borrar un icono, lo seleccionaremos, pulsaremos la tecla SUPR y confirmaremos su eliminación. También podemos eliminarlo pulsando el botón derecho del ratón sobre el icono que se desea eliminar y en las opciones del menú contextual seleccionar *Eliminar.* En Windows, cada vez que eliminamos un archivo, carpeta, icono, objeto, etc., no se eliminan de forma permanente. Lo que eliminamos se envía a la llamada *Papelera de reciclaje* de forma temporal. Si deseamos recuperar un archivo eliminado, basta ir a la papelera y restaurarlo. Cuando vaciamos la papelera, los archivos se eliminarán de forma permanente.

- **Crear accesos directos**. Un acceso directo se define como un icono con el que podemos acceder directamente a un archivo o aplicación, sin tener que localizarlo en la ruta de la estructura del sistema de archivos en la que se encuentra. Para crear los accesos directos se utilizan varias técnicas. Una de ellas es ir abriendo ventanas, desde Mi PC o desde el explorador, hasta localizar el objeto al que queremos asociar el acceso directo. Una vez localizado, lo seleccionaremos y lo arrastraremos hasta una zona libre del escritorio con el botón derecho del ratón pulsado. Al soltar el botón derecho, aparecerá, entre otras cosas *Crear iconos de acceso directo aquí.* Si elegimos esta opción, crearemos el acceso directo al objeto seleccionado. Es evidente, que, para realizar esta operación, la ventana en la que estemos para seleccionar el objeto no podrá estar maximizada, ya que no veremos parte del escritorio para arrastrar el icono.

J. Personalización de Windows

Una de las características más importantes que nos ofrece el sistema operativo Windows es la personalización del aspecto del escritorio y de los elementos que podremos manejar. Se puede realizar la personalización desde diferentes sitios, pero de forma muy similar el aspecto de nuestro escritorio y de nuestro sistema en general.

Para poder personalizar el aspecto de nuestro sistema, en Windows, haremos clic con el botón derecho del ratón en cualquier zona del escritorio que no contenga ningún icono ni ventana, y seleccionaremos *Personalizar. S*e mostrará una pantalla como la de la Figura 4.10.

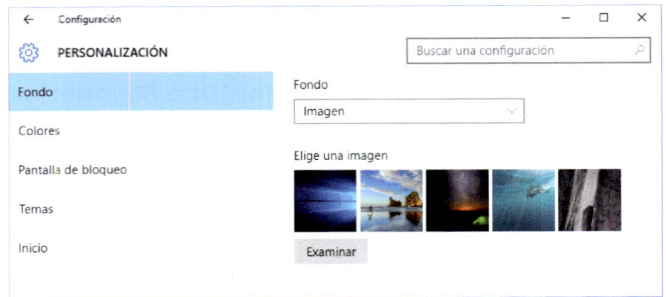

Figura 4.10.a. Personalizar escritorio en Windows 10.

En Ubuntu se mostrará pulsando con el botón derecho del ratón en cualquier zona del escritorio y seleccionando la opción *Preferencias de pantalla,* para posteriormente seleccionar las opciones de *Monitores* o *Apariencia.*

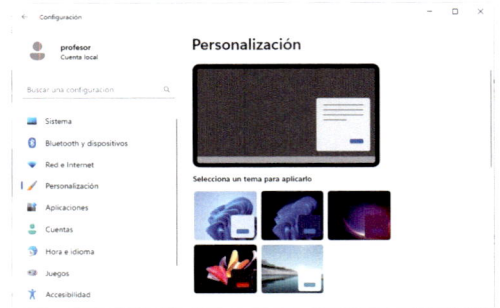

Figura 4.10.b. Personalizar escritorio en Windows 11.

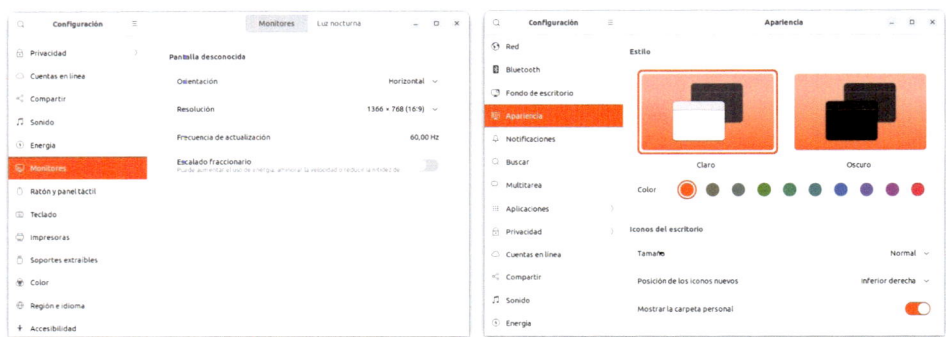

Figura 4.10.c. Personalizar escritorio en Ubuntu.

Personalizaremos todo lo relativo al aspecto de nuestro escritorio. Si lo que queremos es personalizar la resolución de pantalla, planes de energía y alguna otra cosa más, haremos clic con el botón derecho del ratón en cualquier zona del escritorio que no contenga ningún icono ni ventana y seleccionaremos *Preferencias de pantalla,* para posteriormente seleccionar *Monitores.*

K. Personalicemos el aspecto de nuestras carpetas

En Windows 10, iremos a *Panel de control* → *Opciones del Explorador de archivos.* Se mostrará el cuadro de diálogo de la Figura 4.11 en donde podremos personalizar algunas opciones como las que se indican a continuación.

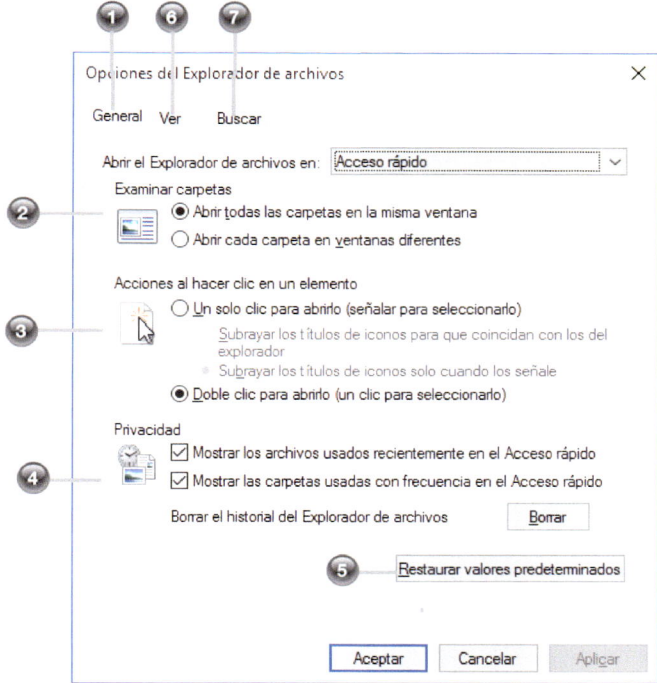

Figura 4.11.a. Personalizar carpetas en Windows.

① **General.** Podremos configurar las opciones de los puntos 2, 3 y 4.

② **Examinar carpeta.** Podremos ver el contenido de las subcarpetas dentro de la misma ventana de la que partimos, o cada vez que abramos otra carpeta se abrirá una nueva ventana. Comprobaremos esto abriendo la carpeta de nuestra unidad de disco duro C:.

③ **Acciones al hacer clic en un elemento.** Podemos indicar la acción de doble clic para abrir los elementos de la carpeta, o a modo de navegación web, hacerlo con un solo clic. En la carpeta de nuestra unidad de disco duro, comprobaremos ahora que las carpetas se abren con un solo clic.

④ **Privacidad.** Seleccionaremos o no si queremos mostrar elementos de acceso rápido en las carpetas, borrando o no el historial de navegación.

⑤ **Restaurar valores predeterminados.** Como su nombre indica, desharemos todos los cambios realizados en esta pestaña y todo seguirá como al principio.

⑥ **Ver.** Pestaña muy importante, ya que al seleccionarla aparecerá una caja de texto con el título *Configuración avanzada* en donde podemos elegir opciones tan importantes y útiles como:

- *Mostrar todos los archivos y carpetas ocultas.* Para poder visualizar archivos y carpetas que tienen el atributo de oculto *(hidden)* y que por lo tanto no veremos si no activamos esta opción. Analicemos esto en nuestra unidad de disco duro.

- *Ocultar archivos protegidos del sistema operativo.* Para poder ver archivos de configuración que de otra forma no veríamos.

- *Ocultar las extensiones de archivo para archivos conocidos.* Si esta casilla está activada, cuando veamos el contenido de una carpeta con archivos, observaremos que solo se mostrará el nombre de los archivos, pero no veremos su extensión.

⑦ **Buscar.** Para personalizar la búsqueda de archivos desde la opción *Buscar* del menú *Inicio*.

En Windows 11, las ventanas por lo general, muestran más información que en windows 10, aunque en la mayoría de los casos las opciones son idénticas. En el caso que nos ocupa, para acceder a la personalización del explorador de archivos, simplemente hacemos clic en el icono de Windows de la barra de tareas, y en el buscador incluimos la cadena *Opciones del Explorador de archivos*. También podremos acceder a estas opciones desde el *Panel de control*.

Las opciones que manejaremos serán prácticamente las mismas que en Windows 10.

En Linux abriremos una carpeta y, en la línea de menú de la parte superior de la carpeta, seleccionaremos la pestaña de tres rayas horizontales mostradas en la Figura 4.8.c y luego seleccionaremos *Preferencias*. Se mostrará la pantalla de la Figura 4.11.b donde podremos personalizar, similar a Windows 10/11, el aspecto y acciones sobre las carpetas y ventanas.

Figura **4.11.b**. Personalizar carpetas en Linux.

4.4. Diferencias

A la hora de elegir un sistema operativo u otro, tendremos que tener en cuenta múltiples circunstancias. En primer lugar, si el *hardware* es compatible con nuestro sistema y, así como si se dispone o no de los *drivers* adecuados. Asimismo, la utilización del sistema operativo por parte del usuario dependerá en gran medida del sistema operativo que se desea instalar y del *hardware* que el mismo gestione.

El uso que se le dará al ordenador y los gastos derivados también son aspectos fundamentales a la hora de elegir.

Los tres sistemas operativos más habituales son **Windows**, **Mac OS** y **Linux**. Windows funciona en los ordenadores con procesadores de Intel y AMD (los más comunes), Mac OS lo hace únicamente en los ordenadores de Apple, y Linux funciona en ambas plataformas, aunque está mejor preparado para la primera.

Las diferencias más significativas, que no todas, ni mucho menos, pueden ser las mostradas en la Tabla 4.2.

SISTEMA OPERATIVO	VENTAJAS	DESVENTAJAS
Mac OS	• Una de las mejores interfaces gráficas del mercado. • Ideal para diseño gráfico. • Generalmente están inmunes a ataques por virus y programas maliciosos. • Se distinguen por su diseño, el cual incluye muchas innovaciones en el área técnica y de funcionamiento. • Excelente en el manejo de contenido multimedia. • Duración de batería excepcional. • Cuota de mercado en 2024 del **8,1 %**.	• Tienden a ser más costosos que los ordenadores personales. • Centros de reparación no son tan accesibles. • Piezas pueden ser costosas. • En algunos de ellos la capacidad de expandirlas son limitadas. • En el aspecto de juegos, la variedad no es tan extensa como en Windows.
Windows 10 Windows 11	• Es el que tiene más *software* desarrollado. • Excelente para el hogar como centro de entretenimiento multimedia. • Debido a su popularidad, es fácil conseguir soluciones a problemas de todo tipo. • Centros de reparación sumamente accesibles. • Innumerables opciones de expansión de capacidades. • Cuota de mercado en 2024 de un **67,26 %** para Windows 10 y de un **28,16 %** para Windows 11.	• Es sumamente propenso a ser afectado por virus y ataques vía internet y programas maliciosos. • Requiere de constantes actualizaciones para corregir problemas de fábrica en el sistema operativo. • Constantemente comunica mensajes que distraen y ocupan innecesariamente la atención del usuario.

SISTEMA OPERATIVO	VENTAJAS	DESVENTAJAS
Ubuntu	• El mejor costo del mercado, gratuito o a un precio simbólico por el CD. • Gran cantidad de *software* libre para este sistema. • Mayor estabilidad, por algo lo usan en servidores de alto rendimiento. • Entorno gráfico muy potente. • Distribuciones estables de 64 bits. • Las vulnerabilidades son detectadas y corregidas más rápidamente que en cualquier otro sistema operativo. • Cuota de mercado 4,03 % en 2024.	• Para algunas cosas debes de saber usar Linux. • Menos amigable para el usuario común. • La mayoría de los proveedores no dan soporte para algo que no sea Windows. • No existe tanto *software* comercial como en Windows. • Muchos juegos.

Tabla 4.2. Comparativa de sistemas operativos.

4.5. Versiones y distribuciones

En este punto, podríamos poner en esta obra listas interminables de versiones y distribuciones de sistemas operativos, pero consideramos que lo mejor para que el lector esté perfectamente enterado de cuál es la última versión y distribución de cada versión es dar una serie de enlaces web para que a través de internet se consulte de primera mano y actualizado al cien por cien el listado de sistemas operativos.

- Linux
  — https://es.wikipedia.org/wiki/Distribuci%C3%B3n_Linux
  — http://www.linux-es.org/distribuciones
- Windows
  — https://es.wikipedia.org/wiki/Microsoft_Windows
  — https://www.adslzone.net/esenciales/windows-10/versiones-windows/
- Mac OS
  — https://es.wikipedia.org/wiki/OS_X
  — http://www.maestrosdelweb.com/historia-y-evolucion-del-sistema-operativo-mac-os/

ACTIVIDADES

4.1. Es lo mismo suspender que hibernar un equipo...

a) Sí.

b) Sí en Windows y no en Linux, ya que Linux no tiene opción de hibernación.

c) No, ya que hibernar es guardar la información en disco y suspender, en RAM.

d) No, ya que suspender es guardar la información en disco e hibernar, en RAM.

4.2. Cuando los ciclos de la UCP tienen que compartirse con otros procesos del mismo usuario o de otros usuarios, incluyendo procesos del sistema, decimos que el sistema trabaja en...

a) Monoprogramación.

b) Tiempo real.

c) Tiempo relativo.

d) Tiempo compartido.

4.3. El modo de inicio selectico SAFEBoot_oPtIon=Minimal en Windows indica que el equipo se iniciará en...

a) Modo seguro con símbolo del sistema sin red.

b) Modo seguro con símbolo del sistema con red.

c) Modo seguro con símbolo del sistema con controladores gráficos.

d) Todas las respuestas son falsas.

4.4. ¿Todas las versiones de Windows tienen configurado por defecto el arranque selectivo?

a) Todas las de 32 bits.

b) Todas las de 64 bits, salvo Windows 8.1.

c) Todas, salvo Windows 10/11.

d) Las respuestas anteriores son ciertas.

4.5. **¿Qué características tiene un cuadro de diálogo en las interfaces gráficas?**

a) Que se les puede cambiar el tamaño.

b) Que son modales.

c) Que no tienen el botón de maximizar.

d) Las respuestas anteriores son ciertas.

4.6. **¿Cómo se llama la barra de tareas de Linux en versiones posteriores a la 10 y hasta la 22?**

a) DASH.

b) BASH.

c) CASH.

d) LASH.

4.7. **¿Se puede utilizar la misma interfaz gráfica en Windows 10/11 y en Linux?**

a) Sí, si la descargamos desde internet.

b) No.

c) En Windows se puede usar la de Linux, pero no a la inversa.

d) En Linux se puede usar la de Windows, pero no a la inversa.

4.8. **¿Puede haber dos carpetas con el mismo nombre en el escritorio de Windows 10/11 o Linux?**

a) No.

b) Sí.

c) Solo en Windows.

d) Solo en Linux.

COMPRUEBA TUS CONOCIMIENTOS

4.1. Analiza la historia de los sistemas operativos y rellena una tabla en la que se especifiquen las siguientes características:

SISTEMA OPERATIVO	MONOUSUARIO O MULTIUSUARIO	TIEMPO REAL O COMPARTIDO	MONO O MULTIPROCESADOR	MULTI O MONOTAREA

Al menos hay que indicar algún sistema operativo de cada característica, es decir, un mínimo de ocho sistemas en la tabla indicada.

4.2. Inicia el sistema operativo Windows 10 y Windows 11, con cada una de las opciones del arranque selectivo mostrado al pulsar F8, y analiza las diferencias y qué ocurre en cada uno de los casos.

4.3. Si dispones de más de un usuario en tu sistema, Windows o Linux, haz que ambos tengan la sesión iniciada. En este ejercicio cada usuario tendrá abierta alguna aplicación.

4.4. Con la sesión del segundo usuario iniciada, cierra la sesión del primer usuario que inició sesión en el ejercicio anterior, tanto en Windows como en Linux, y explica qué es lo que ha habido que hacer para poder realizar el proceso.

4.5. Personaliza el escritorio de tu equipo con un color sólido de fondo y con un tamaño pequeño de iconos. Lo realizaremos en Windows 10/11 y en Linux.

4.6. Haz que las carpetas de los sistemas operativos Windows 10/11 y Linux se abran con un solo clic.

4.7. Configura tu equipo Windows 10/11 para que se pueda iniciar sesión utilizando una imagen como contraseña, seleccionando tres zonas de dicha imagen como patrón. Descarga una imagen cualquiera de internet. No se deben utilizar imágenes del equipo.

5. Instalación y configuración de sistemas operativos informáticos

Contenido

5.1. Requisitos para la instalación. Compatibilidad *hardware* y *software*

Tenemos que tener en cuenta unas cuantas consideraciones a la hora de instalar el sistema operativo:

- **Requisitos *hardware***. Antes de instalar un sistema operativo, sea el que sea, tendremos que ver que nuestro *hardware* es capaz de albergarlo. Para ello tendremos que considerar que los requerimientos *hardware* de nuestro equipo tienen que ser suficientes para hacer funcionar el sistema operativo con garantías. En este punto, prestaremos especial atención a:

  — Procesador mínimo requerido.

  — Espacio en disco mínimo.

  — Memoria mínima necesaria.

  — Adaptador gráfico.

- **Procedimiento de instalación**. En esta parte veremos cómo se prepara el equipo para iniciar la instalación. Qué dispositivo de carga de sistema tenemos que seleccionar y los parámetros necesarios que habría que utilizar si fuera necesario y, sobre todo, la selección del disco o partición en la que vamos a instalar el sistema.

- **Instalación**. A partir de este momento, iremos viendo detalladamente las pantallas que muestra el instalador de cada sistema operativo y lo que es necesario indicar en algunas de ellas.

Respecto de los requisitos *hardware* mínimos para poder instalar un sistema operativo, en la Tabla 5.1. se muestran los de los sistemas operativos actuales del mercado.

SISTEMA OPERATIVO	*HARDWARE* MÍNIMO Y RECOMENDADO
Mac OS	• **Procesador** Core 2 Duo, Core i3, Core i5, Core i7 o Xeon de Intel. • **Frecuencia del procesador**: mayor de 1 Ghz. • **RAM**: 2 GB. • **Espacio en disco duro**: 8 GB. • **Tarjeta gráfica:** compatible con Mac OS. • **Resolución mínima de pantalla:** 800 × 600. • Una unidad de DVD interna o externa, o compartir DVD o CD.
Windows 10	• **Procesador** Core 2 Duo, Core i3, Core i5, Core i7 o Xeon de Intel. • **Frecuencia del procesador**: mayor de 1 Ghz. • **RAM**: 1 *gigabyte* (GB) para 32 bits o 2 GB para 64 bits. • **Espacio en disco duro**: 16 GB para un sistema operativo de 32 bits o 20 GB para un sistema operativo de 64 bits. • **Tarjeta gráfica:** DirectX 9 o posterior con un controlador WDDM 1.0. • **Resolución mínima de pantalla:** 800 × 600. • Una unidad de DVD interna o externa, o compartir DVD o CD.

SISTEMA OPERATIVO	*HARDWARE* MÍNIMO Y RECOMENDADO
Windows 11	• **Procesador** 1 gigahercio (GHz) o más rápido con dos o más núcleos en un procesador o sistema compatible de 64 bits. • **Memoria**: 4 *gigabytes* (GB) o superior. • **Espacio en disco duro**: 64 GB o más de espacio disponible en disco. • **Tarjeta gráfica**: compatible con DirectX 12 o posterior. • **Firmware del sistema**: UEFI, compatible con arranque seguro. • **TPM**: módulo de plataforma segura (TPM) versión 2.0. • **Pantalla**: pantalla de alta definición (720 ppp). • **Conexión a Internet**: la conectividad a internet es necesaria para realizar actualizaciones y para descargar y usar algunas características.
Ubuntu	• **Procesador** Core 2 Duo, Core i3, Core i5, Core i7 o Xeon de Intel • **Frecuencia procesadora**: mayor de 700 Mhz. • **RAM**: 512 MB mínimo (MB) 1 *gigabyte* (GB) recomendado. • **Espacio en disco duro**: 7 GB. • **Tarjeta gráfica**: DirectX 9 o posterior con un controlador WDDM 1.0. • **Resolución mínima de pantalla**: 800 × 600.

Tabla 5.1. Requisitos *hardware* sistemas operativos.

Siempre que vamos a instalar un sistema operativo y vemos que nuestro *hardware* es compatible con la versión a instalar, verificaremos que disponemos de los *drivers* adecuados para nuestro sistema.

Es una cuestión obvia que, si no disponemos de los *drivers* o controladores del *hardware* de nuestro equipo compatibles con el sistema operativo, de nada sirve que lo instalemos, ya que habrá determinados dispositivos que dejarán de funcionar o no funcionarán nunca.

Por otro lado, tendremos que tener en cuenta la compatibilidad de las aplicaciones *software* que queremos instalar en nuestro equipo. Si, por ejemplo, instalamos Linux Ubuntu en nuestro sistema y posteriormente queremos utilizar Microsoft Office, pues tendremos un problema, ya que esta aplicación no es compatible con Ubuntu.

Es por ello por lo que, antes de decidirnos por un sistema u otro, debemos analizar qué *hardware* y qué *software* es compatible, y, sobre todo, si las arquitecturas de *hardware* y *software* son compatibles, ya que hasta hace unos años sistemas operativos, *hardware* y aplicaciones se desarrollaban en entornos de 32 bits. Actualmente todo se desarrolla en arquitecturas de 634 bits, pero pudiera darse el caso de que nosotros tengamos aplicaciones de 32 bits que queramos utilizar, y eso nos suponga un problema al utilizar las funcionalidades de los nuevos sistemas.

5.2. Fases de instalación

A continuación, de forma esquemática, indicamos las fases por las que atraviesa la instalación de un sistema operativo en entorno servidor.

- **En la fase de planificación analizaremos**:
  - Compatibilidad del sistema operativo con el *hardware* en el que lo vamos a instalar.
  - Compatibilidad de las aplicaciones que se ejecutarán.
  - Soporte de *drivers*.
  - Soporte para todo el *software*: sistema operativo, antivirus, solución de copias de seguridad *(backup),* base de datos, aplicación, etcétera.
  - ¿Cuál es el uso planeado para este sistema, y quién se lo va a dar?
  - ¿Existen perspectivas de que esto cambie a corto o medio plazo? ¿Y a largo?
  - ¿De qué recursos se dispone para lograr este fin?

- **En la fase de instalación procederemos de la siguiente forma:**
  - Preparar el equipo para arrancar desde CD/DVD.
  - Preparación del disco duro:
    - ✓ Ejecutar el programa de instalación.
    - ✓ Proporcionar el nombre y contraseña del usuario que será administrador del sistema.
    - ✓ Seleccionar los componentes *software* opcionales que queremos instalar.
    - ✓ Ajustar los parámetros de la red.
    - ✓ Configurar el gestor de arranque.
    - ✓ Realizar las actualizaciones de seguridad.
    - ✓ Instalar los *plugins* del navegador.
    - ✓ Instalar los *drivers* necesarios para los dispositivos no reconocidos en la instalación.

- **En la fase de instalación, iremos anotando en un documento:**
  - Fecha y hora de la instalación.

— Especificaciones *hardware* del equipo en el que instalamos el sistema operativo en red.

— Datos introducidos en el proceso de instalación como: nombre del equipo, clave del producto, contraseña del administrador, licencias, etcétera.

— *Software* adicional instalado, como funciones.

— Configuración de la red (dirección IP, máscara de subred, etcétera).

— Incidencias producidas durante el proceso de instalación.

5.2.1. Configuración del dispositivo de arranque en el BIOS

BIOS responde a las iniciales de *Basic Input/Output System* ('sistema básico de entrada y salida') y es un chip cuyo propósito consiste en posibilitar el inicio de un ordenador, ya que almacena información del *hardware* del equipo, discos duros, dispositivos *hardware*, fecha, hora, etc. Una de las informaciones que almacena el BIOS es la del dispositivo de almacenamiento que primero se iniciará cuando se encienda el equipo, es decir, desde donde se cargará el sistema operativo.

Los tipos de BIOS más comunes del mercado se almacenan en componentes del siguiente tipo:

- **ROM** (*Read Only Memory*). Esta clase de BIOS puede ser grabada únicamente cuando se fabrica el chip. Son memorias no volátiles por lo que los datos contenidos en ella no son susceptibles de alteración.

- **EPROM** (*Erasable Programmable Read-Only Memory*). En este tipo de componentes electrónicos se almacenan los BIOS, pero la información contenida en ellos es susceptible de ser modificada.

- **FLASH BIOS**: la memoria *flash* es la más utilizada en la actualidad. Esta clase de memoria se incluye en la categoría de las volátiles. Cuenta con la capacidad de ser regrabada, sin el empleo de dispositivo de borrado alguno. Consecuentemente, es posible actualizarla de manera permanente y fácil.

La información que se almacena en el BIOS del equipo se denomina *firmware*, ya que es *software* contenido directamente en un elemento *hardware*, por lo que no es ni *hardware* ni *software*, es *firmware*.

Veamos en la Figura 5.1 la pantalla mostrada por el BIOS convencional de un sistema informático.

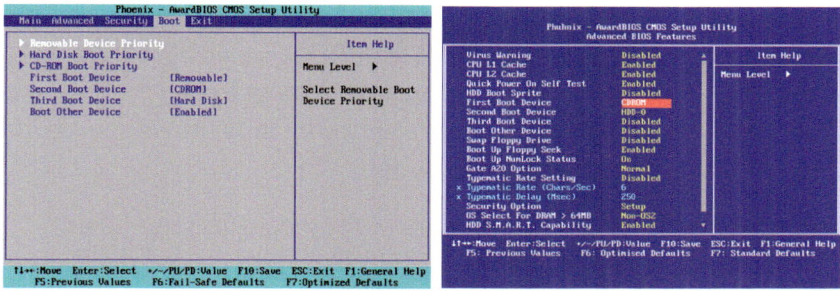

Figura 5.1. BIOS sistema informático.

Para mostrar la interfaz del BIOS, mientras se inicia el sistema, tendremos que pulsar, habitualmente, la tecla **F2** o **Supr.** Se mostrará una pantalla similar a la de la Figura 5.1, pero dependerá en gran medida del BIOS de nuestro equipo.

El *firmware* es una porción de código almacenado en una memoria ROM (de alguno de los tipos explicados con anterioridad) que se utiliza para establecer las instrucciones que controlan las operaciones de los circuitos de un dispositivo.

La función primordial del **BIOS** es **inicializar los componentes de** *hardware* y lanzar el sistema operativo. Además, con su carga se inicializan otras funciones de gestión importantes como la energía y la gestión térmica.

Por otra parte, el **UEFI** (**U**nified **E**xtensible **F**irmware **I**nterface) se puede cargar en cualquier recurso de memoria no volátil, lo cual permite que sea independiente de cualquier sistema operativo. Debido a estas características, posee las mismas funciones que BIOS, pero con características adicionales.

Veamos en la Figura 5.2 la pantalla mostrada por un sistema de interfaz unificada de extensión de *firmware* UEFI.

Figura 5.2. UEFI sistema informático.

Pues bien, sea desde el BIOS en las opciones de *boot* directamente pulsando alguna tecla especificada por el fabricante o desde la UEFI, tendremos que poder modificar la secuencia de los dispositivos de arranque para que el sistema se inicie desde aquel dispositivo en el que vayamos a introducir el *software* del sistema operativo y desde donde vamos a realizar la instalación del mismo.

Puede ser desde un USB, un DVD interno o externo, o incluso desde la red.

Es muy importante analizar la documentación de los fabricantes de la placa para poder tener claro qué tecla hay que pulsar para iniciar la unidad deseada.

5.2.2. Particionado de discos

Si deseamos instalar un sistema operativo, bien sea Windows, Linux, Mac OS, o cualquier otro, lo primero que tendremos que hacer es preparar el espacio de almacenamiento en el que se instalará el sistema operativo.

Esta preparación del espacio de almacenamiento consiste en realizar dos operativos fundamentales: particionar el disco y posteriormente formatearlo.

Realizando una analogía, un disco duro puede considerarse como una gran habitación en la que no hay nada. De esta habitación podremos utilizar todo el espacio o parte de él para la función principal, es decir, podremos utilizar o no todo el disco duro para instalar el sistema operativo. Si decidimos utilizar todo, pues simplemente indicaremos eso, que todo el disco duro se utilizará para almacenar el sistema operativo, es decir, como si en la habitación no se hiciera nada salvo utilizarla.

Por el contario, si decidimos utilizar parte de la habitación para un uso principal y otra parte de la habitación para otro uso, tendremos que levantar un tabique para realizar dos nuevas habitaciones. En el caso del disco duro, es decidir que una parte albergará el sistema operativo y otra parte del disco se le dará otro uso.

En resumen, particionar un disco es eso mismo, hacer partes del disco duro, bien utilizando todo el tamaño o utilizando parte.

Cuando se instala un sistema operativo en un disco en el que hemos decidido tener dos o más partes (particiones), el sistema operativo considera cada partición como si fuese un disco independiente, por ello es posible tener varias partes de un disco, destinadas a funciones totalmente distintas, e incluso a tener almacenado en cada una de ellas un sistema operativo diferente.

De forma general, existen tres tipos de particiones:

- **Partición primaria**. Este tipo de partición es importante en tanto en cuanto sirve para almacenar la instalación del sistema operativo, permitiendo que el sistema se cargue o arranque desde aquí. Es lo que se conoce como una partición arrancable, partición principal o partición activa.

- **Partición extendida**. Este tipo de partición sirve solo como almacén de datos, y no suele utilizarse como particiones de *boot* o de arranque de sistema. No podemos instalar en una partición de este estilo ningún sistema operativo. Sin embargo, tiene una ventaja: este tipo de particiones las podemos dividir en todas las partes (unidades lógicas) que queramos.

- **Partición o unidad lógica**. Las particiones de este tipo son las partes en las que podemos dividir una partición extendida. Y su límite lo impone el mismo tamaño de la partición extendida.

Por lo general, un disco duro tiene un número máximo de particiones, normalmente cuatro, clasificadas de la siguiente forma:

- Una, dos, tres o cuatro particiones primarias.

- Una, dos o tres particiones primarias y una extendida con una o varias unidades lógicas.

Al proceso de ir creando las particiones se le suele llamar *particionar*. Pero, además, las particiones una vez creadas deben ser *formateadas*, es decir, se les debe crear un sistema de ficheros.

Las particiones se crean antes o durante el proceso de instalación de un sistema operativo. Normalmente, todos los sistemas operativos incorporan herramientas de particionado con lo que los discos se pueden particionar mientras se instala el sistema. En otras ocasiones, utilizaremos herramientas externas como **Partition Wizard** o similar para preparar el espacio de almacenamiento antes de la instalación del sistema operativo.

Veamos, a continuación, cómo se muestran las particiones en diferentes sistemas operativos, donde aparecen una partición primaria y otra extendida con una o dos unidades lógicas.

Desde el panel de control, seleccionaremos *Herramientas administrativas* en Windows 10 o *Herramientas de Windows* en Windows 11 → *Administración de equipos*. En la ventana que se muestra iremos a la zona de exploración de la izquierda y seleccionaremos *Almacenamiento* → *Administración de discos.* Se mostrará una pantalla como la de la Figura 5.3, en la que se ven las particiones de todos los discos del sistema.

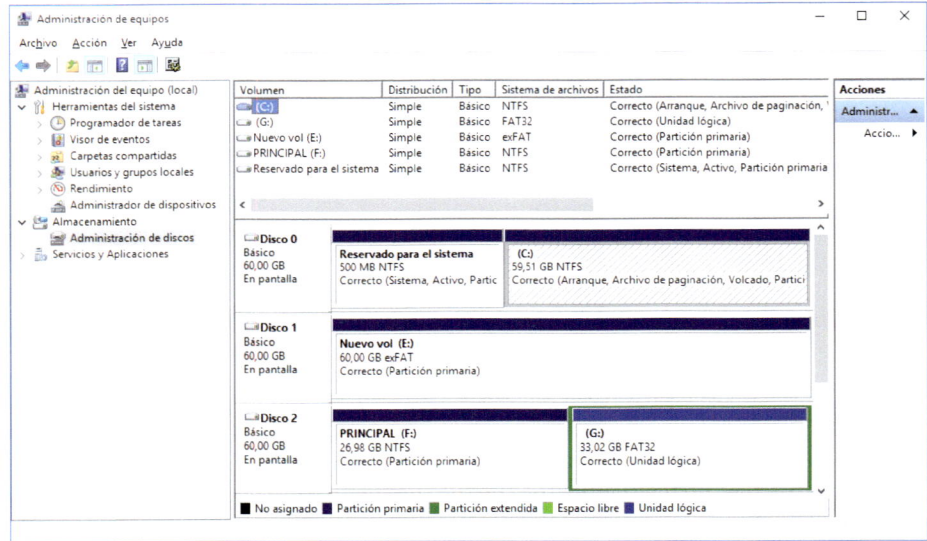

Figura 5.3. Administración de discos en Windows 10/11.

Para crear particiones, basta con seleccionar el disco en la parte izquierda, donde indica **Disco1**, **Disco2**, etc., e inicializarlo. Posteriormente, en la zona en la que se indica el tamaño del disco, con el botón derecho se pulsa en *Nuevo volumen simple*, y se siguen las indicaciones del asistente.

Ubuntu

Lo primero que tenemos que hacer es instalar el gestor de particiones (*gparted*) de discos en Ubuntu. Para ello, desde el símbolo del sistema ejecutaremos la siguiente orden:

paco@ubuntu:~$ *sudo apt-get install gparted*

Una vez instalado, lo ejecutaremos:

paco@ubuntu:~$ *sudo gparted*

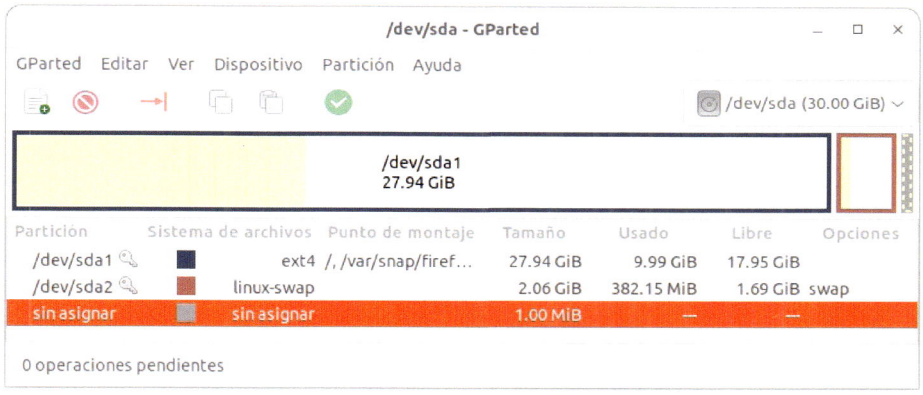

Figura 5.4. Administrador de discos en Linux Ubuntu.

Para crear particiones, en la parte superior derecha, seleccionaremos el disco que se va a particionar. En nuestro caso, el **/dev/sda2**. Luego iremos a *Dispositivo → Crear tabla de particiones*. Realizada esta operación, nos situaremos en cualquier parte vacía que representa el espacio de disco y pulsaremos en *Nueva* para crear la partición. Seguiremos el asistente seleccionando las opciones deseadas.

5.2.3. Formateo de discos

Una vez particionados los discos, hay que formatearlos, para concederles una estructura lógica a los mismos.

Esta estructura es hacer que el disco contenga todas sus partes: *boot*, sector de arranque, tabla de directorios o directorio raíz y zona de datos. Con el formateo además estamos asignando el sistema de archivo deseado al disco. El particionado no asigna estructura de sistema de archivos, ya que simplemente permite hacer trozos del disco que, si no son formateados, servirán de poco o de muy poco.

El proceso de formateo es un proceso que se hace durante la instalación del sistema operativo o antes de instalar el mismos.

De forma similar a como decíamos con las particiones, se puede preparar el disco antes de instalar el sistema, es decir, se puede particionar y formatear antes de instalar, solo particionar o nada de ello. Lo que no se haga previamente, tendremos que hacerlo mientras se instala, eso sí, disponiendo de menos opciones que las que nos ofrecen las herramientas externas que las propias de los asistentes de instalación de los sistemas operativos.

Desde el panel de control, seleccionaremos *Herramientas administrativas* en Windows 10 o *Herramientas de Windows* en Windows 11 → *Administración de equipos*. En la ventana que se muestra, iremos a la zona de exploración de la izquierda y seleccionaremos *Almacenamiento* → *Administración de discos*. Se mostrará una pantalla como la de la Figura 5.3, en la que se ven las particiones de todos los discos del sistema. Basta con seleccionar la partición deseada y, con el botón derecho del ratón, pulsar en *Formatear*.

Elegiremos el nombre o etiqueta del disco, así como el sistema de archivos y el tamaño del clúster.

Ya veremos más adelante cómo se preparan discos para instalar los sistemas. Ahora simplemente veremos de qué forma, desde cada uno de los dos sistemas operativos que estamos trabajando, se puede formatear un disco, que evidentemente no sea el disco donde está instalado el sistema operativo.

Ejecutamos gparted.

paco@ubuntu:~$ *sudo gparted*

Seleccionaremos el disco que se desea particionar. En nuestro caso, el /dev/sda2. Posteriormente, en cualquier parte vacía que representa el espacio de disco, pulsaremos en *Formatear como.* Seleccionaremos el sistema de archivos deseado y posteriormente aplicaremos los cambios, pulsando el *check* de color verde.

Posteriormente, cuando veamos las instalaciones, veremos de qué forma se particionan los discos con los asistentes de instalación.

Todo espacio de almacenamiento, y en general cualquier disco duro, consta de una **estructura física** y otra **estructura lógica**. La física se crea cuando se construye el disco en la fábrica. El fabricante indica el número de caras, pistas por cara y sectores que tiene el disco. La estructura lógica, como ya hemos dicho, es creada por el usuario cuando procede a **formatear** o **dar formato** al disco. Para esta labor, se utiliza el comando FORMAT.COM. Previamente a la operación de dar formato al disco, este tiene que ser particionado, es decir, dividido en una o varias partes. Esta operación se realiza con el comando FDISK.EXE, DISKPART, etcétera.

La mayoría de los discos duros, cuando los compramos, vienen sin el formato lógico, por lo que será necesario prepararlos.

El proceso de particionado y formateo de los discos es necesario tanto en discos duros como en USB, pero en los USB, normalmente, no podremos modificar el espacio de almacenamiento en varias partes, es decir, no podremos hacer varias particiones. Por el contrario, esta operación de particionado es posible y necesaria en discos duros.

El proceso de dar formato se realiza para crear una estructura en el soporte, de tal forma que el sistema operativo pueda almacenar en ella los ficheros y programas. Ya veremos más adelante cómo se prepara un disco duro para instalar los ficheros del sistema operativo y dejarlo preparado para almacenar ficheros de usuario. Recordemos que la estructura física del disco o disquete es la siguiente:

- **Caras**.
- **Pistas** (cilindros, si son discos duros con más de un plato).
- **Sectores**.

La estructura física viene determinada por el fabricante, aunque sus características están estandarizadas. Es raro encontrar discos duros que no tengan un formato estándar para que pueda ser reconocido por la mayoría de los sistemas operativos.

La estructura lógica, que podemos ver en la Figura 5.5, que se **consigue cuando se da formato al disco**, es la siguiente:

- **Sector de arranque** o registro maestro de arranque (**MBR**, *Master Boot Record*).

- Tabla de asignación de archivos (**FAT**).

- **Directorio raíz** o área de estructura de directorios.

- **Zona de datos**.

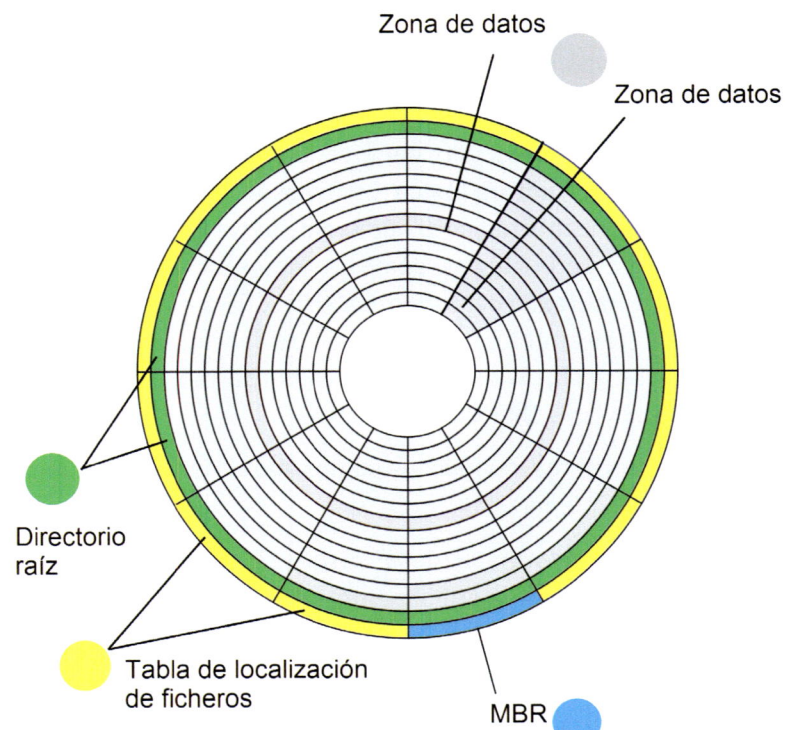

Figura 5.5. Estructura lógica de un disco.

Hay que tener en cuenta que el sistema operativo no trabaja en ningún caso con sectores, sino con clúster, que es una agrupación de sectores. El número de sectores que forma un clúster puede ser 2, 4, 8 o 16. Por ejemplo, si en un disco duro que tiene sectores de 512 *bytes*, estos están agrupados en bloques de 16, el clúster tendrá un tamaño de 16 kB. De esta forma, cada vez que escribimos o leemos de un disco, estamos leyendo o escribiendo un clúster; es decir, un grupo de sectores.

Este tipo de agrupación tiene algún inconveniente: cuando nosotros grabamos un fichero en el disco, aunque sea un simple documento de texto que contenga una sola letra, ocupará un clúster completo. Esto implica que se pierde espacio de almacenamiento en el disco. No obstante, lo que por un lado se pierde (optimización de la ocupación del espacio en disco), por otro se gana (leer o grabar más información en una sola operación de lectura/escritura). Es decir, se puede perder espacio en disco; pero, con una sola operación de lectura o escritura, la información que se transfiere es mucho mayor.

El tamaño del clúster en los discos duros ha ido evolucionando conforme lo ha hecho el tamaño de los discos duros. En un primer momento, los clústeres eran de 4 kB en discos de pequeño tamaño. Al ir aumentando el tamaño de los discos, los fabricantes de sistemas operativos y de discos consideraron que era preferible aumentar el tamaño del clúster. Se pierde algo de espacio, pero se gana mucho en velocidad.

El tamaño del sector en un disco duro es de 512 *bytes* agrupados normalmente de cuatro en cuatro para formar un clúster. Veamos con más detalle cada una de las partes de la estructura lógica de un disco:

- **El sector de arranque** o MBR (*boot*) se localiza siempre en el primer sector del disco (sector 0) ocupando un sector. Este sector de arranque realiza dos funciones:

  — Contiene un pequeño programa que se ejecuta cuando se enciende el ordenador y que permite cargar el sistema operativo en memoria. Es evidente que, para que el ordenador pueda cargar el sistema operativo en memoria, el disco duro tiene que haber sido previamente cargado con los programas del sistema en el sector de arranque. Esto se realiza durante la instalación del sistema operativo.

  — También contiene una tabla con información relativa al disco: número de caras, de pistas por cara, de sectores por pista, tamaño del sector, etiqueta del disco, número de serie, etc. Esta tabla es conocida como **BPB** (*Bios Parameter Block*).

- La **tabla de asignación de archivos**, conocida normalmente como **FAT** (*File Allocation Table*), se encarga de organizar la información en forma de ficheros dentro de la zona de datos. La FAT es como el índice del disco duro. En ella se almacena la información correspondiente a los sectores del disco que están libres y en cuáles de ellos hay datos. También indica dónde comienza un archivo o fichero, dónde termina, cuántos sectores ocupa, etc. La tabla de localización de ficheros permite ubicar ficheros en la zona de datos. En primer lugar, irá ocupando los sectores libres secuencialmente. Esta tabla está formada por elementos que se corresponden con cada uno de los clústeres del disco. Cada uno de estos elementos (tantos como clústeres) puede contener una de las siguientes informaciones:

  — Un cero (0) indica que el clúster está libre.

  — Una marca especial para indicar que es el último clúster del archivo.

— Cualquier valor numérico que indica cuál es el clúster siguiente del archivo, suponiendo que este no sea el último.

— Una marca especial para indicar que el clúster está físicamente defectuoso.

- El **directorio raíz** es la tercera zona del disco que se crea cuando le damos formato. Esta zona es de tamaño fijo y se sitúa físicamente después de la FAT. Tiene varias **entradas**, cada una de ellas con un tamaño de 32 *bytes*. Cada entrada contiene información referente a la zona de datos: nombre de los archivos, extensión, tamaño, fecha y hora, además de los atributos de cada directorio y archivo.

- El área de datos del usuario es la zona de mayor tamaño de un disco. Se ubica a partir del directorio raíz. El disco en esta zona está dividido en sectores, pero sabemos que el sistema operativo gestiona bloques de ellos mediante clústeres. En esta zona se almacena la información de los archivos y subdirectorios que contenga nuestro disco.

Pues bien, hay que indicar que esta estructura la generamos cada vez que formateamos un disco.

5.2.4. Creación del sistema de ficheros

Al igual que ocurre con lo visto en el punto anterior, la creación del sistema de archivos es un proceso que se realiza cuando se particiona y da formato al disco. En este caso, tomaremos como referencia un disco en un sistema FAT o NTFS y veremos qué partes del mismo, incluyendo el sistema de ficheros, se crean cuando se formatea el disco.

Veamos la Figura 5.6.

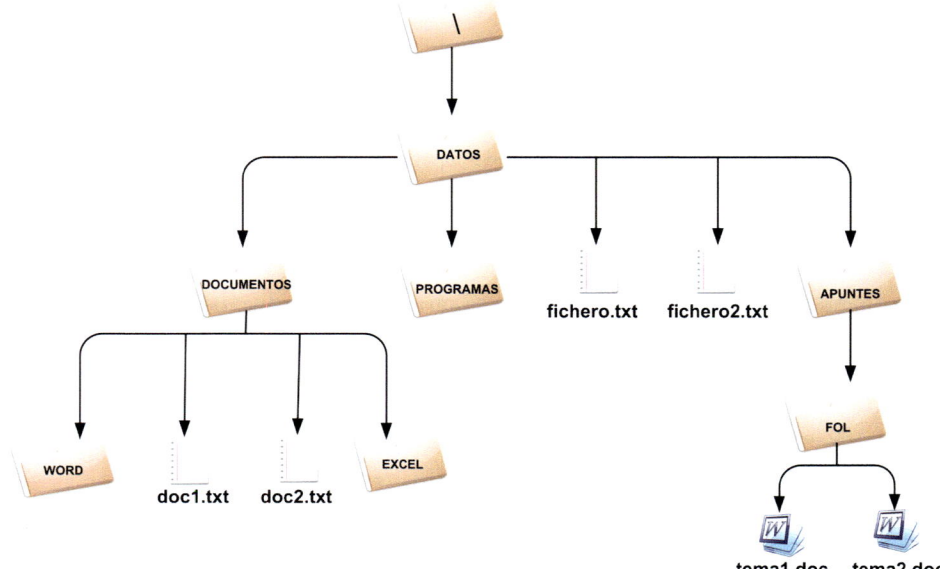

Figura 5.6. Estructura del sistema de archivos.

5.2.5. Configuración del sistema operativo y de los dispositivos

Una vez particionado el disco y formateado para generar la estructura lógica, podremos instalar el sistema operativo. El procedimiento de instalación lo veremos un poco más adelante, pero es importante indicar que, una vez instalado el sistema operativo, tendremos que realizar los ajustes necesarios para comprobar que todos los dispositivos *hardware* de nuestro equipo están instalados correctamente, y que los *drivers* con los que contamos son los adecuados para el sistema operativo instalado.

Para ver los dispositivos instalados en un sistema Windows, tendremos que ir al panel de control, seleccionaremos *Panel de control → Administrador de dispositivos*. Veamos la Figura 5.7.

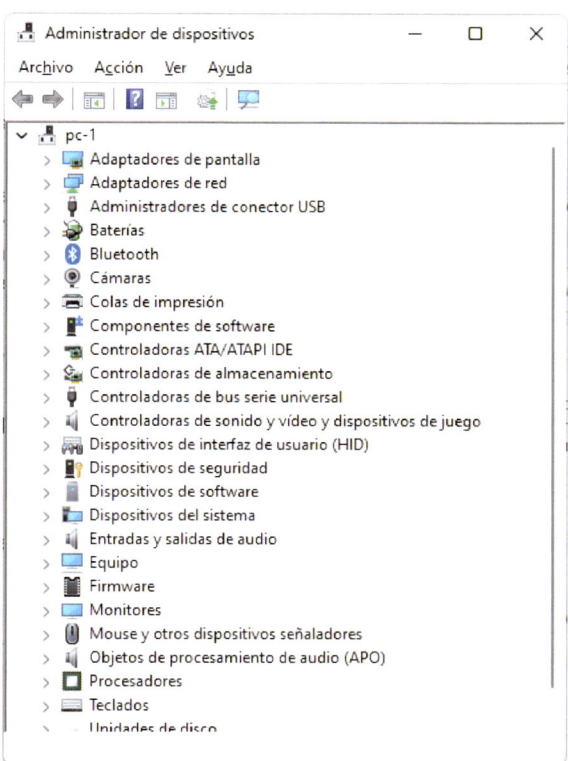

Figura 5.7. Administración de dispositivos en Windows 10/11.

En este caso, veremos cómo se muestra la lista de dispositivos, teniendo en cuenta que podemos encontrar:

- ⚠️ **Dispositivo con *driver* mal instalado**. Si se muestra este icono sobre un dispositivo, es que el *driver* que tiene instalado no es el adecuado para el sistema o simplemente es incorrecto. Basta con pulsar el dispositivo con el botón derecho del ratón, seleccionar *Actualizar software controlador* y seguir las pantallas que muestran el proceso para realizar tal acción.

- ❌ **Dispositivo no reconocido**. En este caso el sistema no reconoce el *hardware* de ningún modo. No es que no tenga el *driver*, es que simplemente no tiene ni idea de qué dispositivo se le ha conectado. La solución a este problema es difícil, ya que probablemente este dispositivo no sea compatible con el sistema.

- ⬇️ **Dispositivo deshabilitado**. El dispositivo está instalado correctamente, con el *driver* adecuado, pero se ha deshabilitado por deseo del usuario. Para habilitar o deshabilitar dispositivos, basta con situar el ratón sobre el dispositivo y con el botón derecho del ratón seleccionar *Habilitar* o *Deshabilitar*, según el caso.

Instalaremos y ejecutaremos la aplicación **Hardinfo**.

paco@ubuntu:~$ *sudo apt-get install hardinfo*

paco@ubuntu:~$ *sudo hardinfo*

Para ejecutar la aplicación, también podremos poner en la barra de búsqueda del **DASH**, la cadena *hard*, y se mostrará el icono representativo de tal herramienta (*System Profiler and Benchmark*). Cuando lo ejecutemos, se mostrará una pantalla como la de la Figura 5.8.

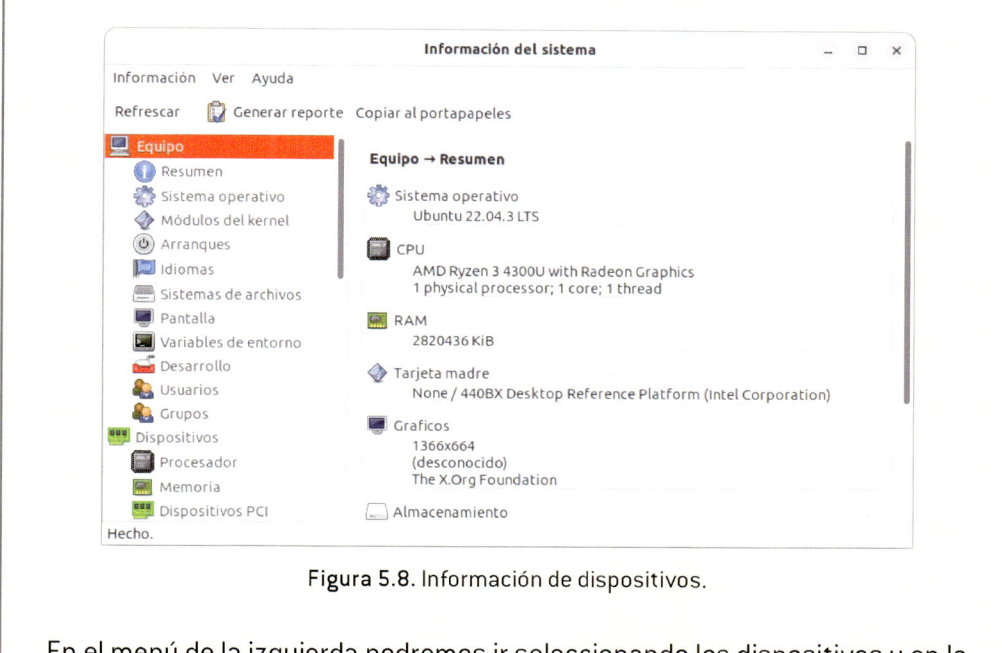

Figura 5.8. Información de dispositivos.

En el menú de la izquierda podremos ir seleccionando los dispositivos y en la parte derecha veremos los detalles de los mismos.

Si en cualquiera de los dos sistemas deseáramos instalar dispositivos, lo normal es que sean de tipo USB, por lo que en la mayoría de los casos la intervención del usuario es mínima.

Sí que es recomendable antes de enchufar el dispositivo, instalar, en este caso, los *drivers*, y luego conectar el dispositivo, ya que, de otra forma, Windows o Ubuntu instalarán sus *drivers*, es decir, los genéricos y no los específicos.

5.2.6. Instalación y configuración de utilidades y aplicaciones

Respecto de la instalación y configuración de las utilidades del sistema y las aplicaciones de usuario, se debe indicar que según el sistema operativo que utilicemos, la disponibilidad de utilidades y aplicaciones será mayor o menor.

Es evidente que Windows cuenta con mayor número de aplicaciones y utilidades a disposición de los usuarios que los sistemas Linux. Aunque en la actualidad estos últimos han ido aumentando mucho la disponibilidad de aplicaciones y utilidades, siguen siendo los sistemas de la familia Windows los que cuentan con mayor *software* desarrollado.

Para instalar utilidades y aplicaciones, podremos hacerlo desde diferentes lugares y de diferentes formas.

En sistemas Windows, lo normal para instalar una aplicación es que esta cuente con algún tipo de instalador que realice toda la operación de forma automática. Estos instaladores, llamados **install.exe**, **instalar.exe**, **setup.exe**, **setup.msi**, suelen ser los que se ejecutan haciendo doble clic sobre ellos. En este caso, el proceso de instalación comienza y simplemente tendremos que seguir las pautas que nos dé el asistente de instalación de la utilidad o aplicación.

Si lo que queremos es instalar aplicaciones del sistema operativo y utilidades que no se han instalado por defecto durante el proceso de instalación, tendremos que ir a *Panel de control → Programas y características*. Se mostrará una pantalla en la que se mostrarán aplicaciones y utilidades instaladas.

Si desde aquí seleccionamos una aplicación instalada, podremos realizar al menos dos acciones sobre ella, acciones que seleccionaremos en la línea de menús de esta ventana.

Desinstalar. Proceso que consiste en eliminar la aplicación del registro de Windows, así como las carpetas, iconos y demás elementos que se hubieran instalado. Esta acción también puede ejecutarse al seleccionar la aplicación, y seleccionando *Desinstalar* con el botón derecho del ratón.

Modificar. En algún tipo de aplicaciones, se puede desinstalar algún componente de la aplicación (por ejemplo, en Microsoft Office quitar Word), o instalar alguno adicional que no se hubiera instalado anteriormente.

En esta misma ventana, haciendo clic en *Activar o Desactivar características de Windows* podremos añadir o eliminar aplicaciones del sistema operativo.

Ubuntu

En Ubuntu, la cuestión es bastante similar, teniendo en cuenta que las aplicaciones no son tan variadas ni tan fáciles de instalar.

Lo más sencillo, siempre, es recurrir al *Centro de* software *de Ubuntu,* que ya viene preconfigurado en la barra de DASH.

Tiene el aspecto mostrado en la Figura 5.9. Desde esta ventana podremos ver el *software* disponible para Ubuntu, puesto a disposición de los usuarios en los denominados *repositorios.*

Si seleccionamos las pestañas *Instaladas* o *Actualizaciones*, podremos ver precisamente eso, las aplicaciones y utilidades instaladas y las actualizaciones con las que cuenta nuestro sistema.

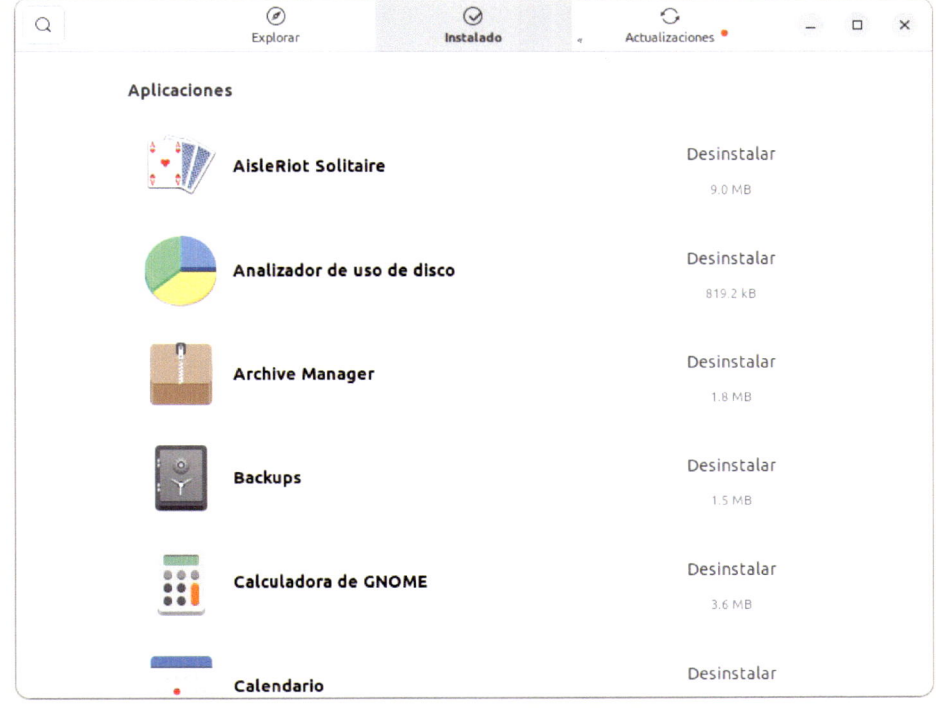

Figura 5.9. *Software* de Ubuntu.

Para instalar aplicaciones desde esta utilidad, basta con seleccionar en la lista de **catego-rías,** el lugar en el que estará la aplicación deseada. Se mostrará en la parte central de la nueva ventana lo más significativo de la categoría, y en la parte izquierda, un menú am-plísimo de las opciones para filtrar resultados de los paquetes o aplicaciones deseadas.

Elegida la aplicación deseada, se hace clic en el icono representativo de la misma. Se mostrarán características de la aplicación y, si deseamos instalarla, bastará con pul-sar **instalar** en el botón que se muestra. Se nos pedirá que nos autentiquemos como usuarios administradores del equipo.

Otra forma de instalar *software* en Ubuntu es descargar cualquier utilidad o aplicación compatible con este sistema operativo. Estas aplicaciones suelen distribuirse en pa-quetes de datos con extensión **.deb.**

Si descargamos, por ejemplo, Acrobat Reader, tendremos que descargar el paquete con extensión .deb. y, al seleccionarlo, se realiza la instalación del mismo.

5.3. Tipos de instalación

Muchos de los sistemas operativos del mercado, suelen admitir varios tipos de insta-lación bien *a priori* (antes de instalarlos) o *a posteriori* (una vez ya instalados). Lógica-mente las instalaciones *a priori* son mejores, ya que solo instalan lo que necesitamos y no es necesario desinstalar *software* ya instalado. Entre los tipos de instalaciones de *software* más comunes están las que vamos a ver a continuación.

5.3.1. Instalaciones mínimas

Instala los archivos mínimos que se necesitan para poder ejecutar el sistema. Su ma-yor ventaja es que ocupa poco espacio en el disco duro, aunque, actualmente con la capacidad de los discos duros, no tiene mucho sentido utilizar este tipo de instala-ción, salvo excepciones como, por ejemplo, los juegos, ya que estos pueden ocupar varios *gigabytes* de espacio. Sin embargo, la instalación mínima tiene una desventaja bastante clara. Si necesitamos utilizar alguna función o utilidad que no se instaló en su momento, tendremos que volver a introducir de nuevo el CD o DVD del *software* ori-ginal del sistema operativo y proceder a instalar la utilidad deseada.

5.3.2. Instalaciones estándares

En este tipo de instalaciones podremos elegir, en algunos casos, dos formas de hacerlas:

- **Típica**. Con este tipo de instalación, se instalan la mayoría de archivos que se necesitan para poder ejecutar el sistema con funcionalidad completa o casi to-tal. Ocupa más espacio que la anterior, pero suele ser más eficaz.

- **Completa**. Se instalan todos, o al menos la mayoría de archivos que se necesitan para poder ejecutar el sistema operativo. Ocupa más espacio que las anteriores, pero suele ser definitiva y no requerir retoques posteriores.

Vamos a realizar una instalación estándar de Windows 10 y otra de Ubuntu, como referencia a instalación de sistemas operativos.

Es importante destacar que solamente iremos mostrando aquellas pantallas que resulten críticas o verdaderamente importantes durante el proceso de instalación. En cualquiera de los dos casos, instalaremos los sistemas operativos en un disco duro utilizando todo el espacio del mismo, es decir, la instalación se realizará en un disco duro en el que se creará, durante la instalación, una partición primaria y activa de todo el espacio de disco.

Veamos las instalaciones.

Habremos configurado el BIOS del equipo para que arranque desde la unidad de CD, DVD o desde el dispositivo USB en el que tengamos el *software* del sistema operativo.

Encendemos el equipo y se muestra la primara pantalla en la que nos solicita idioma del instalador o asistente de instalación, idioma del sistema operativo que instalemos y el formato de fecha y hora. En nuestro caso todo será *España*. Pulsamos **Siguiente**.

En la siguiente pantalla, pulsamos la opción **Instalar ahora**. En este momento se inicia el programa de instalación de Windows, y se nos solicita la clave del producto, que podremos introducir ahora o posteriormente una vez finalizada la instalación. Según el caso, pulsaremos **Omitir** o **Siguiente**.

Aceptamos los términos de la licencia de Windows, y se muestra la primera pantalla en la que tendremos que tomar una decisión. Ver Figura 5.10.

Figura 5.10. Selección del tipo de instalación.

Seleccionaremos **Personalizada: instalar solo Windows (avanzado)**, ya que no disponemos de ninguna versión anterior instalada que podamos actualizar, que es la opción mostrada en primer lugar.

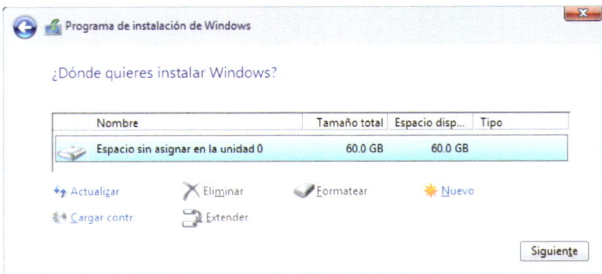

Figura 5.11. Selección del espacio de almacenamiento. Particionado del disco.

Seleccionada la opción personalizada, se mostrará la pantalla en la que aparecen el o los discos duros instalados en el equipo en los que podemos instalar el sistema operativo. Seleccionaremos el primer disco duro y pulsaremos en **Siguiente**. Si en esta pantalla, seleccionáramos cualquiera de las opciones que aparecen en la parte de abajo, podríamos particionar manualmente el disco destinando menos espacio del total. Si pulsáramos en **Nuevo**, haríamos nuevas particiones, que luego tendremos que formatear, etcétera.

En nuestro caso, al seleccionar el total del disco duro, automáticamente el sistema crea una partición primaria, en formato NTFS, que además configura como activa para que el sistema pueda arrancar, una vez instalado el sistema operativo.

A continuación, se muestra una pantalla en la que se ve el progreso de instalación del sistema operativo. Durante la última fase del proceso de instalación, se reiniciará el equipo varias veces hasta finalizar.

Se nos pide nuevamente la clave de producto si no la introdujimos con anterioridad, pero en este caso también podemos continuar sin introducirla pulsando **Hazlo más tarde.**

Se muestra la pantalla en la que seleccionaremos la opción de **Usar configuración rápida.** Si hay actualizaciones y hay conexión a internet, se instalarán los parches de seguridad más críticos.

Desde este punto, daremos los últimos ajustes a la instalación y finalizaremos. Posteriormente, tendremos que comprobar que todos los dispositivos se han instalado correctamente y, si no ha sido así, suministrar los *drivers* adecuados al sistema operativo.

Por último, actualizaremos los parches de seguridad o actualizaciones de sistema, cuestión que veremos más adelante, y el sistema quedará listo para utilizarse.

 Ubuntu

Habremos configurado el BIOS del equipo para que arranque desde la unidad de CD, DVD o desde el dispositivo USB en el que tengamos el *software* del sistema operativo.

Encendemos el equipo y se muestra la primera pantalla en la que tendremos que pulsar **Enter** para que aparezca la pantalla de selección de idioma del asistente de instalación. Seleccionaremos *español* y pulsamos **Enter**.

En la pantalla que aparece a continuación, seleccionaremos **Instalar** Ubuntu. Pulsamos **Enter**.

Tras unos segundos/minutos de espera, según la potencia del *hardware* y la memoria del equipo, se muestra otra pantalla en la que seleccionaremos el idioma en el que se instalará el sistema operativo. Seleccionamos *español* y pulsamos **Continuar**. Se muestra entonces una pantalla en la que nos indica si queremos instalar, de paso, actualizaciones del sistema y otro *software* adicional. En nuestro caso no marcaremos nada y pulsaremos **Continuar.** Se mostrará una pantalla como la de la Figura 5.12 en la que seccionaremos el tipo de instalación.

Figura 5.12. Tipo de instalación.

En nuestro caso, seleccionaremos la opción *Borrar disco e instalar Ubuntu*, y de forma similar a como hicimos en Windows, el sistema tomará todo el espacio de almacenamiento del disco y lo particionará como partición primaria en formato EXT4 y activará la partición.

Si quisiéremos particionar manualmente el disco, tendríamos que elegir la opción *Más opciones*, pero en nuestro caso no lo haremos particionado manual.

Elegida la opción *Borrar disco e instalar Ubuntu,* pulsamos **Instalar ahora**. Se nos informa de los cambios que va a aplicar en los discos, y pulsamos en **Seguir**.

Mientras empieza la copia de archivos al disco, indicaremos la zona horaria en la que nos encontramos, que en nuestro caso es *Madrid*. Pulsamos **Continuar**.

Elegimos la disposición del teclado, *español*, modalidad *español*. Pulsamos **Continuar**. En este momento se nos solicitan datos importantes de la instalación. Veamos la Figura 5.13 en la que se muestra lo que se nos pide:

- Nombre del usuario que será el usuario principal del sistema.
- Nombre de equipo.
- *Login* de usuario.
- Contraseña por duplicado.
- Iniciar sesión de forma automática o introducir usuario y contraseña.

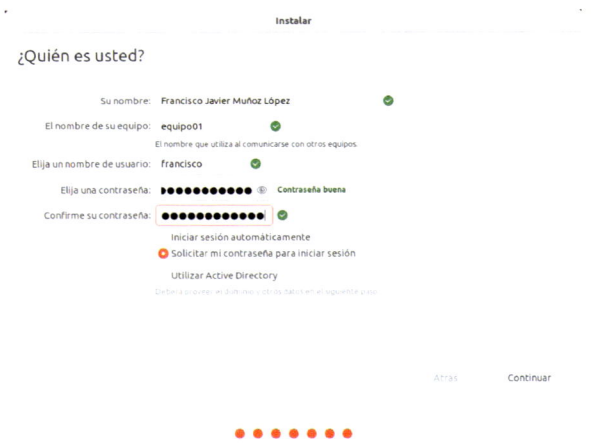

Figura 5.13. Identificación de la instalación.

Introducidos estos datos, pulsamos **Continuar** y es cuando empieza realmente el proceso de instalación del sistema.

El proceso termina cuando se muestra la pantalla de la Figura 5.14.

Figura 5.14. Finalización de la instalación.

5.3.3. Instalaciones personalizadas

Permite al usuario elegir los programas que se instalarán. Con diferencia es la mejor opción, ya que permite al usuario elegir las aplicaciones que necesita realmente.

Se pueden personalizar utilidades o no para instalar, juegos, aplicaciones e incluso servicios básicos que son los que se ejecutarán en el equipo. Todo ello dependerá de la utilidad que le vayamos a dar al sistema.

5.3.4. Instalaciones atendidas o desatendidas

Desatendido es un término informático determinado para algunos tipos de *software* o sistemas operativos, en los cuales no hace falta introducir datos y configurar nada durante el proceso de instalación.

Ni tan siquiera hay que estar pendiente de lo que se instala, ya que en ningún momento el usuario tiene que intervenir para introducir nada.

En este tipo de instalaciones, no se podrá elegir nada, sino que todo se instalará según lo hubiéramos preconfigurado en el instalador.

La instalación es totalmente automática y desatendida (sin atención de una persona o usuario). Eso sí, es necesario que un técnico en informática sea capaz de preparar el *software* para este tipo de instalaciones, ya que es algo que no está al alcance de cualquiera.

5.3.5. Instalaciones en red

Cuando deseamos instalar un sistema operativo, en ocasiones no contamos con una unidad de CD/DVD en donde se pueda introducir el DVD del producto, o tampoco tenemos un dispositivo USB de arranque (arrancable) para poder instalar el sistema operativo.

Existe una forma de instalar sistemas operativos a través de la red manejando las utilidades de última generación que incorporan fabricantes de placas base y de utilidades. Es cuestión de iniciar el sistema o equipo desde la red, es decir, que el adaptador de red sea el primero en buscar y analizar el entorno y localizar, si es el caso, alguien que le pueda suministrar información sobre un proceso de instalación. Se utilizará la tecnología PXE.

PXE (*Preboot eXecution Environment* o 'entorno de ejecución de prearranque') es un entorno para arrancar un equipo y poder instalar el sistema operativo a través de una red, de manera independiente de los dispositivos de almacenamiento de datos disponibles (como discos duros) o de los sistemas operativos instalados.

Para poder realizar este tipo de instalaciones, tendremos que tener en cuenta que necesitamos disponer de *hardware* adicional, sobre todo, el que se necesita para manejar la red.

Así mismo, tendremos que configurar un equipo como servidor, equipo que ya tendrá instalado un sistema operativo y arranque normalmente. En este equipo instalaremos las utilidades PXE para configurar el tipo de instalación que se desplegará en otros equipos.

También tendremos que modificar el arranque de los equipos en los que queremos realizar la instalación vía red, modificando el SETUP para seleccionar el método de inicio, seleccionar por RED. También indicaremos que el ordenador debe configurarse para utilizar PXE.

Si todo va como tiene que ir, automáticamente se lanzará el instalador en el cliente, y el proceso de instalación se realizará de forma normal como una instalación estándar.

En este manual, no explicamos el proceso, ya que es *técnicamente complejo*, pero en internet existen bastantes enlaces relacionados con el tema explicando claramente el procedimiento que se debe seguir.

Por ejemplo, desde:
http://www.taringa.net/post/info/14958767/Instalar-Windows-7-desde-Red.html.

5.3.6. Restauración de una imagen

En primer lugar, tenemos que tener claro el concepto de imagen.

Una imagen también llamada *imagen de disco* no es ni más ni menos que un archivo o conjunto de archivos que contienen la estructura y contenidos completos de un dispositivo o medio de almacenamiento de datos, como un disco duro, normalmente.

Una imagen de disco, cuando se genera, suele contener todos los sectores del dispositivo de origen, por lo que es como una fotocopia del mismo. Se produce una réplica exacta del origen en un archivo llamado imagen.

Algunas herramientas de creación de imágenes de disco omiten el espacio no utilizado del medio de origen, o comprimen el disco que representan para reducir los requisitos de almacenamiento, aunque estos se conocen comúnmente como archivos comprimidos, ya que no son literalmente imágenes de disco.

Lo importante es saber cómo se hacen y cómo se restauran imágenes, cuestión que veremos en la siguiente unidad. En esta ocasión indicaremos que cuando se restaura una imagen, se tiene que restaurar en el equipo en el que se ha hecho o en otro equipo que sea exactamente igual en cuanto a *hardware* se refiere.

Es evidente, que, si hago una imagen en un equipo portátil con Windows 10, y la restauro en un servidor con otro tipo de arquitectura, procesador, placa base, etc., pues no funcionará, es decir, el sistema no será capaz de arrancar.

Existen en el mercado muchísimas utilidades de creación y restauración de imágenes, como Acronis, Norton Ghost, etcétera.

En Windows y Linux Ubuntu, veremos en la siguiente unidad cómo se hacen y restauran imágenes completas de sistema.

5.4. Verificación de la instalación. Pruebas de arranque y parada

Instalado el sistema operativo, verificaremos que se inicia de forma adecuada, es decir, que durante el proceso de arranque no se produce ningún error ni en la carga de controladores ni en el reconocimiento del *hardware* del equipo.

Una vez instalado, verificaremos la instalación comprobando en primer lugar que todos los dispositivos tienen instalado el controlador adecuado.

Asimismo, analizaremos la información del sistema recién instalado en el que comprobaremos los datos de la instalación.

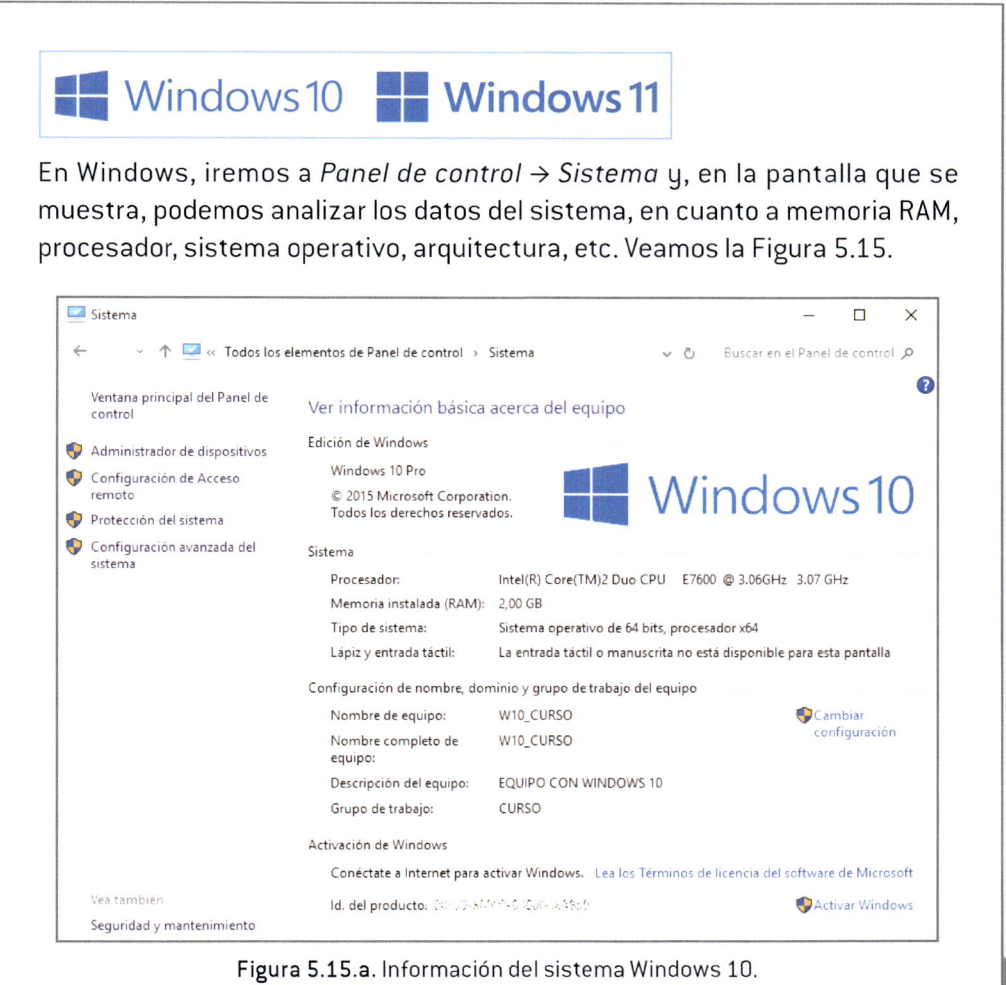

Figura 5.15.a. Información del sistema Windows 10.

Configuración
Sistema > Información
pc-1
HP ProBook 455 G7
Cambiar el nombre de este equipo
Especificaciones del dispositivo
Copiar
Nombre del dispositivo
pc-1
Procesador
AMD Ryzen 3 4300U with Radeon Graphics
2.70 GHz
RAM instalada
8,00 GB (7,40 GB usable)
Identificador de dispositivo
4BC73D12-E0B2-43D5-96BF-EE32D71281FD
Id. del producto
00380-00000-00001-AA383
Tipo de sistema
Sistema operativo de 64 bits, procesador basado en x64
Lápiz y entrada táctil
La entrada táctil o manuscrita no está disponible para esta pantalla
Vínculos relacionados
Dominio o grupo de trabajo
Protección del sistema
Configuración avanzada del sistema

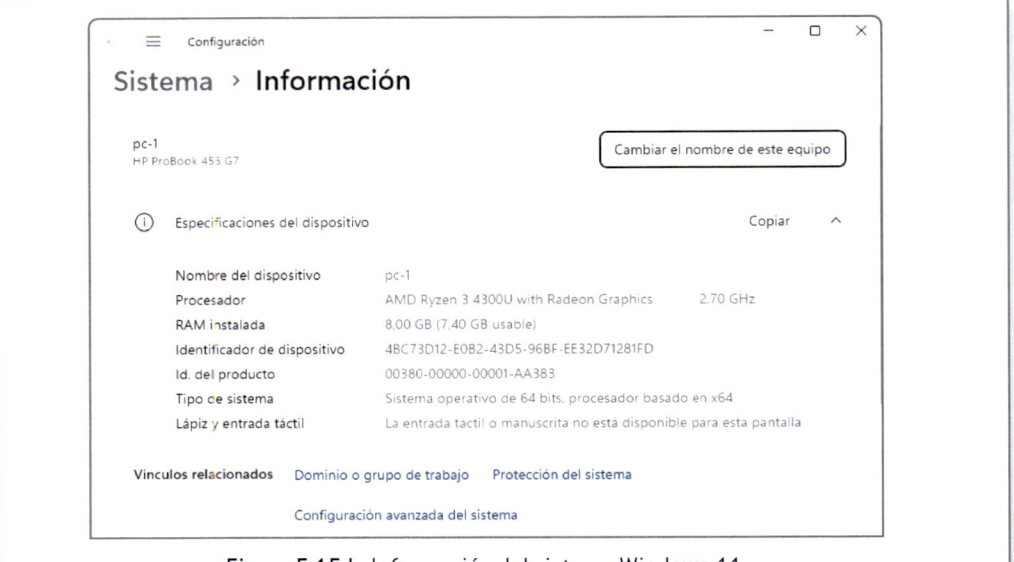

Figura 5.15.b. Información del sistema Windows 11.

Ubuntu

De forma similar en Ubuntu, desde el icono seleccionaremos la opción *Acerca de este equipo*. Se mostrará la pantalla de la Figura 5.16.

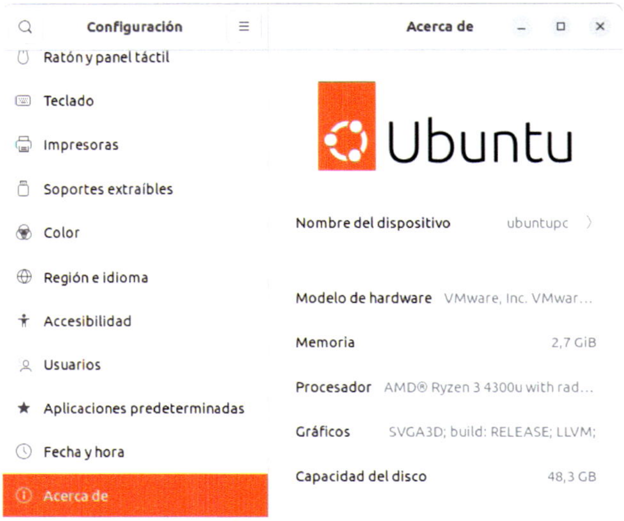

Configuración
Acerca de
Ratón y panel táctil
Teclado
Impresoras
Soportes extraíbles
Color
Región e idioma
Accesibilidad
Usuarios
Aplicaciones predeterminadas
Fecha y hora
Acerca de
Ubuntu
Nombre del dispositivo
ubuntupc
Modelo de hardware
VMware, Inc. VMwar...
Memoria
2,7 GiB
Procesador
AMD® Ryzen 3 4300u with rad...
Gráficos
SVGA3D; build: RELEASE; LLVM;
Capacidad del disco
48,3 GB

Figura 5.16. Información del sistema en Ubuntu.

Una vez verificado que el sistema arranca de forma correcta, que no se muestra nin-gún mensaje o advertencia indicando que pudiera haber algún fallo, probaremos a apagar el equipo. A reiniciarlo, suspenderlo y, si es el caso, a hibernarlo.

De esta forma, constataremos que el arranque y parada del sistema son correctos. Asimismo, comprobaremos que tenemos la red instalada, accediendo a internet y ve-rificando que no hay problema y, sobre todo, modificaremos resoluciones de pantalla, temas y efectos, para comprobar que el controlador gráfico funciona de forma ade-cuada.

Verificaremos que las aplicaciones ofimáticas, antivirus y demás aplicaciones se eje-cutan de forma correcta.

Si todo va bien, es el momento de hacer una imagen del sistema para, posteriormen-te, si hay algún problema, poder restaurar el equipo con la configuración actual, que funciona perfectamente.

5.5. Documentación de la instalación y configuración

La siguiente tabla puede servirnos de guía o ejemplo para realizar todas las anotacio-nes que se consideren importantes al realizar el proceso de instalación de un siste-ma operativo.

DATOS DE INSTALACIÓN DEL EQUIPO_____					INCIDENCIAS
Datos de la instalación	Fecha		Hora		
Sistema operativo instalado	Versión		Clave del producto		
		Tipo	Nº serie	Observaciones	
	Procesador				
	Disco duro				
	RAM				
Hardware del equipo	**Tarjeta gráfica**				
	Ratón/teclado				
	Monitor				
	Otro hardware				

DATOS DE INSTALACIÓN DEL EQUIPO_____				INCIDENCIAS
Discos o particiones del equipo		Disco o partición	Tamaño	Sistema de archivos	
	1				
	2				
	3				

	Nombre	Contraseña del administrador	Licencias instaladas	
Identificación del equipo				

Software adicional instalado		Descripción	Utilidad	Fecha instalación	
	1				
	2				
	3				

Identificación de la red	Dirección IP		
	Máscara de subred		
	Puerta de enlace predeterminada		
	Dirección de un servidor de DNS		
	Identificación de la conexión física al *rack*		
		Dominio o grupo de trabajo	

Configuración del navegador	*Plugins* instalados	Conexión a través de *proxy*		

Ubicación del servidor	Ubicación	Planta	

DATOS DE INSTALACIÓN DEL EQUIPO_____					INCIDENCIAS
Actualizaciones instaladas		Descripción	Sirve para	Fecha instalación	
	1				
	2				

Otros datos		Antivirus	Cortafuegos	Servidor de bases de datos	Conectado a otros servidores
	SÍ				
	NO				

Impresoras conectadas	1						
	2						

Configuraciones adicionales	

Tabla 5.2. Registro de instalación de sistemas operativos.

ACTIVIDADES

5.1. **Tradicionalmente, el acceso al BIOS de un equipo se hace...**

a) Al arrancar el equipo pulsando únicamente la tecla Supr.

b) Al arrancar el equipo pulsando la tecla Supr o F2.

c) Cuando ha arrancado el equipo pulsando la tecla Supr o F2.

d) Pulsando la tecla F8 en el proceso de arranque del equipo.

5.2. **El número máximo de particiones que pueden hacerse en un disco duro son...**

a) Una en total.

b) Una por cada disco, teniendo en cuenta que se pueden poner cuatro discos.

c) Una primaria y una extendida.

d) Cuatro en total.

5.3. **¿Qué nombre recibe la herramienta de particionado de discos por excelencia de Linux Ubuntu?**

a) Fdisk.

b) Diskpart.

c) Gparted.

d) Partition wizard.

5.4. **La estructura física de un disco cuando viene de fábrica es de...**

a) Caras, pistas y carpetas.

b) Caras, pistas y sectores.

c) Caras, pistas y clústeres.

d) Ninguna de las anteriores respuestas es correcta.

5.5. **MBR es abreviatura de...**

a) Master Boot Record.

b) Master BIOS Register.

c) Master Boot Register.

d) Monitor BIOS Record.

5.6. **¿Puede funcionar un dispositivo** *hardware* **sin tener instalados los** *drivers* **específicos y privativos del fabricante?**

a) Nunca.

b) Sí, y que en el mercado hay *drivers* denominados *genéricos* que pueden ser adecuados.

c) Solo si la versión de Windows es la 10/11, podemos descargar de Windows Update los *drivers* de Microsoft adecuados para nuestro dispositivo.

d) Siempre.

5.7. **¿Qué tipo de extensión tienen los paquetes autoinstalables en Linux Ubuntu?**

a) .rpm.

b) .deb.

c) .exe.

d) Todas las respuestas son ciertas.

5.8. **El entorno de ejecución de prearranque, que permite arrancar un equipo y poder instalar el sistema operativo a través de una red, se denomina...**

a) Imagen de sistema.

b) System Recovery Disk.

c) En sistemas Windows, puede llamarse BIOS o MBR.

d) Preboot eXecution Environment.

COMPRUEBA TUS CONOCIMIENTOS

5.1. Analiza las necesidades de *hardware* de los sistemas operativos actuales rellenando la siguiente tabla:

SISTEMA OPERATIVO	ESPACIO NECESARIO EN DISCO DURO	RAM MÍNIMA	TARJETA GRÁFICA	OTROS ELEMENTOS NECESARIOS
WINDOWS 10				
WINDOWS 11				
UBUNTU ÚLTIMA VERSIÓN				
MAC ÚLTIMA VERSIÓN				

5.2. Analiza las particiones de tu disco indicando características tales como:

NÚMERO DE DISCO	TAMAÑO TOTAL	PARTICIÓN PRIMARIA O EXTENDIDA	NOMBRE DE LA PARTICIÓN	TAMAÑO DE LA PARTICIÓN	SISTEMA DE ARCHIVOS

5.3. Selecciona el arranque selectivo de Windows 10, pulsando la tecla SHITF en el reinicio del sistema, y arranca el sistema en al menos: modo seguro y modo mínimo VGA.

Analiza las diferencias y lo que se puede hacer o no en cada tipo de arranque.

5.4. Ejecuta el BIOS de tu equipo y analiza la secuencia de arranque de los dispositivos físicos.

6. Replicación física de particiones y discos duros

Contenido

6.1. Programas de copia de seguridad

INTRODUCCIÓN A LAS COPIAS DE SEGURIDAD

Las copias de seguridad son un elemento fundamental para que datos y configuraciones que realizamos en el sistema informático puedan estar protegidos ante eventuales problemas físicos o lógicos. Físicos, como los cortes de corriente eléctrica, o lógicos, como infección por virus.

El realizar regularmente copias de seguridad no tiene como objetivo evitar esos problemas, sino poder recuperar los datos en el caso de que ocurran.

Las causas que pueden provocar la pérdida de información son muy variadas: rotura de un disco duro, extraer un USB mientras se termina de cerrar, fallos de suministro eléctrico, virus, aplicaciones mal instaladas y configuradas, etc. Por estos motivos y por otros muchos, resulta imprescindible planificar y llevar a cabo las tareas de prevención correspondientes.

Todos los sistemas operativos del mercado incorporan herramientas de copia de seguridad, entendiendo que las copias de seguridad que se llevan a cabo por los sistemas solamente afectan a las configuraciones de las aplicaciones y datos sobre los que se actúa, pero nunca permiten recuperar completamente el sistema a modo de *maqueta* o fotocopia del disco duro.

Es decir, clonar un disco o hacer una imagen de un disco o partición no es lo mismo que hacer una copia de seguridad de un disco o partición.

La **copia de seguridad** también se denomina *copia de respaldo* o *backup*. Es un proceso que consiste en copiar determinados archivos o carpetas en un dispositivo de almacenamiento, normalmente diferente o distinto a aquel que contiene la información que queremos salvaguardar. Sin embargo, una imagen de disco es hacer una *fotocopia* del disco o partición en un archivo llamado *archivo imagen* y que servirá, si es el caso, para dejar el sistema en las mismas condiciones que cuando se hizo tal imagen.

Es evidente que la copia de seguridad no devuelve el estado de funcionalidad a un sistema operativo. Simplemente nos permite salvaguardar datos que se almacenen en los distintos dispositivos de almacenamiento.

Cuando decidimos qué datos queremos guardar o incluir en la copia de seguridad, debemos pensar siempre en el nivel de importancia de la información, es decir, qué archivos son más importantes y cuáles menos.

TIPOS DE COPIAS DE SEGURIDAD

En general, las copias de seguridad de datos pueden clasificarse en las que veremos un poco más adelante, teniendo en cuenta que en la mayoría de los sistemas los archivos/carpetas que residen en el disco disponen de un atributo que indica si dicho archivo ha cambiado desde la última vez que se realizó una copia de seguridad; este atributo es un único bit para cada archivo que el *software* de copia de seguridad se encarga de marcar o borrar cuando se necesita. El atributo reseñado está marcado inicialmente a 0, y cambia su valor a 1 cuando un usuario o el sistema modifican el contenido del archivo correspondiente, volviendo a cambiar su valor a 0 cuando se efectúa una copia de seguridad normal o incremental de dicho archivo.

Estos son los tipos de copias de seguridad generales:

- **Copia normal**. Una copia de seguridad normal es una copia de seguridad de todos los archivos y directorios seleccionados para copiar, que borra el atributo de modificado/archivo de cada archivo que copia.

- **Copia incremental**. En un proceso de copia de seguridad incremental, el programa que efectúa la copia examina el atributo de modificado/archivo y hace una copia de seguridad solo de los archivos que han cambiado desde la última copia de seguridad incremental o normal. Al igual que con la copia de seguridad normal, esta tarea borra el atributo de modificado/archivo de cada archivo que copia. Este tipo de copia minimiza el tiempo y el espacio necesario para salvar los datos, al almacenar únicamente los archivos que han cambiado, pero si tenemos que realizar la restauración de archivos ante un desastre, debemos disponer de todas las copias anteriores hasta llegar a la primera copia normal.

- **Copia diferencial**. Realiza el mismo proceso que la copia incremental, salvo por el hecho de que el programa no elimina el atributo de modificado/archivo de los archivos que copia en el dispositivo de copia, lo que equivale a decir que durante una copia de seguridad diferencial se copian todos los archivos que han cambiado desde la última copia de seguridad normal o incremental. Sus ventajas son que se requiere menos espacio que en la copia normal y que en el proceso de restauración únicamente necesitaremos la última copia con la copia normal, pero por contra se consume más tiempo en realizar la copia y también más espacio que en la incremental.

- **Copia diaria**. Únicamente copia los archivos que han sido modificados en el día en que se ejecuta la tarea de copia de seguridad, sin tener en cuenta el estado actual del atributo de modificado/archivo. Tampoco borra el atributo de modificado/archivo de los archivos que copia mientras se ejecuta.

- **Copia**. Es similar a la copia normal, salvo que no borra el atributo de modificado/archivo; se suele utilizar para realizar copias de seguridad adicionales en sistemas críticos.

Por lo general, todos los sistemas operativos o herramientas de copias de seguridad se encargan de realizar las siguientes funciones:

- Realizar copias de seguridad de archivos y carpetas de los discos duros del servidor o servidores, o de los equipos deseados.

- Generar copias de los datos correspondientes al estado del sistema, tales como el registro, el directorio activo, la base de datos de certificados, etcétera.

- Planificar la realización automática del proceso de copias de seguridad.

- Restaurar copias de seguridad del sistema o de carpetas individuales.

Para realizar una copia de seguridad, debemos tomar una primera decisión sobre el soporte en el que vamos a almacenar los datos, ya que algunos programas de copias de seguridad utilizan como soporte tradicional las cintas magnéticas. Hoy por hoy se utilizan sistemas RAID de disco o sistemas NAS de almacenamiento de datos por red.

La segunda decisión que tomaremos es la planificación del tipo de copia de seguridad seleccionando, de los cinco existentes. De forma general, deberemos seleccionar el tipo apropiado para optimizar el tiempo de duración de la copia y el espacio de almacenamiento de la misma.

Es muy importante tener en cuenta que la realización o restauración de una copia de seguridad solamente podrá ser realizada por algunos usuarios del sistema con privilegios especiales, ya que no es una labor exenta de riesgos. En general, en sistemas de tipo Windows están habilitados para realizar o restaurar copias de seguridad los siguientes usuarios:

- Los administradores, los operadores de copia y los operadores de servidor pueden copiar y restaurar todos los archivos.

- Todos los usuarios pueden generar copias de seguridad de sus propios archivos y carpetas, así como de los archivos y carpetas sobre los que tengan permisos de lectura, lectura y ejecución, escritura, modificación o control total.

- Todos los usuarios pueden restaurar sus propios archivos y carpetas, así como los archivos y carpetas sobre los que tengan permisos de escritura, modificación o control total.

PROGRAMAS DE COPIAS DE SEGURIDAD

En este punto, hablaremos de programas de copias de seguridad, tanto del sistema operativo, como de aquellos que son suministrados por terceros.

Algunos de los más importantes, y gratis, para plataformas Windows son los que podemos ver en la Tabla 6.1.

HERRAMIENTA DE COPIAS DE SEGURIDAD (CON INTERFAZ GRÁFICA DE USUARIO)	
FBackup	Un programa gratis compatible con Windows 7, Vista, XP, etc., disponible en español e inglés. Se pueden guardar los *backups* en tu disco duro y en red de área local.
Cobian Backup	Está disponible en español y otras lenguas. Muy útil, configurable, fácil para usar y personalizable. Las copias de seguridad de pueden comprimir y programar, entre otras cosas.
PureSync	Compatible con Windows 7, Vista, XP, etc. Con este programa puede hacer una sincronización de sus archivos para que, al momento de editar alguno que está en la copia de seguridad, este se vaya modificando, y así sucesivamente.
Genie Timeline	Cuenta con un asistente verdaderamente intuitivo.
Snap Backup	Disponible en muchos idiomas, incluyendo el español. Permite al usuario realizar sus *backups* de forma fácil. Se pueden añadir carpetas o archivos de forma sencilla, pero lo mejor de todo es que el *software* es multiplataforma, funciona en Windows, Mac OS X y también Linux.
EaseUS Todo Backup	Versatilidad en las opciones de configuración que tiene, que permiten incluso la clonación de discos.

Tabla 6.1. Programas de copias de seguridad en Windows.

En plataformas Linux se utilizan, aparte de los propios del sistema, normalmente algunos como los que se indican en la Tabla 6.2.

HERRAMIENTA DE COPIAS DE SEGURIDAD (CON INTERFAZ GRÁFICA DE USUARIO)	
Areca Backup	*Software* de *backup* de archivos desarrollado con Java.
BackupPC	Sistema empresarial de alto rendimiento para realizar *backups* de PC.
Bacula	*Backup* en red, con recuperación y verificación de datos.
fwbackups	*Software* de *backup* con un montón de opciones.
Keep	Sistema de *backup* en KDE.
Simple Backup Solution	*Software* de *backup* consistente en un *daemon* para el *backend* y un *frontend* basado en GNOME.
HERRAMIENTA DE COPIAS DE SEGURIDAD (DESE LA CONSOLA DE COMANDOS)	
fbackup	Sistema de *Backup* cliente-servidor (GUI disponible).
AMANDA	Advanced Maryland Automatic Network Disk Archiver.
Cedar Backup	*Backups* remotos y locales grabables en CD o DVD.
Duplicity	Sistema de *backup* cifrado con eficiencia en el aprovechamiento del ancho de banda.
Dump y restore	Utilidades de copia y restauración para sistemas de ficheros ext2/ext3.

Tabla 6.2. Programas de copias de seguridad en Linux.

A continuación, veamos cómo se hace una copia de seguridad, normal, en Windows y en Linux con herramientas propias.

En Windows 10, la herramienta de copia de seguridad se encuentra en *Panel de control → Historial de archivos*. En Windows 11, en el panel de control tendremos que pulsar en el icono de *Copias de seguridad de Windows*. El proceso en Windows 10 y 11 es muy similar, por no decir idéntico, por lo que todo lo explicado a continuación sirve para ambos sistemas.

Se mostrará una pantalla como la de la Figura 6.1, en la que habilitaremos las copias de seguridad automáticas de archivos de usuario, incluyendo bibliotecas, escritorio, contactos y favoritos. Nada más.

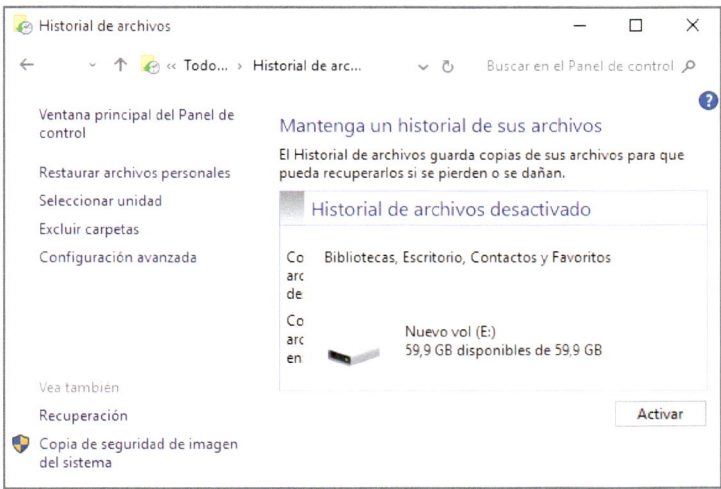

Figura 6.1. Copia de seguridad de datos personales.

Es necesario tener otra unidad de disco, *pendrive* o disco duro externo para realizar la copia. Cuando queramos que se haga por primera vez y en sucesivas ocasiones, tendremos que pulsar **Activar**.

Se grabará un archivo llamado *FileHistory* con los datos que hemos comentados antes. Si queremos restaurar estos datos, es tan sencillo como seleccionar del menú de la izquierda la opción *Restaurar archivos personales* pulsando el botón de color verde de acción 🔄 .

Si lo que queremos en realidad es hacer copias de datos, o de otros datos que no sean los de configuración del perfil de cada usuario, tendremos que ejecutar la herramienta de copia de seguridad.

Para ello, desde *Panel de control → Copias de seguridad y restauración (Windows 7).* seleccionaremos la opción de *Configurar copia de seguridad.*

Se muestra la pantalla en la que se indica que se está iniciando el asistente de configuración de copias de seguridad, tal y como podemos ver en la Figura 6.2.

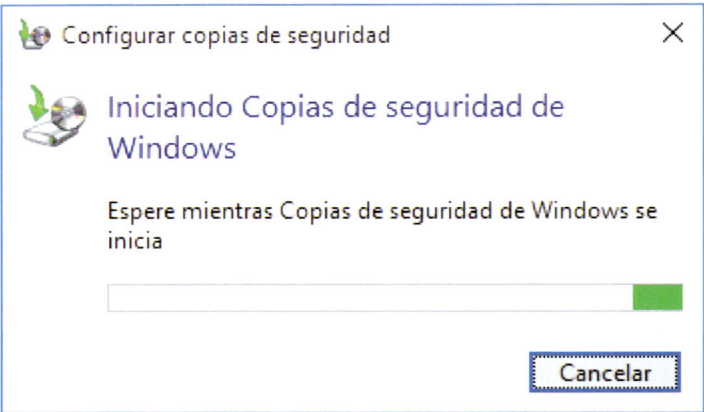

Figura 6.2. Asistente de copias de seguridad.

Lo primero que se nos pedirá es dónde queremos almacenar la copia de seguridad, pudiendo elegir incluso algún destino de red. En nuestro caso, seleccionaremos el segundo disco duro que tenemos en nuestro equipo.

Se nos pregunta *¿De qué desea hacer la copia de seguridad?*, y podemos elegir dos opciones: que decida el sistema o decidir nosotros. En nuestro caso, nosotros decidiremos qué archivos y/o carpetas queremos incluir en la copia de seguridad. Seleccionaremos *Déjame elegir* y pulsaremos **Siguiente**. Se mostrará la pantalla de la Figura 6.3, en la que podemos seleccionar qué datos queremos copiar de forma particular, pero eso sí, para todos los usuarios, y pudiendo incluir la unidad C: completa o alguna de sus subcarpetas.

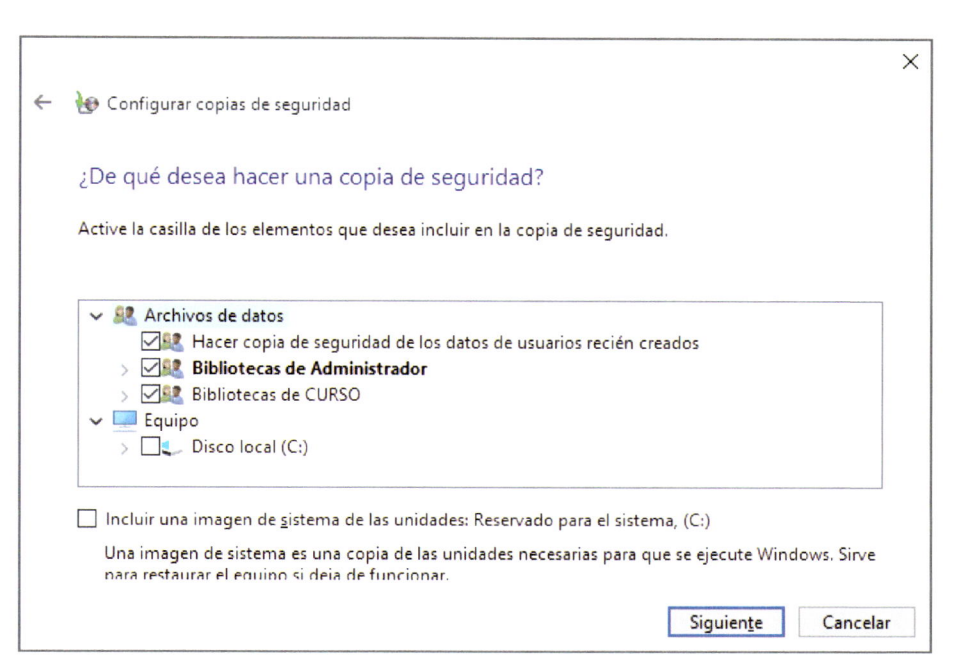

Figura 6.3. Personalizar la copia de seguridad.

Finalmente, si queremos realizar otro tipo de copia de seguridad, tendremos que recurrir a herramientas o aplicaciones como las explicadas en la Tabla 6.1, ya que con la herramienta de copia de seguridad de Windows 10 solamente podremos hacer este tipo de copias.

NOTA: Recomendamos no incluir imagen del sistema, ya que la copia será enorme, y esta opción se realiza mejor desde otro apartado en donde aprenderemos a realizar clonación de particiones o de discos duros incluyendo archivos de usuario, de sistema, configuraciones y aplicaciones.

En Ubuntu, en versiones anteriores a la 20.04, desde la barra del DASH introduciremos en la caja de búsqueda **Copias** y se mostrará el icono que representa *Copias de seguridad.* Haremos doble clic sobre él y se mostrará el asistente de copia tal y como aparece en la Figura 6.4.

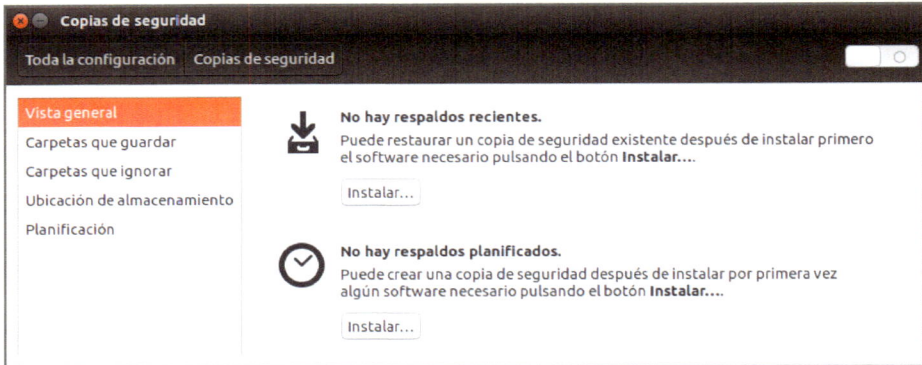

Figura 6.4.a. Asistente de copias de seguridad de Ubuntu 16-04.

Lo primero que tenemos que hacer es pulsar en el botón **Instalar** que aparece debajo de *No hay respaldos recientes*. De esta forma, se instalará la herramienta de copia de seguridad que a continuación iremos configurando. Se nos pedirán credenciales de superusuario.

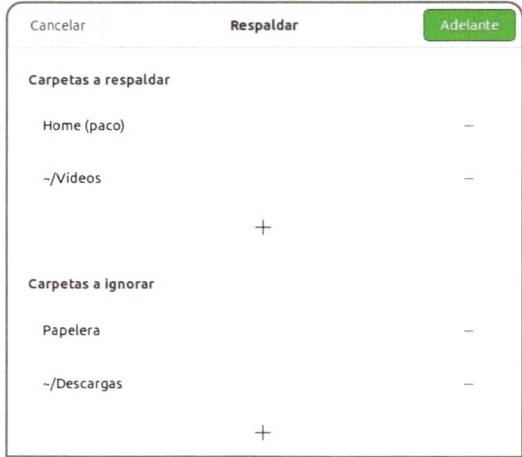

Figura 6.4.b. Asistente de copias de seguridad de Ubuntu 20.04.

La herramienta en cuestión se denomina **déjà dup**, en casi todas las versiones de Ubuntu o en todas.

En la versión 20.04 directamente al escribir Respaldo, se mostrará la ventana principal de **déjà dup**, similar en la mayoría de las versiones de Ubuntu.

- **Carpetas que guardar**. Se establecen las ubicaciones de los datos de los que vamos a hacer copias. De forma predeterminada, el programa nos ofrece la carpeta *Home* de la cuenta con la que hemos iniciado sesión. Es decir, solamente se almacena por defecto la carpeta del usuario actual. Haciendo clic en + o − en la parte inferior izquierda, podremos modificar las carpetas que se incluirán en la copia.

- **Carpetas que ignorar**. Se definen las ubicaciones de los datos que no queremos incorporar en la copia. De forma predeterminada, el programa incluye la *papelera* y la subcarpeta *descargas*.

- **Ubicación de almacenamiento**. Establecemos el lugar donde se guardarán las copias de seguridad. De forma predeterminada, se utilizará una carpeta llamada ***deja-dup*** dentro de nuestra *carpeta personal*.

- **Planificación**. Indicaremos la frecuencia con la que deben hacerse las copias. Déjà dup no nos da muchas opciones en este sentido y solo nos ofrece dos posibilidades:

  — Podremos elegir entre hacer *una copia de seguridad diaria* o *una copia de seguridad semanal*. En cuanto a la hora en la que se producirá la copia, la documentación dice que será lo antes posible después de las 4 AM de cada martes.

  — *Conservar*: nos ofrece la posibilidad de elegir el periodo de tiempo que se mantendrán las copias en el medio de almacenamiento. En este sentido, tenemos tres opciones: *al menos seis meses, al menos un año* o *siempre*.

Llegados a este punto, se puede cerrar la ventana y veremos que en la barra lateral del DASH aparece el icono representativo de la copia. Cuando llegue el momento de realizar la copia, el programa *deja-dup-monitor* abrirá la ventana *respaldar*, en la que nos ofrece dos posibilidades que se muestran en la Figura 6.5.

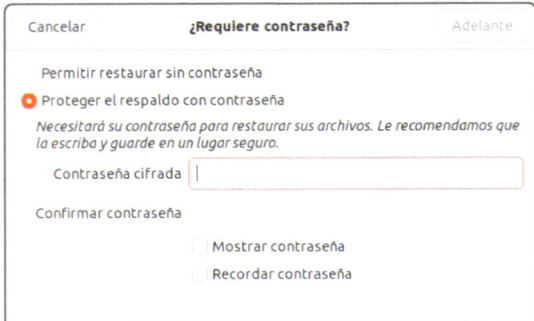

Figura 6.5. Contraseña para copia de seguridad.

Si elegimos la segunda, algo particularmente importante si estamos guardando la copia en la red, el programa nos pide una contraseña por duplicado. Esta contraseña se utilizará para cifrar los datos de la copia y, lógicamente, sin ella no podremos recuperarla en un futuro.

Elijamos una u otra cosa, cuando hayamos acabado, hacemos clic sobre el botón **Continuar**. De esta forma, se crea el primer respaldo del sistema con los datos elegidos por el usuario.

Para restaurar una copia de seguridad, hay que volver a ejecutar *Copias de seguridad*. Una vez que se abra la ventana principal del programa, nos aseguramos de que está seleccionada la categoría *Vista general* en la parte izquierda.

Esto hará que aparezca un asistente que nos irá guiando, paso a paso, por el proceso de restauración. Pulsamos en **Restaurar**.

- ¿Desde dónde restaurar? Elegimos el lugar desde el que recuperaremos la copia. De forma predeterminada, nos ofrece el último lugar que hemos usado, pero podemos desplegar la lista *Ubicación de copia de seguridad* para elegir un lugar diferente. Pulsamos **Adelante**.

- **Elegir la fecha del respaldo**. Al hacerlo, la ventana nos muestra una lista desplegable con las fechas en las que hemos realizado copias de seguridad para que elijamos el momento al que queremos devolver el estado de nuestros datos. Una vez elegida la fecha, volvemos a hacer clic sobre el botón **Adelante**.

- ¿Restaurar a dónde? Elegiremos entre *Recuperar archivos a la ubicación original* o *Restaurar a una carpeta específica*. La primera opción sobrescribirá los datos actuales (tal y como hace Windows 10) con los contenidos en la copia, mientras que la segunda los recupera en un lugar diferente, lo que nos permitirá comparar la versión antigua con la nueva.

- Después de esto, el programa ya dispone de toda la información que necesita, pero, antes de proceder con la restauración, nos muestra la pantalla **Resumen**, donde podemos asegurarnos de que los datos que hemos introducido son correctos. Si no es así, podemos utilizar el botón **Atrás** para volver al paso que nos interese. Si todo es correcto, hacemos clic sobre el botón **Restaurar**.

- Si es el caso, introducimos la **contraseña** y esperamos a que la restauración termine.

6.2. Clonación

INTRODUCCIÓN AL CONCEPTO DE CLONACIÓN

Ya sabemos que una **copia de seguridad** o *backup* se basa en realizar copias adicionales que pueden utilizarse para restaurar la información original después de una eventual pérdida de datos. Estas copias se realizan debido a que la pérdida de datos es muy común en informática y las causas de pérdidas de información son múltiples.

El problema radica en que las copias de seguridad permiten, por lo general, copiar datos, pero no copiar configuraciones de sistema o *instantáneas* de los equipos.

La clonación de discos es un proceso que consiste en copiar el contenido de un disco duro o partición de un equipo en otro disco o partición o en un archivo llamado *imagen*. En el proceso de clonación se copia la estructura lógica completa del disco o partición, copiándose todos y cada uno de los sectores de disco directamente en otro disco o partición o en un archivo que contendrá la llamada imagen del sistema.

Cuando se instalan aulas informáticas, e incluso los vendedores de equipos informáticos, nos suelen realizar una instalación completa de un equipo. Una vez verificada la instalación y comprobado que todo funciona —aplicaciones, red—, y que todos los dispositivos han quedado instalados de forma correcta, suelen realizar una imagen del sistema, es decir, generan un archivo de *imagen*, que posteriormente podrán restaurar en otros equipos que tengan el mismo *hardware*.

Incluso a veces, ni tan siquiera se hace imagen de sistema. Simplemente se toma como referencia el disco del equipo que ha sido instalado y se **clona** en otros discos que posteriormente se montarán en equipos con el mismo *hardware* y que directamente saldrán funcionando, ya que todo, *drivers*, dispositivos, *hardware* en general y aplicaciones, funcionará al tratarse de arquitecturas idénticas.

CREACIÓN DE IMÁGENES

Veamos cómo se puede realizar el proceso de creación y restauración de imágenes en Windows y en Linux.

En Windows 10, la herramienta de creación de imágenes podremos ejecutarla desde *Panel de control → Copias de seguridad y restauración (Windows 7)*. Seleccionaremos la opción de *Crear una imagen del sistema*.

Se mostrará la pantalla de la Figura 6.6.

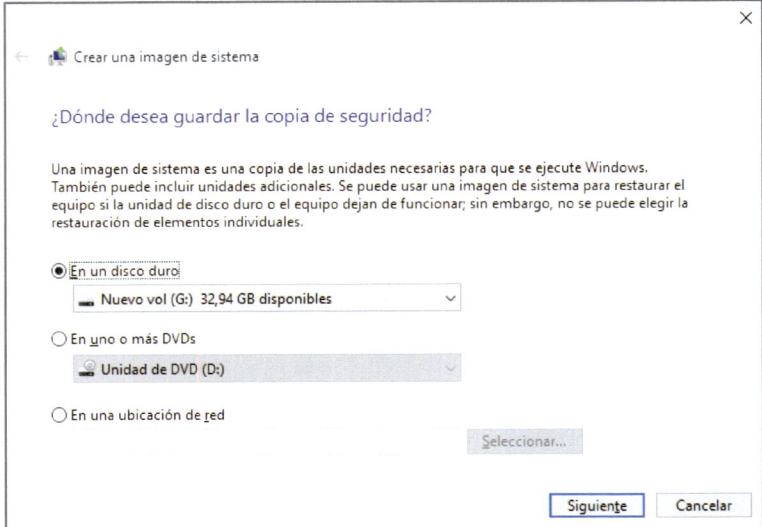

Figura 6.6. Pantalla principal de la copia de seguridad.

En esta pantalla seleccionaremos el destino de la copia de seguridad, que nunca puede ser el mismo disco o partición que se va a clonar, ya que el proceso sería recursivo. El origen y destino de la copia no pueden ser el mismo.

Lo normal es seleccionar otro disco duro, partición, disco externo, USB, DVD o, incluso, la red como destino de la copia. En el caso de red, se nos pedirá el nombre de una carpeta compartida en otro equipo de la red. En nuestro caso, realizaremos la copia en el disco duro G: que tenemos instalado en nuestro sistema.

Seleccionado el destino de la copia, pulsamos en **Siguiente.** En la siguiente pantalla, Figura 6.7, simplemente queda confirmar y empezar la copia pulsando **Iniciar copia de seguridad.**

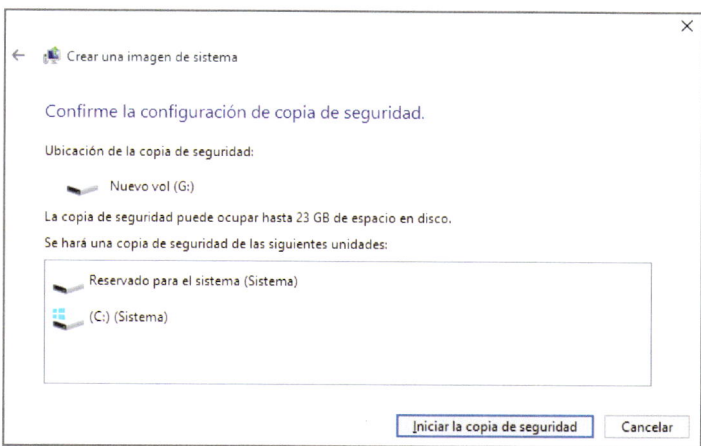

Figura 6.7. Inicio de la copia.

Se muestra un cuadro de diálogo en el que se indica el proceso de la copia.

Es importante tener en cuenta que, en Windows, las imágenes de sistema se hacen en **caliente**, es decir, con el sistema operativo funcionando y con funcionalidad plena, sin tener que reiniciar el equipo. Otra cosa es la restauración, que sí que será en **frío**, es decir, sin ejecutar el sistema operativo, salvo la herramienta propia de restauración.

En Linux Ubuntu, como tal, se suelen utilizar herramientas que no vienen preinstaladas en el sistema como Clonezilla, Partimage, entre otras.

Para realizar copias de seguridad y posteriormente poder restaurarlas, es necesario que instalemos cualquiera de las herramientas anteriores. En nuestro caso, descargaremos de la web una versión de Clonezilla acorde a nuestra arquitectura.

La web de descargas es: *http://www.clonezilla.org/downloads.php*

Es importante tener en cuenta que lo normal para realizar este tipo de clonaciones, al menos con Clonezilla, es realizarlas en **frío**, es decir, sin que esté ejecutando el sistema operativo en el equipo. Es por ello, por lo que una vez descargado el archivo de **Clonezilla,** que normalmente será un archivo **ISO**, tendremos que copiarlo en un CD-ROM, DVD, o preparar un arranque con este archivo en un dispositivo USB o similar.

Posteriormente, tendremos que iniciar el equipo desde este dispositivo para empezar a ejecutar la herramienta. Se mostrarán las primeras pantallas en las que seleccionaremos el idioma y el mapa de teclado, que, por cierto, no tocaremos.

Es necesario contar con algún otro medio de almacenamiento en nuestro sistema Linux, como pudiera ser un disco duro externo o directamente otro disco duro.

Después de las primeras pantallas, llegamos a una en la que hay que tomar decisiones más o menos importantes. Veamos la pantalla de la Figura 6.8.

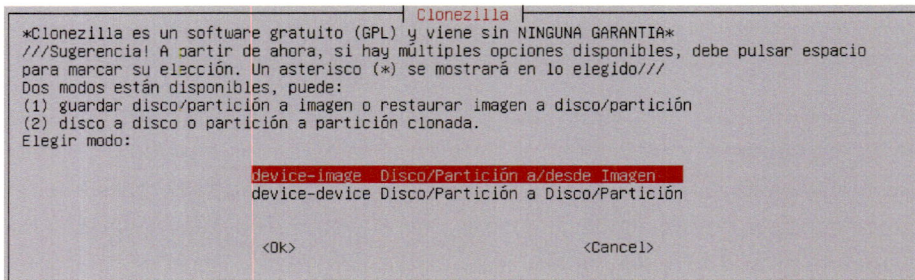

Figura 6.8. Pantalla principal de Clonezilla.

En esta pantalla observamos que hay dos opciones: la de crear imágenes de disco o particiones a imagen *(device a/to image)* o directamente clonar disco *(device a/to device)*. Según nuestro deseo, así haremos. En nuestro caso, seleccionaremos la opción que viene por defecto para crear una imagen de un disco en otro disco. Con el tabulador seleccionamos **Aceptar** y pulsamos **Enter**.

A continuación, indicaremos en dónde vamos a dejar la imagen. Lo normal es en un disco local *(local dev),* aunque podremos utilizar la red, pero en nuestro caso actuaremos de la forma más sencilla posible. Seleccionado *local dev,* con el tabulador seleccionamos **Aceptar** y pulsamos **Enter** en esta pantalla y en la siguiente.

Seleccionamos el segundo disco duro o USB o donde queramos dejar la copia. En nuestro caso, lo haremos en un segundo disco duro (sdb1), tal y como se muestra en la Figura 6.9.

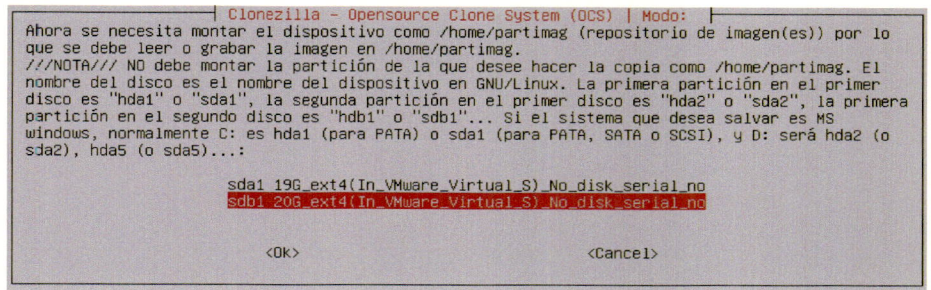

Figura 6.9. Destino de la imagen de disco.

Seleccionado el disco, con el tabulador seleccionamos **Aceptar** y pulsamos **Enter**.

Indicamos que la imagen se quedará en la raíz, o directorio superior, tal y como nos indica la siguiente pantalla, y pulsamos **Enter** hasta que se muestra la pantalla en la que elegimos el modo principiante o experto. En nuestro caso, seleccionaremos *Beginner o modo principiante*.

Pulsamos **Aceptar** y se muestra una pantalla en la que tendremos que seleccionar si lo que queremos es hacer una imagen de todo *(savedisk)* un disco o una imagen de una partición *(saveparts)*. Esta última opción será la seleccionada. Con el tabulador seleccionamos **Aceptar** y pulsamos **Enter**. Se nos solicita el nombre del archivo imagen, y Ubuntu nos sugiere uno que incluye fecha y hora actual. Nosotros lo dejaremos así por defecto, pero se puede elegir otro nombre, eso sí, **que no contenga espacios en blanco.** Con el tabulador seleccionamos **Aceptar** y pulsamos **Enter**.

Posteriormente, se mostrará otra pantalla en la que tendremos que seleccionar con el espaciador la partición o particiones que se van a gestionar y a incluir en la imagen. Para ello, con las flechas de edición subiremos y bajaremos, y con el espaciador marcaremos o desmarcaremos la o las particiones del disco que se desea clonar. En nuestro caso, clonaremos la partición principal del primer disco duro (sda1).

Pulsaremos **Enter** en las opciones por defecto que se nos muestran en las sucesivas pantallas hasta que aparece un mensaje tipo texto que dice: **¿Está seguro de que quiere continuar? ? (y/n)**. Pulsaremos y después **Enter**.

Se mostrará la última pantalla de progreso de copia, tal y como se muestra en la Figura 6.10.

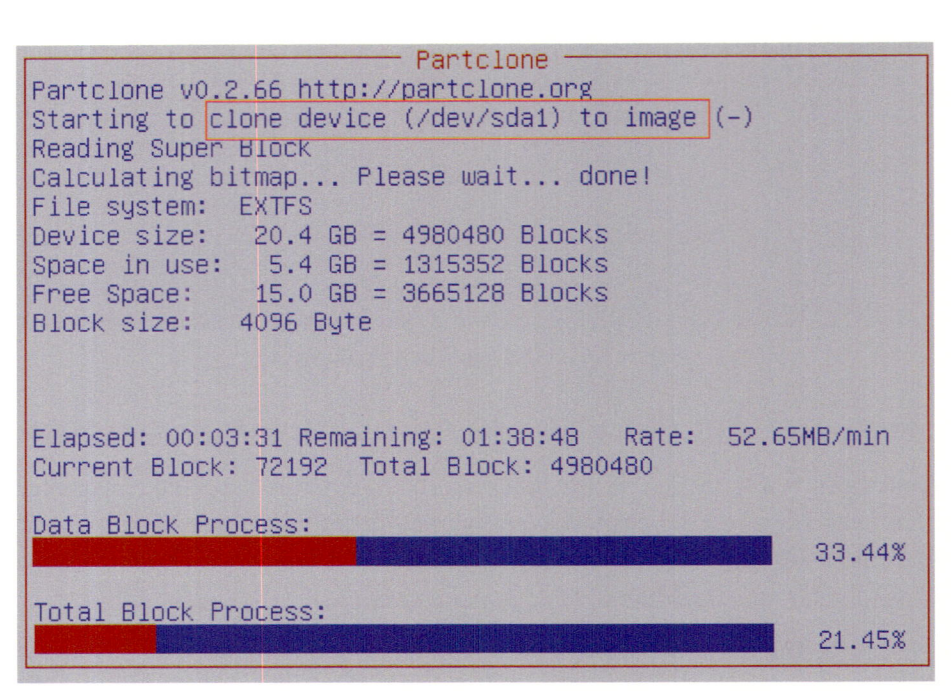

Figura 6.10. Particiones que se desea clonar.

Finalizado el proceso de clonación, tendremos que reiniciar el equipo y trabajar con él normalmente. A continuación, veremos el proceso de restauración, que es prácticamente igual, pero con alguna pequeña modificación, que se tiene que realizar especialmente en **frío**.

RESTAURACIÓN DE IMÁGENES

Una vez creada la imagen del sistema, independientemente del destino en donde se haya creado, podremos realizar, cuando lo necesitemos, el proceso de restauración.

El proceso de restauración en el 99 % de las ocasiones es un proceso que se realiza en frío, es decir, iniciando la herramienta de restauración y sin que el sistema operativo se inicie o cargue, salvo el programa que ejecuta la restauración.

Veamos cómo se restauran imágenes creadas en Windows y en Ubuntu.

En primer lugar, tendremos que saber dónde está almacenado el archivo de imagen que hemos creado con anterioridad. En nuestro caso, se encuentra en la unidad G:. El nombre de este archivo siempre será el mismo *WindowsImage-Backup* y contiene una réplica exacta del sistema recién maquetado.

Es importante destacar que no se pueden hacer dos archivos de imagen en la misma ubicación, es decir, en la misma partición o en el mismo disco, por lo que, si queremos hacer más de una imagen del sistema, tendremos que hacerla en otro dispositivo, cambiar el nombre de la imagen que se ha hecho con anterioridad o simplemente borrar la imagen anterior para hacer una nueva.

Si cambiamos el nombre de la imagen, no ocurrirá nada más que, en un proceso de restauración, no será reconocido como archivo válido de imagen, pero eso no implica que la imagen esté completa y en buen estado. Si queremos utilizar un archivo imagen que hubiéramos renombrado, simplemente con ponerle el nombre original podremos utilizarlo.

En cualquier caso, para ejecutar la herramienta de restauración en cualquier sistema Windows, tendremos que apagar el equipo y volver a encenderlo, o simplemente encenderlo si ya estaba apagado y, pulsando la tecla **F8**, iniciar el arranque selectivo.

C:\windows\system32> *bcdedit /set {default} bootmenupolicy legacy*

De esta forma, pulsando F8 podremos arrancar el equipo, de tal forma que podamos ejecutar la opción ***Reparar equipo***.

Si no pudiéramos ejecutar el comando anterior para habilitar el arranque selectivo, porque el equipo simplemente no se inicia o no podemos hacer nada sobre él, tendremos que introducir el *software* del sistema operativo en el DVD, USB, o dispositivo desde el que lo instalamos, preparar el BIOS para arrancar desde este dispositivo, iniciar el equipo y en las pantallas que se muestran, en primer lugar, seleccionar el idioma y en la siguiente pantalla ***Reparar el equipo***.

En cualquiera de los dos casos, llegaremos al mismo punto, y se iniciará la consola de recuperación del sistema, además de otras muchas más opciones.

Veamos el proceso:

EXPLICACIÓN DEL PROCESO	PANTALLA Y OPCIÓN
En esta primera pantalla, tendremos que seleccionar la opción **Solucionar problemas.**	**Solucionar problemas** Restablece el equipo o consulta las opciones avanzadas Figura 6.11.
A continuación, seleccionaremos la opción de **Opciones avanzadas**.	**Opciones avanzadas** Figura 6.12.
De las opciones que salen, no nos confundamos y seleccionamos *Restaurar el sistema*, ya que esta opción no tiene nada que ver con la que debemos seleccionar que es **Recuperación de imagen del sistema**.	**Recuperación de imagen del sistema** Recuperar Windows con una imagen de sistema concreta Figura 6.13.
Seleccionaremos una cuenta de la base de datos de usuario del sistema para poder iniciar el proceso de restauración. Es necesario conocer la clave de acceso. Lo normal es iniciar el proceso con la cuenta de *Administrador*. Si hubiéramos arrancado desde el DVD del producto, no se nos pedirían credenciales de acceso.	 Elegir una cuenta para continuar. • Administrador Figura 6.14.
Se muestra la pantalla en la que aparecerá la imagen que el sistema haya encontrado en alguno de los dispositivos conectados al equipo. Si hay varios dispositivos con varias imágenes, se mostrarán todas ellas y podremos seleccionar la que queramos. Pulsamos **Siguiente**, si la imagen mostrada es la que queremos restaurar, o *Seleccionar una imagen del sistema,* para explorar los dispositivos o la red en busca de otra imagen.	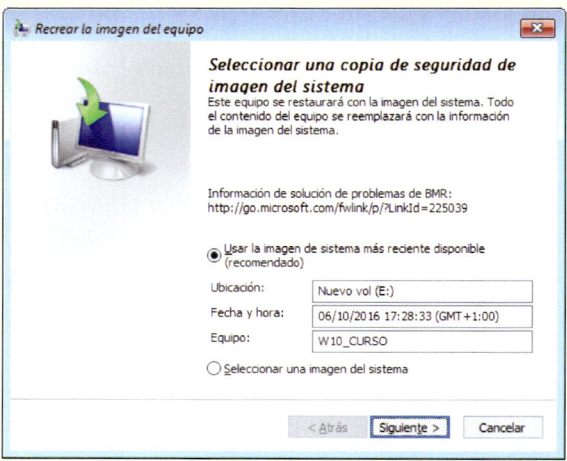 Figura 6.15.

EXPLICACIÓN DEL PROCESO	PANTALLA Y OPCIÓN

En principio, en la siguiente pantalla no seleccionaremos ninguna opción adicional de controladores ni nada por el estilo. Simplemente pulsaremos *Siguiente*. Solamente si nuestro disco duro no ha sido reconocido, es cuándo tendremos que seleccionar controladores adicionales para poderlo utilizar en el proceso.

Se mostrará una pantalla resumen del proceso de restauración y de las opciones elegidas, y si todo es correcto, pulsaremos en *Finalizar* para que el proceso comience.

Se mostrará un mensaje de advertencia que confirmaremos para hacer efectvo el proceso de restauración.

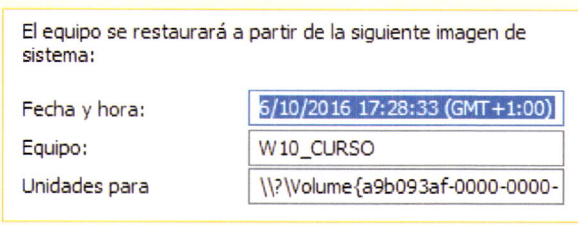

El equipo se restaurará a partir de la siguiente imagen de sistema:

Fecha y hora: 6/10/2016 17:28:33 (GMT+1:00)

Equipo: W10_CURSO

Unidades para \\?\Volume{a9b093af-0000-0000-

Figura 6.16.

Se mostrará la pantalla de proceso de restauración, que podremos cancelar.

Pasados pocos minutos, o muchos minutos, según el caso, el proceso finalizará y será necesario reiniciar el equipo.

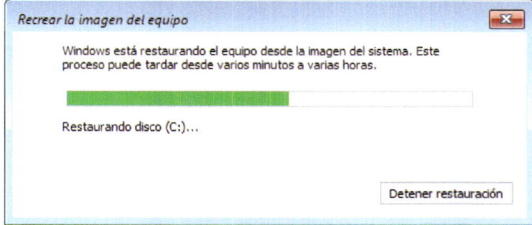

Figura 6.17.

Para restaurar una imagen creada en Linux Ubuntu con **Clonezilla**, procederemos de igual forma a como lo hicimos para crear la imagen.

La restauración se realiza en **frío**, es decir, sin que esté ejecutando el sistema operativo en el equipo, por lo que tendremos que iniciar el equipo desde este dispositivo que tenga **Clonezilla** para empezar a ejecutar la herramienta. Se mostrarán las primeras pantallas en las que seleccionaremos el idioma y el mapa de teclado, que, por cierto, no tocaremos.

Llegaremos hasta la pantalla mostrada en la Figura 6.8, en la que seleccionaremos la misma opción para crear imagen que para restaurarla. En esta pantalla observamos que hay dos opciones: la de crear imágenes de disco o particiones a imagen *(device a/to image)* o directamente clonar disco *(device a/to device)*. En nuestro caso, seleccionaremos la opción que viene por defecto para crear una imagen de un disco en otro disco. Con el tabulador seleccionamos **Aceptar** y pulsamos **Enter**.

A continuación, indicaremos en dónde está la imagen que queremos restaurar. Seleccionado *local dev,* con el tabulador seleccionamos **Aceptar** y pulsamos **Enter** en esta pantalla y en la siguiente. Seleccionaremos el disco donde está la imagen, que en nuestro caso recordemos que es el **sdb1**.

Indicamos que la imagen se quedará en la raíz, o directorio superior, tal y como nos indica la siguiente pantalla, y pulsamos **Enter** hasta que se muestra la pantalla en la que elegimos el modo principiante o experto. Seleccionaremos *Beginner o modo principiante.* Con el tabulador seleccionamos **OK** y pulsamos **Enter**.

Al contrario que cuando hicimos la imagen, a continuación, indicaremos si lo que queremos es restaurar una imagen completa de disco o simplemente una parte de la misma. Todo depende de cómo se hizo la copia, pero lo normal, al menos como lo hemos hecho nosotros, es restaurar partes o particiones concretas de la imagen, ya que la imagen simplemente la generamos también como *saveparts.* Es decir, seleccionaremos *restoreparts.* Con el tabulador seleccionamos **OK** y pulsamos **Enter**.

Seleccionamos el nombre de la imagen que nos muestra el asistente, teniendo en cuenta que nos puede mostrar varias. Pulsamos de nuevo **OK**.

Por último, marcamos las particiones que deseamos restaurar, es decir, el destino de la restauración, tal y como se indica en la Figura 6.18, y que en nuestro caso es la partición **sda1**. Si hubiera más de uno, tendríamos que marcar con la barra espaciadora y clicar las flechas de edición para movernos entre las diferentes particiones que se pueden llegar a mostrar.

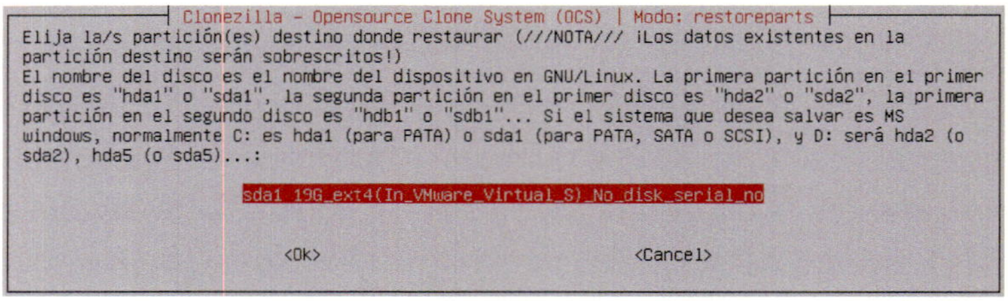

Figura.6.18. Destino de la restauración.

Confirmaremos todas las opciones que se siguen mostrando hasta que podamos ver una pantalla prácticamente igual que la de la Figura 6.10.

Reiniciaremos el equipo y el proceso de clonación de una imagen a disco habrá terminado.

6.3. Funcionalidad y objetivos del proceso de replicación

Normalmente, se realizan procesos de clonación cuando queremos mantener sistemas operativos y sus configuraciones a salvo de posibles errores físicos o lógicos.

Los errores físicos, como los cortes de luz, humedad o temperatura, pueden afectar de tal manera a los sistemas que pueden provocar errores en los discos y memorias, y ello llevar al sistema a un funcionamiento inestable que puede derivar en un fallo definitivo.

Por otro lado, los virus, la instalación de aplicaciones no verificadas y, sobre todo, el desconocimiento de algunos administradores o usuarios de sistemas puede provocar que se instalen funcionalidades, servicios o características, que hagan que el sistema deje de funcionar. Si estos sistemas son servidores, a veces restaurar estas configuraciones desde el principio es imposible, ya que son años de configuraciones y es francamente difícil poder llegar a que el sistema esté en un estado óptimo para nuestras necesidades.

Por esto y alguna otra circunstancia más, tenemos que considerar que los procesos de clonación y restauración son llevados a cabo de forma regular por los administradores de sistemas. En particular, algunos de los motivos que nos llevan a crear y posteriormente a restaurar imágenes, o clonar equipos directamente, son los resumidos a continuación:

- **Se produce un proceso de restauración de un sistema**. Es una técnica por la cual el disco de un ordenador es automáticamente limpiado y restaurado desde una imagen que se creó cuando todo el sistema era estable, sin virus y con todos los dispositivos *hardware* instalados.

- **Instalar nuevas aplicaciones en redes**. Al montar el mismo conjunto de aplicaciones en una pequeña red, puede ser factible hacerlo equipo por equipo, pero si, por ejemplo, disponemos de una red con 40 equipos y queremos instalar varias aplicaciones en cada equipo, es ideal el uso de la técnica de clonación, ya que se instala un solo equipo y el disco duro, con o sin imagen, se clona al resto. Solamente sería necesario posteriormente configurar algunos parámetros en cada equipo como el nombre y la identificación de red.

- **Modificar el tamaño del disco duro**. Si un usuario está usando un sistema operativo, y el disco o partición en el que está instalado se le queda pequeño, lo adecuado sería instalarlo en un nuevo disco duro o partición. Pues bien, con el proceso de clonación, un usuario puede utilizar la copia del disco (clonación) para pasarla a un nuevo disco duro diferente e incluso de mayor capacidad.

- **Copia de seguridad de todo el sistema**. Un usuario puede crear una copia de seguridad completa de su sistema operativo y de los programas instalados, de los datos, configuraciones, favoritos, etc. Todo de todo; sin restricciones. Como una fotocopia.

- **Recuperación del sistema**. La mayor parte de los fabricantes de *hardware* y *software*, cuando nos venden un equipo, suelen incluir en el mismo, aunque en una partición oculta, una imagen completa del equipo que se podrá restaurar en caso de que el usuario quiera restaurar el equipo tal y como venía de fábrica. Esta restauración se realizará con herramientas *hardware* o *software* que los vendedores de equipos ponen a disposición del usuario.

La replicación también se utiliza en sistemas gestores de bases de datos, debido a múltiples circunstancias.

En ocasiones para que el rendimiento sea mayor hay que replicar una base de datos en otra u otras, ya que permite que varios usuarios accedan mejor a los registros que hay en ellas. Además, ante un error en una base de datos, si esta está replicada, podremos restaurarla rápidamente sin que el usuario que accede a los datos lo note.

Es evidente, que la replicación también se hace por seguridad de los datos. Una base de datos *principal* siempre se duplicará en otras *secundarias* por simple seguridad y además se replicará en otros dispositivos, otros equipos, incluso otros lugares o poblaciones.

6.4. Seguridad y prevención en el proceso de replicación

En muchas ocasiones, los procesos de replicación no solamente se realizan en sistemas operativos para mantener los sistemas críticos a salvo de posibles errores físicos o lógicos.

También en la mayoría de los casos, los procesos de replicación se realizan sobre bases de datos, especialmente en las grandes bases de datos.

La replicación se está convirtiendo en una necesidad cada vez más crítica para la actividad de muchas organizaciones.

Si tenemos en cuenta que la replicación es el proceso de copia de datos de un conjunto de datos, como una base de datos, un sistema operativo, etc., a otro lugar o espacio de almacenamiento.

Esta copia suele hacerse por bloques de datos y, según el caso, lo normal es que se haga de forma diferencial.

Para mantener la seguridad de los datos que se copian, se puede utilizar uno de las dos formas de replicación como son la **síncrona** y la **asíncrona**.

La replicación síncrona tiene la ventaja de mantener permanentemente actualizado el destino, cuestión que no es así en la asíncrona, que solamente actualizará el destino cuando nadie use el origen y es cuando se producirá la copia.

Con la replicación síncrona, se tiene siempre la certeza de que los datos existentes en el dispositivo de destino están tan al día como los datos de la sede de origen. La asíncrona, no afecta al origen de datos, en cuanto a velocidad, es decir, se puede estar replicando una base de datos y, a la vez, está siendo utilizada por usuarios sin que se note que se está produciendo la replicación, pero las replicaciones no mantienen permanentemente actualizado el destino de la copia.

Por lo general, para sistemas operativos, se utilizan imágenes y proceso de clonación, pero tal y como estamos indicando en este punto, la seguridad en las bases de datos debe ser tal que es raro no realizar procesos de replicación de las mismas en otros dispositivos y mediante técnicas de diferentes tipos.

Si nos centramos en la **replicación de base de datos**, entenderemos que es una técnica mediante la cual copiamos de forma exacta en otra ubicación una instancia de la base de datos. Se utiliza en entornos distribuidos de sistemas de gestión de bases de datos, donde una sola base de datos tiene que ser utilizada y actualizada en varios lugares de forma simultánea.

Mediante la **replicación de base de datos**, usuarios de todo el mundo pueden estar accediendo a lo que para ellos son los mismos datos, aunque en realidad, físicamente esos datos pueden estar de forma transparente para el usuario en diferentes nodos o localidades.

De forma estandarizada, podremos indicar que existen tres métodos de **replicación de base de datos**:

- **Replicación instantánea**: los datos de un servidor son simplemente copiados a otro servidor o a otra base de datos dentro del mismo servidor.

- **Replicación transaccional**: primero se envía una copia completa de la base de datos y luego se van enviando de forma periódica (o a veces continua) las actualizaciones de los datos que cambian.

- **Replicación de mezcla**: los datos de dos o más bases de datos se combinan en una sola base de datos (merge). En primer lugar, se envía una copia completa de la base de datos. Luego el sistema de gestión de base de datos va comprobando los cambios que van apareciendo en los distintos nodos y, a una hora programada o a petición, los datos se sincronizan.

La replicación ofrece grandes beneficios relacionados con:

- **Aumento de la fiabilidad**: mediante la **replicación de bases de datos** a través de múltiples servidores, nos aseguramos de que los datos van a estar disponibles incluso en el caso de que una de las máquinas tenga un fallo grave de *hardware*.

- **Mejora en el rendimiento**: al estar los datos distribuidos en diferentes servidores, los múltiples accesos no saturan los servidores.

- **Mejora en la seguridad de los datos**: en un sistema transaccional tradicional, todas las actualizaciones de una base de datos se guardan en un mismo disco. La seguridad de nuestros datos queda entonces en manos de la estrategia de copias de seguridad que tengamos implementada en ese servidor. Con la **replicación de base de datos** aumentaremos considerablemente la seguridad de los datos, ya que las actualizaciones están siendo escritas en varios dispositivos.

En definitiva, la **replicación de bases de datos** se utiliza para propagar los datos en entornos de bases de datos distribuidas, de forma que se mejora la confiabilidad, **seguridad** y el rendimiento de las aplicaciones que las utilizan.

6.5. Particiones de discos

En la Unidad 5, en el punto 5.2.2, vimos detalladamente lo que eran las particiones, sus tipos y la forma de gestionarlas desde los diferentes sistemas operativos que estamos tratando en esta obra.

En cualquier caso, haremos un recordatorio de todo lo visto entonces y ampliaremos en algo más la información.

6.5.1. Tipos de particiones

Por lo general, un disco duro tiene un número máximo de particiones, normalmente cuatro, clasificadas de la siguiente forma:

- Una, dos, tres o cuatro particiones primarias.

- Una, dos o tres particiones primarias y una extendida con una o varias unidades lógicas.

Al proceso de ir creando las particiones se le suele llamar *particionar*. Pero, además, las particiones una vez creadas deben ser *formateadas*, es decir, se les debe crear un sistema de ficheros.

Las particiones se crean antes o durante el proceso de instalación de un sistema operativo. Normalmente, todos los sistemas operativos incorporan herramientas de particionado con lo que los discos se pueden particionar mientras se instala el sistema. En otras ocasiones, utilizaremos herramientas externas como **Partition Wizard** o similar para preparar el espacio de almacenamiento antes de la instalación del sistema operativo.

Una partición de un disco duro es una división lógica en una unidad de almacenamiento, en la cual se alojan y organizan los archivos mediante un sistema de archivos. Existen distintos esquemas de particiones para la distribución de particiones en un disco. Los más conocidos y difundidos son MBR (*Master Boot Record*) y GPT (*GUID Partition Table*).

Es obligatorio y necesario que toda partición tenga un sistema de archivos concreto para para poder almacenar archivos y/o directorios. El espacio no asignado en un disco, es decir, un trozo de disco no particionado o un disco no particionado evidentemente no es una partición, por lo tanto, no puede tener un sistema de archivos, ni almacenar información.

Existen múltiples sistemas de archivos con diferentes capacidades: como FAT16, FAT32, VFAT, NTFS, EXT2, EXT3, EXT4, Btrfs, FedFS, ReiserFS, Reiser4, etcétera.

Particularmente los discos ópticos (DVD, CD) utilizan otro tipo de particiones llamado **UDF** (*Universal Disc Format*) o 'formato de disco universal', por sus siglas en inglés, el cual permite agregar archivos y directorios, y por esta razón usado por la mayoría de *software* de escritura por paquetes, conocidos como programas de grabación de unidades ópticas.

UNIDAD LÓGICA	DESCRIPCIÓN
C:	Primera unidad de disco duro. Primera partición, que normalmente es la partición activa en la que se instala el sistema operativo.
D:	• Segunda unidad de disco duro, si solo tiene una partición. • Primera unidad de CD-ROM en ausencia de la segunda unidad de disco duro. • Segunda partición del primer disco duro en ausencia de CD-ROM o segunda unidad de disco duro.
E:	• Siguiente unidad de disco curo. • Siguiente unidad de CD-ROM. • Siguiente partición de la primera o segunda unidad de disco duro.

Tabla 6.3. Unidades lógicas y particiones.

En Windows, las particiones reconocidas son identificadas con una letra seguida por un signo de doble punto (p. ej.: C:\). Veamos la Tabla 6.3., en la que podemos ver de qué forma se pueden identificar particiones en un disco o en varios.

Todos los sistemas operativos se caracterizan por tener una estructura jerárquica de almacenamiento de la información en los espacios de almacenamiento, es decir, en las particiones de disco, si es el caso, o en las unidades sólidas o DVD. Esta información se ubica en las unidades de almacenamiento de forma arborescente, es decir, normalmente en los discos duros y, por lo tanto, en sus particiones.

Esta estructura arborescente comienza en la propia unidad de almacenamiento en la que vayamos a almacenar los datos. Puede ser un disco duro, CD-ROM, *pendrive,* etcétera.

En general, se habla de unidad de disco duro, de disquete, de CD-ROM, etc. Estas unidades son *hardware*, es decir, constituyen las unidades físicas.

Todo sistema operativo es capaz de gestionar varias unidades de almacenamiento. Para realizar la comunicación entre las unidades físicas y el usuario, se utiliza una relación. Esta relación es la que permite al usuario reconocer las unidades físicas gracias a las unidades lógicas. Las unidades lógicas son la representación que el sistema operativo hace de cada unidad física.

En concreto en sistemas Windows, las unidades lógicas se representan mediante una letra del alfabeto, seguidas de dos puntos ":". La relación entre unidades lógicas y físicas es la que refleja la Tabla 6.3.

Las unidades A: y B: hacen referencia a unidades de disco flexible (disquete), que ya no se usan y que no se pueden particionar. Los disquetes no son particionables. El resto de unidades son discos o unidades de DVD, pero los discos sí es necesario que se particionen para poder utilizarlos.

En Linux, estos dispositivos se reconocen como **sda**, **sdb**, etc., por cada dispositivo, y 1, 2, etc., por cada partición de disco, por lo que, por ejemplo, sda1 es la primera partición del primer disco duro, y **sdb3**, es la tercera partición del segundo disco duro.

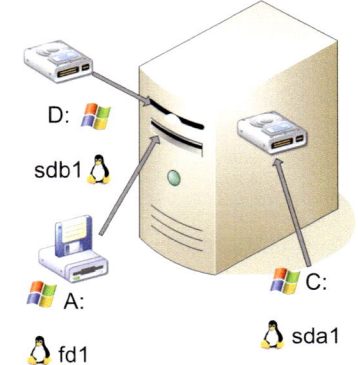

Figura 6.19. Correspondencia de unidades.

El formato o sistema de archivos de las particiones (p. ej., NTFS) no debe ser confundido con el tipo de partición (p. ej., partición primaria), ya que en realidad no tienen directamente mucho que ver. Independientemente del sistema de archivos de una partición (FAT, ext3, NTFS, etc.), existen tres tipos diferentes de particiones:

PARTICIÓN PRIMARIA

Son las divisiones principales del disco, solo puede haber cuatro de estas o tres primarias y una extendida. Depende de una tabla de particiones. Un disco físico completamente formateado consiste, en realidad, en una partición primaria que ocupa todo el espacio del disco y posee un sistema de archivos. Este tipo de particiones prácticamente cualquier sistema operativo puede detectarlas y asignarles una unidad, siempre y cuando el sistema operativo reconozca su formato (sistema de archivos).

En los primeros ordenadores personales, estas particiones tradicionalmente usan una estructura llamada *tabla de particiones*, ubicada al final del registro de arranque maestro o MBR. Esta tabla, que no puede contener más de cuatro registros de particiones (por eso el máximo es cuatro particiones), especifica para cada partición su principio, final y tamaño. A veces pueden contener un indicador especial que las marca como activas, es decir, las que se leerán en primer lugar al iniciar el sistema informático. Eso sí, solo puede haber una partición activa a la vez.

Este indicador o marca se usa durante el arranque. Después de que el BIOS cargue el registro de arranque maestro en la memoria y lo ejecute, el MBR comprueba la tabla de partición a su final y localiza la partición activa. Entonces, carga el sector de arranque de esta partición en memoria y la ejecuta. A diferencia del registro de arranque maestro, generalmente independiente del sistema operativo, el sector de arranque está instalado junto con el sistema operativo y sabe cómo cargar el sistema ubicado en ese disco en particular.

PARTICIÓN EXTENDIDA

También conocida como *partición secundaria*, es otro tipo de partición que actúa como una partición primaria; sirve para contener múltiples unidades lógicas en su interior. Fue ideada para romper la limitación de cuatro particiones primarias en un solo disco físico. Solo puede existir una partición de este tipo por disco y solo sirve para contener particiones lógicas. Por lo tanto, es el único tipo de partición que no soporta un sistema de archivos directamente.

Cualquier versión de sistema operativo antiguo puede leer solo una partición FAT primaria en el disco duro. Esto, unido al deterioro de la FAT con el uso y al aumento de tamaño de los discos, movió a Microsoft a crear un esquema mejorado relativamente simple: una de las entradas de la tabla de partición principal pasó a llamarse *partición extendida* y recibió un número de tipo de partición especial.

PARTICIÓN LÓGICA

Ocupa una porción de la partición extendida o la totalidad de la misma, la cual se ha formateado con un tipo específico de sistema de archivos (FAT32, NTFS, ext2, etc.) y se le ha asignado una unidad, así el sistema operativo reconoce las particiones lógicas o su sistema de archivos. Puede haber un máximo de 23 particiones lógicas en una partición extendida. Linux impone un máximo de 15, incluyendo las cuatro primarias.

Algunos sistemas de archivos (por ejemplo, versiones antiguas de sistemas FAT de Microsoft) solamente pueden gestionar particiones de un máximo de 2 GB de espacio, algo totalmente impensable hoy. Por eso, los nuevos sistemas de archivos pueden gestionar hasta *petabytes* de información en disco, tal y como lo hace NTFS en Windows o EXT4 en Linux.

En algunos sistemas operativos aconsejan más de una partición para funcionar, como, por ejemplo, la partición de intercambio (*swap*) en los sistemas operativos basados en Linux.

Es normal que dos sistemas operativos no puedan coexistir en la misma partición, o usar distintos formatos de disco, pero sí en diferentes.

Uno de los principales usos que se le suele dar a las particiones, si son primarias, es para almacenar e instalar el sistema operativo. Si son extendidas (y sus unidades lógicas), se suelen utilizar para almacenar toda la información del usuario (entiéndase música, fotos, vídeos, documentos), para que al momento de reinstalar algún sistema operativo se formatee únicamente la unidad que lo contiene sin perder el resto de la información del usuario.

Las tablas de particiones (MBR) solo admiten hasta 2,2 TB por partición. Dado que solo soportan cuatro particiones primarias, el tamaño máximo admisible para un disco duro sería de 8,8 TB (el resto de capacidad no se podría utilizar). Como la arquitectura IBM PC es muy común, las tablas de partición probablemente subsistirán cierto tiempo. Sin embargo, existe un nuevo modelo de tablas de particiones, las **GPT**, que soporta teóricamente hasta 9,4 ZB (1 ZB = equivale a 10^{21} *bytes*).

GPT (**GUID** *Partition Table*) es un estándar para la gestión de la tabla de particiones en un disco duro físico propuesto por Intel para reemplazar el desfasado BIOS del PC, una de las pocas réplicas que quedan, heredada del IBM PC original junto al MBR.

Las particiones extendidas se inventaron para superar el límite de cuatro particiones primarias máximas por cada disco duro y poder crear un número ilimitado de unidades lógicas, cada una con un sistema de archivos diferente de la otra. Aunque no suelen utilizarse para instalar sistemas operativos, todos los sistemas modernos son capaces de arrancar desde una unidad lógica. Sin embargo, el MBR por defecto utilizado por Windows y DOS solo es capaz de continuar el proceso de arranque con una partición primaria.

6.5.2. Herramientas de gestión

Para gestionar particiones, es decir, para crear, modificar y borrar particiones, sean del tipo que sean, podemos utilizar tanto herramientas del sistema operativo, como ya hemos visto en la Unidad 5, o bien utilizar herramientas de terceros.

Sería imposible explicar las herramientas de terceros en cuanto a gestión de particiones, pero lo que sí podemos hacer es dar una lista de las herramientas más extendidas y más fiables del mercado para realizar particiones en los discos duros de nuestro sistema.

Veamos algunas herramientas y sus características en la Tabla 6.4.

PROGRAMA	CARACTERÍSTICAS
EaseUS Partition Master	EaseUS es una empresa especializada en *software* de recuperación de datos y particiones, que distribuye una aplicación gratuita de gestión de particiones. EaseUS Partition Master tiene muchas opciones, incluyendo el cambio rápido de tamaño en particiones y la posibilidad de combinarlas, soportando un tamaño máximo de 8 TB de disco duro. Entre sus tres categorías de pago, incluye otras opciones como convertir sistemas MBR a GPT, cambiarle el tamaño a volúmenes dinámicos, línea de comandos, uso empresarial, soporte para Windows Server, copias de seguridad y la posibilidad de migrar nuestro sistema operativo de un disco duro a otro HDD o SSD.
GParted	GParted es el editor de particiones de GNOME. Es uno de los más populares entre la mayoría de distribuciones. Permite crear, borrar, mover, explorar, formatear, ocultar, convertir y cambiarles el tamaño a las particiones, pudiendo manejarse con sistemas de archivos NTFS, FAT, o ext2, ext3 y ext4 file. La aplicación en sí es exclusiva para GNU/Linux, aunque tiene una versión llamada GParted Live que podemos descargar en ISO para llevarla en un CD o USB y utilizarla también en Windows y Mac OS X.
MiniTool Partition Wizard	MiniTool Partition Wizard tiene una versión gratuita, que incluye algunas interesantes funciones avanzadas, con una interfaz sencilla enfocada a los usuarios con menos conocimientos. Entre sus funciones podemos encontrar la extensión de particiones de sistema, el poder migrar el sistema operativo a otro disco HDD o SSD o la recuperación de los datos de particiones anteriores. También tiene un modo de protección de datos que se puede elegir al crear nuevas particiones por si un fallo en la corriente durante el proceso pudiera corromper los datos.
Paragon Partition Manager	Paragon Partition Manager es una herramienta funcional y fácil de utilizar. Una vez más es la versión gratuita de una *suite premium*, aunque trae lo suficiente como para hacer las gestiones básicas que podamos necesitar. Permite crear particiones, eliminarlas, formatearlas, ocultarlas, cambiarles el tamaño, cambiar su etiqueta de volumen, cambiar el sistema de archivos que utilizan, comprobar la superficie del disco duro y realizar un análisis de la integridad de su sistema de archivos. Hay otras opciones avanzadas para unir y dividir particiones o gestionarlas en discos duros virtuales, pero esas ya solo están disponibles en las versiones de pago.

PROGRAMA	CARACTERÍSTICAS
AOMEI Partition Assistant	AOMEI Partition Assistant es otra *suite* que ofrece sus funciones básicas y alguna sorpresa en una versión *freeware*. Con ella podremos realizar todas las operaciones que necesitamos sobre las particiones, copiar particiones o discos duros, crear unidades de arranque y convertir las particiones del formato MBR al GPT. También incluye la posibilidad de migrar el sistema operativo a un disco duro SSD o HDD en discos con formato MBR, algo que normalmente está reservado a las opciones de pago. En la versión de pago se incluye el soporte de migración para GPT, recolocar el espacio libre entre particiones o convertir discos dinámicos a convencionales y viceversa.

Tabla 6.4. Herramientas de gestión de particiones.

6.6. Herramientas de creación e implantación de imágenes y réplicas de sistemas

En el mercado existen muchísimas herramientas de clonación de imágenes y réplicas de sistemas.

Veamos una pequeña lista de las más extendías en entornos Windows y Linux.

PROGRAMA	CARACTERÍSTICAS	SISTEMA OPERATIVO
Acronis True Image	• Copia de seguridad de imágenes: local y en la nube. • Copia de seguridad de archivos y carpetas. • Almacenamiento en la nube y acceso remoto. • Sincronización y uso compartido de archivos. • Copia de seguridad de dispositivos móviles en equipos locales. • Archivar para descargar archivos y liberar espacio en el disco local. • Interfaz de usuario táctil para aplicaciones informáticas y portal web.	Windows, MAC, IOX, Android
Norton Ghost	• Creación de copias de seguridad de todo el sistema (imágenes de disco): el usuario puede trabajar con discos duros íntegros o particiones específicas. • Creación de copias de seguridad incrementales: diferenciales y completas. • Creación de copias de seguridad basadas en eventos. • Las copias de seguridad se codificarán con el fin de garantizar la seguridad de los datos en el caso de que terceras personas accedan a ellos y se comprimirán para ahorrar espacio en el disco. • Frácticamente, se pueden crear copias de seguridad de cualquier soporte, como de unidades de CDR/RW y DVD+-R/RW. • Se llevará a cabo una recuperación del sistema incluso en aquellos casos en los que no se pueda reiniciar el sistema operativo.	Windows

PROGRAMA	CARACTERÍSTICAS	SISTEMA OPERATIVO
Macrium Reflect Home	<ul><li>Imágenes súperrápidas.</li><li>Copia de seguridad de archivos y carpetas.</li><li>Consolidación de archivos de respaldo con soporte de respaldo completo.</li><li>Soporte de recorte SSD.</li><li>Plantillas de planes de respaldo predefinidos.</li><li>Montaje de imágenes en el Explorador de Windows para una fácil recuperación.</li><li>Rapid Delta Restore recupera sus imágenes en minutos o incluso segundos.</li><li>Restaure imágenes en *hardware* diferente usando Macrium ReDeploy.</li><li>Copias de seguridad de archivos y carpetas en un único archivo comprimido.</li><li>Recuperación de particiones e imágenes de disco completas con solo unos pocos clics del ratón.</li></ul>	Windows Linux
Clonezilla Live	<ul><li>Clonezilla es un *software* libre de recuperación ante desastres, sirve para la clonación de discos y particiones.</li><li>Clonezilla Live permite a los usuarios clonar una máquina individual, partición o disco para ser reproducido en otro medio.</li><li>La clonación puede ser guardada como un archivo de imagen o como una copia exacta de datos.</li><li>Los datos pueden ser guardados localmente, en un servidor SSH, servidor Samba o un recurso compartido de archivos NFS y luego restaurarlos en una fecha posterior.</li><li>El *software* se puede ejecutar ya sea desde un arranque de unidad *flash* USB o CD/DVD.</li><li>Clonezilla Server se utiliza para clonar simultáneamente muchos computadores a través de una red. Esto se hace usando un servidor DRBL y estaciones de trabajo que pueden arrancar desde una red.</li></ul>	Linux
DRBL	<ul><li>DRBL (*Diskless Remote Boot in Linux*).</li><li>Proporciona un entorno sin disco duro o sistema operativo para máquinas clientes.</li><li>Funciona en Debian, Ubuntu, Mandriva, Red Hat, Fedora, CentOS y SuSE.</li><li>DRBL usa recursos de *hardware* distribuido y permite a los clientes el control total de su *hardware* local. También incluye Clonezilla.</li><li>Herramienta que permite arrancar un sistema operativo desde la red sin necesidad de tener ningún *software* instalado localmente, permitiendo el control del *hardware* local una vez iniciado el sistema operativo servido por el sevidor. Junto a Clonezilla podremos clonar en *multicast* tantas máquinas como queramos simultáneamente.</li></ul>	Linux

6.6.1. Orígenes de información

Como hemos comentado en puntos anteriores, el origen de la información a copiar, puede ser de varios tipos: sistemas operativos completos, discos completos, particiones, bases de datos, etcétera.

Los datos que se desea copiar, es decir, el origen de los datos que se van a incluir en un *backup*, imagen de sistema o replicación de disco o dispositivo, pueden ser variados. Por lo general, el origen de datos o de información suele estar en:

- Un dispositivo de almacenamiento como un disco duro.

- Un dispositivo de almacenamiento en red.

- Un servicio de almacenamiento en la nube.

Sea como fuere, independientemente del origen de los datos que se van a maquetar o copiar, también tendremos que tener en cuenta que los destinos de los datos pueden ser del mismo tipo que los de origen.

6.6.2. Procedimientos de implantación de imágenes y réplicas de sistemas

Existen varios métodos que se pueden utilizar para implementar las imágenes creadas y los sistemas operativos en equipos de una red o empresa.

Lo más habitual, independientemente del sistema operativo, es realizar la implementación por:

- **Implementaciones iniciadas por PXE**: las implementaciones iniciadas por PXE permiten a los equipos cliente solicitar una implementación a través de la red. En este método de implementación, la imagen de sistema operativo se envía a un punto de distribución que está configurado para aceptar solicitudes de arranque de PXE.

- **Implementaciones de multidifusión**: las implementaciones de multidifusión ahorran ancho de banda de red al enviar datos a varios clientes a la vez en lugar de enviar una copia de los datos a cada cliente a través de conexiones diferentes. En este método de implementación, la imagen de sistema operativo se envía a un punto de distribución. Esto, a su vez, implementa la imagen cuando los equipos cliente solicitan la implementación.

- **Implementaciones de medios de arranque**: las implementaciones de medios de arranque le permiten implementar el sistema operativo al iniciar el equipo de destino. Cuando se inicia el equipo de destino, recupera la secuencia de tareas, la imagen de sistema operativo y cualquier otro tipo de contenido necesario de la red. Debido a que el contenido no se incluye en los medios, puede actualizar el contenido sin tener que volver a crear los medios.

- **Implementaciones de medios independientes**: las implementaciones de medios independientes le permiten implementar sistemas operativos en las condiciones siguientes:

  — En entornos donde no resulta práctico copiar una imagen de sistema operativo u otros paquetes grandes a través de la red.

  — En entornos sin conectividad de red o conectividad de red de bajo ancho de banda.

ACTIVIDADES

6.1. **Las copias de seguridad también reciben el nombre de…**

a) Copias de respaldo.

b) Copias de imagen de núcleo.

c) Copias de *kernel*.

d) Copias de restauración de sistema.

6.2. **La copia de seguridad en la que se copian solo los archivos que han cambiado desde la última copia de seguridad incremental o normal se denomina:**

a) Copia diferencial.

b) Copia completa.

c) Copia diaria.

d) Copia incremental.

6.3. **El proceso que consiste en copiar la estructura completa de un disco en otro se denomina:**

a) Creación de un archivo imagen.

b) Clonación.

c) Copia de seguridad completa.

d) Copia de seguridad diferencial.

6.4. **La herramienta principal de copias de seguridad y clonación en Linux Ubuntu se llama…**

a) Gparted.

b) Clonezilla.

c) Imagen de disco.

d) Ninguna de las anteriores respuestas es correcta.

6.5. **El proceso de replicación de un sistema se gestiona para prevenir al mismo de…**

a) Errores lógicos.

b) Errores físicos.

c) Eventuales caídas de electricidad.

d) Las anteriores respuestas son ciertas.

6.6. **Los diferentes modos de replicación se pueden resumir en…**

a) Replicación completa y parcial.

b) Replicación síncrona y asíncrona.

c) Replicación incremental.

d) Replicación diferencial.

6.7. **¿Qué afirmación o afirmaciones son ciertas respecto de los antiguos sistemas de archivos tipo FAT?**

a) Son exclusivos de sistemas Windows.

b) Solo funcionan en sistemas de 16 bits como Windows 98.

c) Solamente admiten discos o particiones de un tamaño máximo de 2 GB.

d) No permiten particiones extendidas de disco.

6.8. **EXT4 es un sistema de archivos exclusivo…**

a) Windows 10/11.

b) Linux Ubuntu y otras versiones Unix.

c) Windows 95, 98 y ME.

d) De cualquiera de los sistemas anteriores.

COMPRUEBA TUS CONOCIMIENTOS

6.1. Descárgate una de las herramientas de copias de seguridad enumeradas en la Tabla 6.2 y realiza una copia de seguridad de tus archivos de la carpeta de descargas en un *pendrive* o en una carpeta que hayas creado en el escritorio.

6.2. Realiza la misma operación con la copia de seguridad de Windows 10/11.

6.3. Haz lo mismo en Linux con la herramienta **déjà dup**.

6.4. Haz una imagen de sistema de Windows y otra de Linux.

6.5. Intenta recuperar esa imagen en una máquina virtual o en un ordenador que pudiera estar disponible.

6.6. Descarga la herramienta Macrium Reflect y haz lo mismo que en el punto anterior, pero con Macrium Reflect, haciendo la imagen en una unidad de red y recuperándola desde la red. Crea un dispositivo de inicio de Macrium Reflect en un *pendrive*.

7. Actualización del sistema operativo informático

Contenido

7.1. Clasificación de las fuentes de actualización

INTRODUCCIÓN AL CONCEPTO DE ACTUALIZACIÓN

Las actualizaciones son añadidos o modificaciones realizadas sobre los sistemas operativos o aplicaciones que tenemos instalados en nuestros dispositivos y cuya misión es mejorar tanto aspectos de funcionalidad como de seguridad.

Si no mantenemos nuestros equipos actualizados y al día, nos exponemos a innumerables riesgos, como pueden ser el robo de información, la pérdida de privacidad, el perjuicio económico, la suplantación de identidad, etcétera.

Por tanto, si queremos disfrutar de todas las ventajas y prestaciones que puede ofrecernos nuestro sistema, de una forma segura y eficiente, tendremos que:

- Comprobar regularmente el estado de las actualizaciones de nuestros dispositivos.

- Comprobar regularmente el estado de las actualizaciones de aplicaciones y controladores.

- Elegir la opción de actualizaciones automáticas siempre que esté disponible.

- Instalar las actualizaciones tan pronto como se publiquen, especialmente las de los sistemas operativos, navegadores y programas antivirus.

- Ser cuidadosos con las aplicaciones que instalamos, huyendo de **fuentes no fiables** y vigilando los privilegios que les concedemos.

- Evitar hacer uso de aplicaciones y sistemas operativos antiguos que ya no dispongan de actualizaciones de seguridad.

SISTEMAS Y APLICACIONES ACTUALIZADOS

Por lo general, el sistema operativo y las aplicaciones que instalamos en nuestros equipos no son eternas ni duran para siempre, y, por esta razón, debemos mantener el equipo actualizado, ya que a veces tanto el sistema operativo como las aplicaciones tienen fallos de seguridad y, a veces, se les incorporan mejoras que nos hacen más manejable y funcional el todo el sistema.

Cada día se descubren nuevas vulnerabilidades que permiten que los delincuentes cibernéticos nos roben información, nos espíen, nos causen un perjuicio económico o usen nuestros equipos para fines delictivos. Afortunadamente, los desarrolladores de *software* y los fabricantes de equipos trabajan para resolver esos problemas de seguridad tan pronto como se van descubriendo. Esas soluciones se nos ofrecen en la forma de actualización.

Cualquier programa es susceptible de tener fallos de seguridad. Por este motivo, puede necesitar ser actualizado independientemente del dispositivo en el que se encuentre instalado. Esto incluye los programas y sistemas operativos de ordenadores, tabletas, *smartphones*, consolas de videojuegos e, incluso, televisiones inteligentes.

Debemos ser conscientes de que en nuestros dispositivos también hay instalados navegadores, programas, *plugins,* etc., que, por supuesto, también necesitan ser actualizados para mantenerlos al día y bien protegidos.

Un caso especial son las actualizaciones de las herramientas antivirus, ya que solo serán eficaces si están a la última. De nada sirve tener instalado un antivirus si no es capaz de detectar las últimas amenazas que circulan por la red.

Importante: No debemos confundir tener una aplicación actualizada con tener la última versión. Podemos tener instalado y actualizado Windows 7, a pesar de no tratarse de la última versión del sistema operativo Windows. Los fabricantes no solo comercializan nuevas versiones que incorporan mejoras, sino que mantienen un largo periodo de tiempo las antiguas versiones a través de actualizaciones.

Las actualizaciones **son elaboradas y ofrecidas por los propios desarrolladores/fabricantes**, considerándose estos las fuentes fiables de las mismas.

En algunos casos publican los parches (así se llaman también las actualizaciones de seguridad) con gran rapidez. En otras ocasiones, los desarrolladores tienen que adaptar los parches a sus dispositivos y el proceso no es tan rápido.

Hemos de ser conscientes del riesgo que supone utilizar un equipo no actualizado. Una vez que se hace público un fallo de seguridad, cualquiera con los conocimientos adecuados puede utilizarlo para causarnos un perjuicio. Por tanto, todos hemos de adoptar el hábito de mantener nuestros dispositivos al día.

En muchos casos, las aplicaciones y dispositivos disponen de opciones de actualización automática, de manera que las instalan, de forma transparente para nosotros, tan pronto el fabricante o desarrollador las publican. Esta es la opción más recomendada, ya que evita que tengamos que estar nosotros pendientes de esta tarea, que en ocasiones resulta un poco molesta.

Los delincuentes han descubierto que la instalación de parches constituye un nuevo modo de infectar un dispositivo. Por ello, ciertos sitios de internet, o fuentes, y ciertas aplicaciones nos ofrecen la instalación de actualizaciones no oficiales, falsas y lógicamente cargadas de troyanos o elementos que permitirán a los ciberdelincuentes colarse en nuestro sistema fácilmente.

Cuando instalamos una actualización, sea de sistema o de una aplicación, y aceptamos los términos que nos plantean, podremos infectar nuestro equipo, ya que no habremos utilizado las fuentes fiables y garantizadas desde las que tendríamos que haber descargado las actualizaciones.

Por tanto, no debemos instalar nada que no provenga de las **fuentes oficiales** que proporcionan los fabricantes y desarrolladores de los dispositivos o el *software*.

Debemos huir de sitios **pirata**, sobre todo de los que nos ofrecen aplicaciones o servicios gratuitos o extremadamente baratos.

FUENTES Y ORÍGENES DE LAS ACTUALIZACIONES

En Microsoft, y desde la aparición de Windows, **Windows Update** es el módulo vía URL o red, que permite tener actualizado el sistema Windows y sus aplicaciones.

Desde la versión de Windows 98, Microsoft incorporó **Windows Update** como servicio o proceso que permitía conectar directamente con el sitio oficial de Windows en el que se ponen a disposición de los usuarios actualizaciones, parches y mejoras tanto de *software* como de *hardware*.

Este servicio de Windows Update contacta con el sitio oficial mediante un control **ActiveX** que permite ver la información de nuestro sistema y descargar las actualizaciones adecuadas y necesarias.

En la siguiente lista de webs, encontramos las direcciones de las fuentes de Windows Update.

- **http://*.download.windowsupdate.com**
- **http://download.Microsoft.com**
- **https://*.Update.Microsoft.com**
- **http://*.Update.Microsoft.com**
- **https://Update.Microsoft.com**
- **http://Update.Microsoft.com**
- **http://*.windowsupdate.com**
- **http://*.windowsupdate.Microsoft.com**
- **http://windowsupdate.microsoft.com**
- **https://*.windowsupdate.Microsoft.com**
- **http://NtServicePack.Microsoft.com**
- **http://wustat.Windows.com**

Ubuntu

De forma similar, en Ubuntu, los distribuidores del producto, **Canonical**, ponen a disposición de los usuarios aplicaciones y herramientas para que se mantenga actualizado el sistema.

En particular, la lista de fuentes de *software* la podemos encontrar en el archivo */etc/apt/sources.list.* Podremos ver el contenido editando el fichero:

paco@ubuntu:~$ sudo gedit /etc/apt/sources.list

El contenido, dependiendo de la versión, tendrá líneas como las siguientes:

http://help.ubuntu.com/community/UpgradeNotes for how to upgrade to

http://es.archive.ubuntu.com/ubuntu/ jammy main restricted

http://es.archive.ubuntu.com/ubuntu/ jammy-updates main restricted

http://es.archive.ubuntu.com/ubuntu/ jammy universe

http://es.archive.ubuntu.com/ubuntu/ jammy-updates universe

....

http://security.ubuntu.com/ubuntu jammy-security multiverse

Esto es lo que en Linux se denominan *repositorios* u orígenes de *software*.

Estos repositorios pueden modificarse, eliminarse, añadirse nuevos, o lo que proceda, pero en el listado original de los mismos es donde se encuentra casi todo el *software*, parches, aplicaciones, etc., necesarios para nuestro sistema.

Para añadir nuevas fuentes de *software*, editaremos */etc/apt/sources.list* y añadiremos o eliminaremos repositorios.

Ya veremos más adelante, en esta misma unidad, cómo se actualiza el *software* de Ubuntu.

7.2. Actualización automática

Todos los sistemas operativos actuales, a partir del año 2000 en adelante, incorporan un servicio de actualizaciones automáticas, permitiendo al usuario activarlo o no.

Cuando este servicio se activa, se otorga al sistema operativo la potestad para instalar el *software* que el fabricante del sistema operativo pone a nuestra disposición.

Windows 10   **Windows 11**

Con el lanzamiento de Windows Millenium o Windows ME, Microsoft decidió hacer más fácil la búsqueda de actualizaciones, incluyendo **Automatic Update** o el servicio de actualizaciones automáticas, ya que hasta la fecha el proceso tenía que hacerse manualmente.

Con Windows XP, Microsoft desarrolló **Microsoft Update**, herramienta que facilitaría más las actualizaciones, ya que no solo buscaba actualizaciones para Windows, sino que también localizaba parches de paquetes, aplicaciones e incluso de controladores de dispositivos.

El servicio de actualizaciones automáticas de Windows:

- Ofrece una localización para descargar las actualizaciones y componentes del sistema crítico, servicios, parches de la seguridad, y otras mejoras.

- Además, detecta automáticamente el *hardware* del usuario y proporciona actualizaciones del producto cuando están disponibles

- Ofrece versiones beta de algunos programas de Microsoft.

Por norma general, Windows pone las actualizaciones a disposición de los usuarios el segundo martes de cada mes, aunque si se detecta alguna vulnerabilidad critica, el parche o actualización se libera en el menor tiempo posible.

Siempre que queramos, podremos descargar manualmente los parches de seguridad y las actualizaciones de los sitios oficiales que Microsoft pone a nuestra disposición.

El único inconveniente es que hasta Windows 7 todas las versiones anteriores de Windows necesitan que Internet Explorer esté instalado en el sistema para poder acceder al servicio de actualizaciones, ya que se accede a través de este navegador y no como aplicación separada.

Windows XP-SP2 y Windows 2000 SP3 introducen *Background Intelligent Transfer Service*, que descarga las actualizaciones sin notificaciones, cuando el sistema está en reposo, aun necesitando Internet Explorer para gestionar el proceso de instalación.

En las últimas versiones de Windows 10/11, Microsoft ya no solamente libera parches o actualizaciones de seguridad, sino que semestralmente libera una versión completa del sistema operativo que incorpora todos los parches anteriores. Este proceso es lento de realizar, pero garantiza la estabilidad del sistema. Normalmente se pondrá a disposición de los usuarios en agosto y febrero de cada año. De esta forma, Microsoft quiere actuar como hasta la fecha lo han hecho los diseñadores de Ubuntu, parcheando el sistema completo dos veces por año.

De forma similar, en Ubuntu, los distribuidores del producto, **Canonical,** ponen a disposición de los usuarios aplicaciones y herramientas para que se mantenga actualizado el sistema de forma automática.

En el epígrafe 7.4. vamos a ver de qué forma se configuran las actualizaciones automáticas en Ubuntu o de qué forma se desactivan, pero en resumen el concepto es igual para este sistema operativo que para otros.

7.3. Los centros de soporte y ayuda

Todos los sistemas operativos actuales —y no tan actuales— siempre han contado con soporte y centros de ayuda al usuario.

En la mayoría de los casos, hoy por hoy estos centros de ayuda están conectados con la web, de tal forma que la información que en ellos se ofrece suele estar actualizada al día.

Si bien es cierto que los sistemas de ayuda locales son importantes, hoy por hoy los sistemas de ayuda y soporte *online* son los que tienen toda la atención de fabricantes y distribuidores de sistemas.

Localmente, siempre que lo necesitemos, en cualquier sistema operativo o aplicación, podremos acceder al sistema de ayuda. Estos sistemas ofrecen información, ayuda y soporte en temas tales como:

- Seguridad y privacidad.

- Mantenimiento y rendimiento.

- Redes: conexión de equipos y dispositivos.

- Internet: conexión y uso de web.

- Correo electrónico y otras formas de comunicación.

- Archivos, carpetas y bibliotecas.

- Impresoras e impresión.

- Programas, herramientas y juegos.

- Imágenes, CD, DVD, TV, música y sonido.

- Personalizar el equipo.

- *Hardware*, dispositivos y controladores.

Para acceder a la ayuda local, en sistemas Windows en la barra de *Buscar en la web y en Windows,* teclearemos *Soporte y ayuda y* se nos mostrarán las diferentes opciones que nos ofrece el sistema, siendo la mayor parte de ellas del tipo soporte *online*. En Linux, basta con introducir *ayuda* en la caja de texto que nos muestra el DASH.

Respecto de la ayuda vía red:

- En Windows, el sistema de ayuda *online* está en la siguiente dirección:
  https://support.microsoft.com/es-es

- En Ubuntu: **http://www.ubuntu-es.org/forum/31#.WAZXkPmLSk**

7.4. Procedimientos de actualización

Asimismo, el servicio de actualizaciones automáticas también puede ser activado para algunas aplicaciones, pero no entraremos en este punto, ya que hay demasiadas aplicaciones que pueden incorporar este servicio. Nosotros nos dedicaremos a hablar de cómo se activa, configura y desactiva el servicio de actualizaciones automáticas de Windows y de Linux Ubuntu.

En Microsoft Windows 10, el servicio de actualizaciones automáticas viene activado por defecto y, de esta forma, cada segundo martes de cada mes, o en situaciones excepcionales, el sistema comprueba las fuentes orígenes de *software* y compara lo que hay instalado con lo que hay en esas fuentes.

Según el resultado de la comparación, se descargarán o no las actualizaciones o los parches adecuados.

Para ver cómo está configurado el servicio de Windows Update, o actualizaciones automáticas, iremos al icono de configuración ⚙ Configuración en Windows 10 y el botón ⚙ en Windows 11.

Se mostrará una pantalla como la de la Figura 7.1, en la que seleccionaremos la opción de *Actualización y Seguridad.*

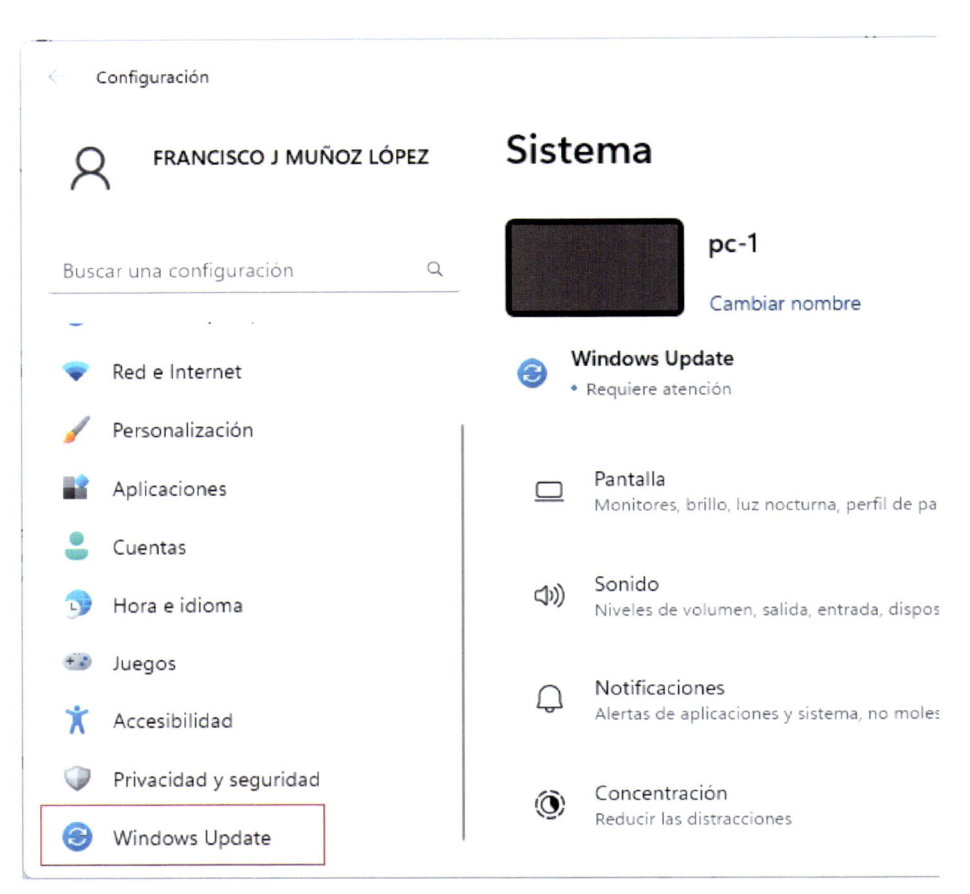

Figura 7.1. Configuración del sistema.

En la pantalla que se muestra, seleccionaremos *Opciones avanzadas,* mostrándose la pantalla de la Figura 7.2.

Asimismo, en la URL: https://catalog.update.microsoft.com/Home.aspx podremos encontrar todos y cada uno de los parches de seguridad de todas las versiones de Windows desde su nacimiento hasta hoy.

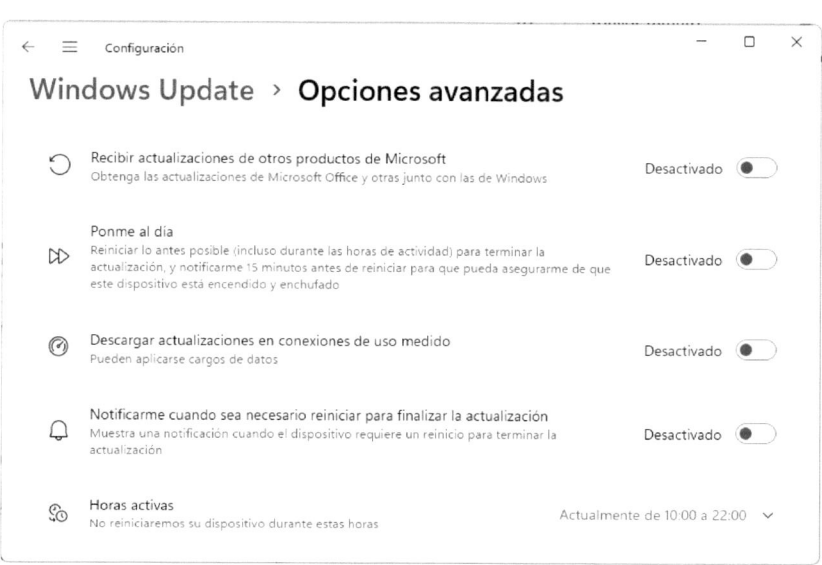

Figura 7.2. Configurar actualizaciones.

En la zona de la ventana que indica *Elegir cómo deben instalarse las actualizaciones* tendremos dos opciones. La que sale por defecto indica que se instalarán de forma automática las actualizaciones y el sistema se reiniciará. La segunda es programar cuándo queremos que se reinicie el equipo una vez descargadas las actualizaciones.

Las opciones en esta ventana son numerosísimas, especialmente en Windows 11, por lo que consideramos que explicar todas y cada una de ellas no supondrá un especial avance en el aprendizaje del alumno. Se propone analizar las opciones, buscando en internet qué significa cada una de ellas.

En Windows 10/11, es importante la opción *Elige en el modo en que quieres que se entreguen las actualizaciones,* ya que permite que varios equipos de una misma red local se intercambien actualizaciones los unos con los otros sin necesidad de descargarlas directamente desde internet, agilizando de esta forma la conexión de la red el día que se liberan las actualizaciones por Microsoft. Funciona de forma similar a los programas P2P.

Las otras opciones son solo descargar actualizaciones de otros equipos de la red local, o solamente descargar desde internet.

Nosotros consideramos que la opción que viene por defecto es la más indicada.

Para parar las actualizaciones automáticas, Windows 10 solo nos permite hacerlo deteniendo el servicio que las gestiona. En Windows 7 y versiones anteriores sí que puede programarse la descarga de actualizaciones de varias formas e incluso desactivarlas directamente, pero en Windows 10, tendremos que ejecutar el gestor de servicios del sistema y deshabilitar el servicio de Windows Update. Veamos cómo se para:

- Para quitar servicios del inicio de Windows iremos a *Inicio*, ejecutar (Windows+R), y escribiremos *services.msc* y pulsaremos **Enter**. De esta forma, accederemos a los servicios del equipo.

- En la lista de procesos, seleccionaremos Windows Update y haremos doble clic sobre él.

- Para deshabilitarlo, dentro de la pestaña *General*, en el apartado *Tipo de inicio*, hay que seleccionar **Deshabilitado**.

- Aceptaremos los cambios y reiniciaremos Windows. De esta forma, el servicio de actualizaciones queda detenido. Esto no es recomendable, en ningún caso.

De forma similar, en Ubuntu, podremos configurar las actualizaciones automáticas para que se descarguen o no.

Para ello, desde la barra del DASH escribiremos *Actualización de software*. Haremos clic en el icono que representa la aplicación y, si es la primera vez que ejecutamos esta herramienta, se mostrará una ventana como la de la Figura 7.3; en caso contrario, se mostrará la pantalla de la Figura 7.4.

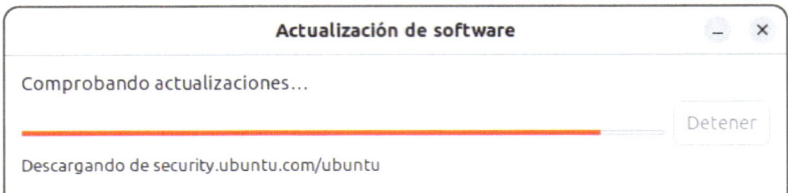

Figura 7.3. Actualizaciones de *software* en Ubuntu.

Transcurridos unos segundos, se mostrará la pantalla de la Figura 7.4, si es que hay actualizaciones importantes desde la última vez que se actualizó el sistema.

Figura 7.4. Actualizaciones importantes.

Podemos instalarlas ahora, más tarde o simplemente configurar el sistema a nuestro gusto. En nuestro caso, haremos eso: seleccionaremos **Configuración**.

En la pestaña **Actualizaciones**, seleccionaremos la forma y periodicidad en las que queremos que se descarguen las actualizaciones en el sistema, tal y como se muestra en la Figura 7.5.

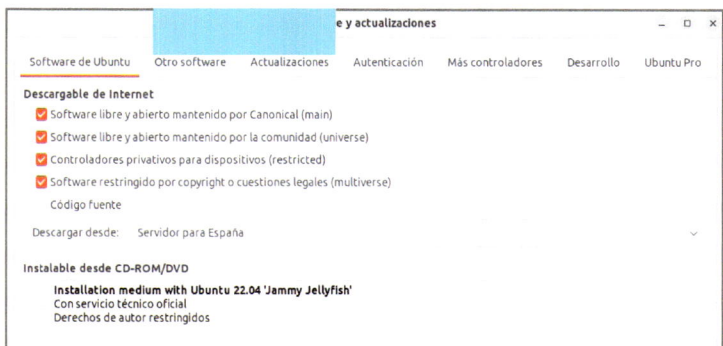

Figura 7.5. Configurar actualizaciones.

En estas pestañas, podremos configurar todo lo relativo a las actualizaciones, tanto de *software* del sistema como de otro tipo.

Se puede actualizar el sistema de manera manual desde la consola del sistema tecleando lo siguiente:

```
paco@ubuntu:~$ sudo apt-get update
```

Con este proceso comparamos lo que hay en nuestro sistema con los repositorios. Cuando este proceso finalice, teclearemos:

```
paco@ubuntu:~$ sudo apt-get upgrade
```

De esta forma, se instalarán las actualizaciones disponibles.

Aunque hay comandos para configurar la periodicidad y frecuencia de las descargas de actualizaciones automáticas, nosotros preferimos que el usuario realice el proceso en entorno gráfico, tal y como hemos explicado anteriormente.

7.5. Actualización de sistemas operativos

Una de las opciones para mantener nuestro sistema actualizado puede ser la de instalar una nueva versión completa del mismo, respetando todo lo que anteriormente
había instalado en cuanto a aplicaciones, datos de usuario y configuración personal.

A veces son tantas las actualizaciones que tenemos que instalar en un sistema operativo que es preferible actualizar la versión completa del mismo. Si bien es cierto que
lo que no podremos es modificar la arquitectura del sistema, es decir, si tenemos, por
ejemplo, instalado Windows 10 en un equipo con arquitectura de 64 bits, lo normal es
que podamos actualizar el sistema a una versión superior de 64 bits del propio Windows 10 o en todo caso a una versión, también de 64 bits, de un sistema operativo
como Windows 11, pero poco más.

Otra opción es reinstalar desde cero un nuevo sistema, pero como tal, eso no es un
proceso de actualización.

El problema no radica en el proceso de actualización del sistema operativo, sino en
que a veces el *hardware* de nuestro equipo es antiguo y no contamos con los controladores adecuados.

Todos los sistemas operativos de última generación incorporan opciones para actualizar versiones anteriores de los mismos, o incluso para instalar versiones superiores
completas.

Los procesos de actualización completa de un sistema operativo se pueden realizar
de diferentes formas. En Windows, por ejemplo, con la aparición de Windows 10/11,
Microsoft pondrá a disposición de los usuarios versiones completas del sistema operativo. Este proceso será, como novedad, *online*, de tal forma que el usuario elegirá si
desea actualizar todo el producto o no.

En Ubuntu, de forma similar, Canonical pone a nuestra disposición, cada octubre y marzo de cada año, una versión completa del sistema, pudiendo actualizar el anterior que tuviéramos *online*.

Otra forma de actualizar un sistema completo es disponer del DVD del producto, introducirlo con el sistema que hay que actualizar en ejecución y proceder a su actualización, dentro de las opciones que nos dé el asistente.

Como ejemplo, hemos preparado una actualización de Windows 10 a Windows 11 y una mejora de la versión de Ubuntu 22.04 a la 23.10.

Iniciamos nuestro sistema Windows 10 como habitualmente lo hacemos, e introducimos el DVD, ISO o *pendrive* de Windows 11 en el lugar adecuado del dispositivo usado.

Si no se ejecuta directamente el programa de instalación, iremos a la unidad correspondiente y localizaremos en la raíz de la misma un archivo llamado *setup.exe*, que es el que lanzará el instalador.

En primer lugar, se mostrará el progreso de carga del asistente de actualización o instalación. Pasados unos segundos/minutos, se mostrará la primera pantalla, Figura 7.6., en la que se nos informa de las acciones que se harán en nuestro equipo. Podremos modificar la forma en la que se descargarán o no las actualizaciones que haya disponibles para este proceso de instalación, pero lo normal es continuar con la instalación por defecto. Hacemos clic en **Siguiente**.

Figura 7.6. Conservar configuración del sistema.

Tras un proceso de búsqueda de actualizaciones, el asistente puede indicarnos que es necesario que el programa de instalación se reinicie automáticamente para poder continuar con el proceso que estamos haciendo.

Si los requisitos *hardware* de RAM, espacio en disco duro y tarjeta gráfica son adecuados, comenzará el proceso de actualización. En otro caso, se mostrará un mensaje de advertencia indicando la incompatibilidad detectada, deteniéndose el asistente de instalación. Pasados unos minutos/segundos, se mostrará la primera pantalla en la que hay que intervenir aceptando los términos de la licencia de Microsoft. Pulsamos **Aceptar.**

Tras un proceso mas o menos lento/rápido, se descargan actualizaciones, o sea, lo nuevo que haya salido para el sistema operativo desde que adquirimos la licencia original hasta el día de la instalación.

Pulsamos el botón de **Instalar** y comienza el proceso de actualización, tal y como se muestra en la Figura 7.7.

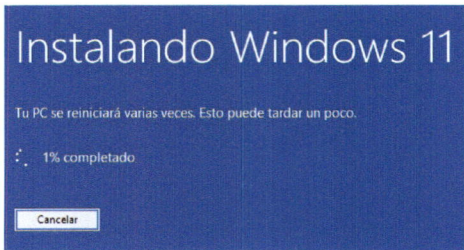

Figura 7.7. Instalación de Windows 11.

A partir de este momento, Windows se reiniciará y comenzará realmente la instalación del nuevo sistema operativo, indicando el progreso parcial de cada tarea y el proceso global de la actualización. Esto podemos verlo en la Figura 7.8.

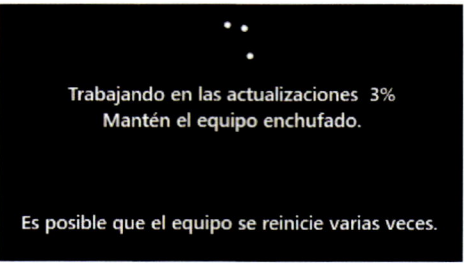

Figura 7.8. Progreso de la actualización.

Puede ocurrir que, antes de que finalice algún proceso, se encuentre algún problema de incompatibilidad de *hardware* o *software*. Si ocurriera esto, el proceso de actualización se detendrá y no podremos seguir.

Tendríamos que recurrir al soporte *online* para averiguar el problema o acudir al centro de ayuda y soporte para contrastar el error con los técnicos y, de esta forma, poder solucionar el problema.

El resto del proceso es prácticamente igual que un proceso de instalación estándar de Windows 11.

Al igual que en Windows, con las versiones de Linux, podemos actualizar la versión actual con los nuevos parches de seguridad, realizar una instalación limpia o pasar de una versión a otra actualizando todo el sistema, sin que en teoría los datos y programas sufran ningún daño.

Ubuntu, anualmente, pone en el mercado dos versiones, una en el mes de marzo, que serán las versiones cuyo nombre termine en 04, y otra versión en octubre, cuyo nombre terminará en 10.

Cada 2/4 años, hasta la fecha, Ubuntu pone en el mercado una versión de tipo LTS o versión de soporte a largo plazo (*Long Term Support*).

Estas versiones LTS suelen tener soporte de entre cuatro y seis años. Son versiones probadas y estables.

El otro tipo de versiones que pone en el mercado Canonical, empresa distribuidora de Ubuntu, son las versiones llamadas *normales*. Estas versiones solo tienen soporte hasta que se ponga en el mercado la siguiente versión, que como ya hemos visto es cada seis meses. Pueden dar soporte hasta nueve meses como máximo.

Cada actualización y/o versión busca agregar funciones nuevas y lograr que las funciones antiguas funcionen mejor. También busca ser más compatible con el nuevo *hardware* y *software* para obtener el mejor uso del ordenador.

Instalación de la actualización

Este tipo de instalación es donde pasa a una revisión más reciente del sistema operativo. Mantiene intactos todos los programas, configuraciones y datos. Guarda todo y lo utiliza durante la instalación. Esto es para que no se necesite volver a hacer ni reinstalar nada.

Instalación personalizada o de reparación

Este tipo de instalación es donde se crea una partición extra para intentar resolver los problemas del sistema operativo actual sin realizar una instalación limpia.

Instalación limpia

Este tipo de instalación es un último recurso. Es donde formatea la unidad de disco duro (HDD/SSD) y vuelve a instalarse desde cero todo el sistema operativo, perdiendo todos los datos y programas instalados con anterioridad.

Figura 7.9. Actualizar versión de Ubuntu.

En nuestro caso, realizaremos un proceso de actualización, del sistema operativo. Veamos cómo ejecutar una instalación de actualización

Para actualizar la versión completa de Ubuntu, iremos a *Software y actualizaciones,* según la versión del sistema. Harems clic en el icono correspondiente y se mostrará una pantalla similar a la de la Figura 7.9. Pulsaremos *Instalar ahora.*

Procederemos a instalar los parches de seguridad que se nos muestran, ya de que otra forma no podremos actualizar la versión completa.

Terminado este proceso, abriremos un terminal. Podemos hacerlo ejecutando (**CTRL + ALT**) o desde la barra de DASH o navegación de la parte izquierda.

En primer lugar, volvemos a realizar una comparación del *software* que tenemos instalado, con el que hay en los repositorios de Ubuntu para ver qué es lo que esta desactualizado.

> **paco@ubuntu:~$** sudo apt-get update

Instalaremos, si es que no lo tenemos instalado, el paquete principal del **Administrador de actualizaciones**.

> **paco@ubuntu:~$** sudo apt-get install update-manager-core

Ejecutaremos los siguientes comandos para comprobar la versión actual y la información del *kernel* o núcleo del sistema operativo.

> **paco@ubuntu:~$** lsb_release -a
>
> **paco@ubuntu:~$** uname -a

Con el siguiente comando, procederemos a **actualizar** a la siguiente versión disponible completa del sistema operativo.

> **paco@ubuntu:~$** sudo do-release-upgrade -d

Seguiremos las indicaciones que se nos muestran en la consola para terminar el proceso. Véase la Figura 7.10.

Aceptaremos cuando se nos pregunte si deseamos que el proceso continúe y dejaremos actuar al asistente de actualización hasta el final. Aceptaremos el resto de mensajes en los que se nos pregunta si deseamos continuar con el proceso.

Hay que tener paciencia hasta que el proceso termine, ya que puede llevar media hora o más, según las prestaciones de nuestro equipo.

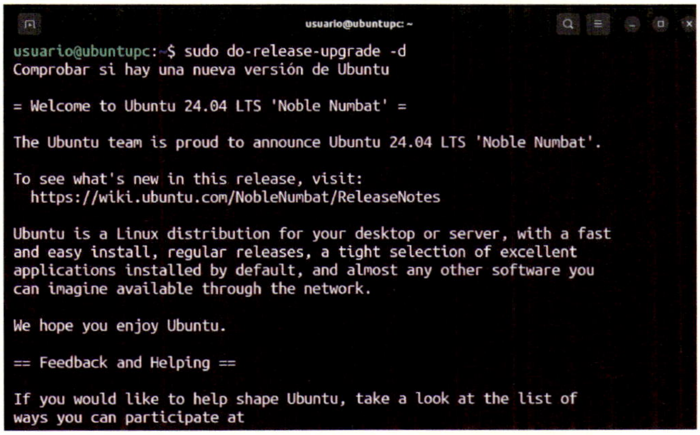

Figura 7.10. Progreso de la actualización.

7.6. Actualización de componentes *software*

Ya sabemos la importancia de las actualizaciones en nuestro sistema operativo, pero la pregunta es: ¿Es importante otro tipo de actualizaciones en nuestro *software* de aplicaciones?

La respuesta a esta pregunta es muy sencilla: **sí.**

Las actualizaciones se hacen por mejorar, por seguridad o por funcionalidad, pero no por capricho.

Existen varios tipos de actualizaciones, que podemos clasificar en las categorías que se indican en los puntos siguientes.

7.6.1. Componentes críticos

Las **actualizaciones importantes o críticas** son aquellas actualizaciones que influyen directamente en el desempeño del sistema o en su seguridad.

Las actualizaciones críticas incluyen normalmente las actualizaciones de seguridad y los denominados *Service Packs* que son paquetes acumulativos de revisiones que se ponen cada cierto tiempo a disposición del usuario para que no tenga que instalar muchas pequeñas actualizaciones, sino que con un único proceso de actualización del Service Pack se puede conseguir instalar cientos de pequeños parches de seguridad críticos.

Este tipo de actualizaciones o Service Pack es recomendable instalarlos tan pronto como estén disponibles y antes de instalar otras actualizaciones.

7.6.2. Componentes de seguridad

Siempre que hablamos de informática, podemos hablar de vulnerabilidad indicando en este concepto la posibilidad de que un sistema tenga una debilidad en su diseño, lo que permitirá a un atacante violar la confidencialidad, integridad, disponibilidad, control de acceso y consistencia del sistema o de sus datos y aplicaciones. Las vulnerabilidades son el resultado de *bugs,* también conocidos como *holes* o agujeros, que son un defecto en un *software*, o también pueden tratarse de fallos en el diseño del sistema. En la medida en que estas vulnerabilidades son descubiertas, aparecen las conocidas como *actualizaciones de seguridad* o *parches*, que se emplean para repararlas.

Si lo que queremos es prevenir nuestro sistema de ataques indeseados o piratas informáticos, tenemos que tener actualizados los ficheros de firmas de los antivirus, programas antiespía, programas *antimalware*, etc., además de los propios parches de seguridad, y el propio sistema operativo.

Las actualizaciones de seguridad son pequeños (o grandes) fragmentos de código, también llamadas *parches* que sirven para reparar vulnerabilidades de los programas o de los sistemas operativos, muchas vienen a corregir errores que aún no se habían descubierto cuando fue puesto al alcance del público.

Evidentemente, no existe el programa perfecto, y casi todos cuentan con errores no descubiertos en la fase de diseño o pruebas. Es por lo que las actualizaciones de seguridad son parches a programas para evitar que puedan ser usados para acceder a un sistema o causar daño en la integridad de los datos.

7.6.3. Controladores

Otro tipo de actualizaciones son las de los controladores que los propios fabricantes de *hardware* incorporan en sus webs o directamente los fabricantes de sistemas operativos.

Estas actualizaciones de controladores no implican que los controladores anteriores no funcionaran adecuadamente, sino que se han mejorado o añadido alguna funcionalidad para el *hardware*.

Se suelen actualizar, sobre todo, controladores de red, de tarjetas gráficas, de impresoras, etcétera.

7.6.4. Otros componentes

Las llamadas *actualizaciones opcionales* son actualizaciones que no suponen en realidad ninguna mejora sobre el sistema, como pueden ser programas anexos. Son aquellas actualizaciones que suponen una mejora sobre el sistema, aunque no influyen directamente en su desempeño o seguridad, por ejemplo, actualizaciones de componentes multimedia como reproductores o mejoras en alguna funcionalidad de *software*, sin que sea crítico el no hacerlo.

7.7. Verificación de la actualización

La verificación de la actualización consistirá en realizar una serie de pruebas de arranque y parada del sistema comprobando que en ningún momento el tiempo utilizado para ninguno de los dos procesos supera el tiempo medio estimado.

Es posible que el primer arranque, o los primeros, por cuestiones de actualizaciones pendientes o simplemente por actualización del *hardware*, pueda tardar algo más en realizarse, pero no muchísimo más.

Una vez actualizado el sistema y comprobado que no existen más parches de seguridad, de *software* o de otro tipo, podremos comprobar los que se han instalado o no correctamente en el sistema para, si es el caso, volver a instalarlos.

En Windows 10, para ver cómo se han instalado las actualizaciones y cuáles se han instalado o no, tendremos que ir al icono de configuración ⚙️ . Se mostrará una pantalla como la de la Figura 7.1, en la que seleccionaremos la opción de *Actualización y seguridad.*

En la pantalla que se muestra, seleccionaremos *Opciones avanzadas,* mostrándose la pantalla de la Figura 7.2. En esta ventana pulsaremos *Ver historial de actualizaciones.* Se mostrará una pantalla, como la de la Figura 7.11 en la que podremos comprobar lo que se ha instalado, o no, e incluso quitar o añadir actualizaciones no deseadas.

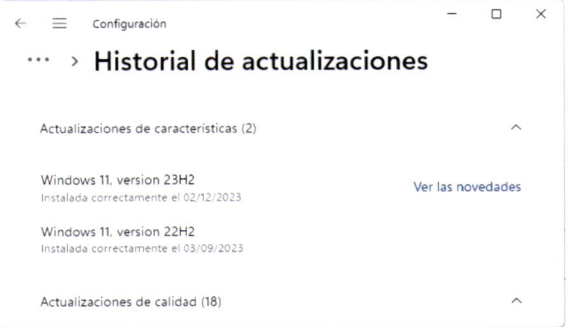

Figura 7.11. Verificar actualizaciones instaladas.

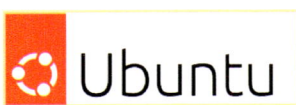

Para comprobar el proceso de actualización de Ubuntu, iremos al Centro de *software* de Ubuntu, ahora llamado **Ubuntu Software**, que localizaremos en la barra de programas, a la izquierda, representado por un pequeño maletín de color naranja y seguramente con la letra **A** en el centro.

Cuando ejecutemos esta aplicación, pulsaremos en la pestaña *Actualizaciones*, según la versión del sistema.

Se mostrará una pantalla donde podremos analizar lo que se ha ido instalando en nuestro sistema, en cuanto a las actualizaciones se refiere.

En esta pantalla, pulsaremos **Comprobar**.

Otra forma de realizar la comprobación es ejecutando el siguiente comando:

paco@ubuntu:~$ sudo cat /var/log/apt/term.log

Mostrándose en este caso el archivo de tipo *log* que contiene un registro exacto de todo lo que se ha ido instalando en el sistema. Veamos el contenido de este archivo:

```
Log started: 2024-04-15  12:02:02
(Leyendo la base de datos ...
(Leyendo la base de datos ... 5%
(Leyendo la base de datos ... 10%
.......
(Leyendo la base de datos ... 100%
(Leyendo la base de datos ... 206742 ficheros o directorios instalados actualmente.)
Preparando para desempaquetar .../00-uuid-runtime_2.37.2-4ubuntu3.4_amd64.deb ...
Desempaquetando uuid-runtime (2.37.2-4ubuntu3.4) sobre (2.37.2-4ubuntu3) ...
Preparando para desempaquetar .../01-cups-ipp-utils_2.4.1op1-1ubuntu4.8_amd64.deb ...
Desempaquetando cups-ipp-utils (2.4.1op1-1ubuntu4.8) sobre (2.4.1op1-1ubuntu4.7) ...
Preparando para desempaquetar .../02-cups-common_2.4.1op1-1ubuntu4.8_all.deb ...
Desempaquetando cups-common (2.4.1op1-1ubuntu4.8) sobre (2.4.1op1-1ubuntu4.7) ...
Preparando para desempaquetar .../03-cups-bsd_2.4.1op1-1ubuntu4.8_amd64.deb ...
Desempaquetando cups-bsd (2.4.1op1-1ubuntu4.8) sobre (2.4.1op1-1ubuntu4.7) ...
Preparando para desempaquetar .../04-cups-client_2.4.1op1-1ubuntu4.8_amd64.deb ...
Desempaquetando cups-client (2.4.1op1-1ubuntu4.8) sobre (2.4.1op1-1ubuntu4.7) ...
Preparando para desempaquetar .../05-cups-core-drivers_2.4.1op1-1ubuntu4.8_amd64.deb ...
Desempaquetando cups-core-drivers (2.4.1op1-1ubuntu4.8) sobre (2.4.1op1-1ubuntu4.7) ...
```

7.7.1. Documentación de la actualización

En la Tabla 7.1. podemos ver un ejemplo de un documento en el que poder registrar y anotar el proceso de actualización de parches de seguridad, *software* y controladores, así como otro tipo de actualizaciones.

ACTUALIZACIÓN DEL EQUIPO _____				INCIDENCIAS
Datos de la actualización	Fecha	Hora		
Sistema operativo instalado	Versión	Clave del producto		
Actualizaciones instaladas	**Información sobre la actualización o parche**			
	Nº de actualización			
	Funcionalidad			
	Tamaño			
	Afecta a...			
	Fecha			
Actualizaciones no instaladas	**Información sobre la actualización o parche**			
	Nº de actualización			
	Funcionalidad			
	Tamaño			
	Afecta a...			
	Fecha			
Actualizaciones erróneas	**Información sobre la actualización o parche**			
	Nº de actualización			
	Funcionalidad			
	Tamaño			
	Afecta a...			
	Fecha			

Tabla 7.1. Registro de instalación de sistemas operativos.

ACTIVIDADES

7.1. **La característica principal del centro de actualizaciones de Windows 10 es que…**

a) Solamente funciona en versiones de 32 bits.

b) Se activa cuando se inicia sesión en el equipo.

c) Se puede configurar para descargar actualizaciones a cierta hora.

d) Solo funciona durante la noche.

7.2. **Las ubicaciones web donde están las actualizaciones de Linux Ubuntu se denominan…**

a) Centros de actualizaciones.

b) Almacenes de seguridad.

c) Almacenes de parches.

d) Repositorios.

7.3. **¿Qué tipo de actualización completa de sistema está permitida en Windows?**

a) Siempre de un sistema anterior a uno posterior, pero que difiera en solo una versión.

b) Siempre de un sistema anterior a uno posterior, pudiendo a veces diferir en más de una versión.

c) Siempre desde Windows 8 a Windows 10 con formateo completo del disco.

d) Solamente desde Windows 8 o 8.1 a Windows 10 con actualización de aplicaciones y pérdida de datos.

7.4. **¿En qué sistemas podemos utilizar el proceso de actualización completa de versiones?**

a) Solo en Windows 10.

b) En todas las versiones de Windows incluyendo las de 16 bits.

c) Solo en versiones de Linux Ubuntu superiores a la 14.04.

d) En todas las versiones de Ubuntu.

7.5. Las actualizaciones importantes o críticas son aquellas actualizaciones que…

a) Influyen directamente en el desempeño del sistema o en su seguridad.

b) Que pueden provocar errores en gestión de dispositivos *hardware*.

c) Afectan a los componentes *software* del sistema.

d) Todas las respuestas anteriores son falsas.

7.6. Los paquetes acumulativos de actualizaciones en sistemas operativos reciben el nombre de…

a) Actualizaciones de seguridad.

b) Service Packs.

c) Paquetes de seguridad.

d) Parches críticos.

7.7. El soporte de actualizaciones de los fabricantes de sistemas se ofrece…

a) Indefinidamente.

b) Deja de ofrecerse pasados unos años desde la finalización de la comercialización del producto.

c) Pagando un importe anual.

d) Solo en las últimas versiones de cada producto, como es el caso de Windows 10.

7.8. Ubuntu es un sistema operativo que lanza actualizaciones completas de su sistema cada…

a) Seis meses.

b) Año.

c) Dos años.

d) Tres años.

COMPRUEBA TUS CONOCIMIENTOS

7.1. Instala, si es posible, un sistema operativo Windows 7 en máquina virtual. Posteriormente vas a descargar el Servicie Pack1 desde el sitio adecuado y lo instalas para comprobar que todo es correcto. Para ello, tendrás que poner tu adaptador de red de la máquina virtual en NAT para que tengas acceso a internet.

7.2. Si dispones del *software*, instala un Windows 10 en máquina virtual y lo actualizas a Windows 11.

7.3. Descargar la penúltima versión de Ubuntu, le instalas los parches necesarios y posteriormente actualizas la versión completa.

7.4. Comprueba todas las instalaciones, rellenando por cada una de ellas una ficha, como la de la Tabla 7.1.